I0287291

www.ingramcontent.com/pod-product-compliance
Lightning Source LLC
Chambersburg PA
CBHW022003220426
43663CB00007B/942
9781069021007

ASEMANA BOOKS

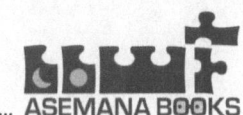

تنگلوشای هزار خیال

جستارهایی در ادب و فرهنگ

پیوست:
شانه بر زلف سخن: نقدی بر آرای زبانی و شعری
آرامش دوستدار

رضا فرخ‌فال

تنگلوشای هـزار خیال:
جستارهایی در ادب و فرهنگ

نویسنده: رضا فرخفال
ناشر: آسمانا، تورنتو، کانادا
صفحه‌آرایی: محمد قائمی
درباره نقش روی جلد: براساس ساختن کاخ خورنق
کار کمال‌الدین بهزاد هراتی (۸۵۵ - ۹۴۲ ه.ق)
نوبت چاپ: اول، ۱۴۰۳/۲۰۲۴
شماره آی‌اس‌بی‌ان: ۹۷۸۱۰۶۹۰۲۱۰۰۷

نشر آسمانا، تورنتو، کانادا

حق چاپ برای ناشر محفوظ است.

فهرست

پیش‌گفتار ۹

شاه‌رخ مسکوب: معاصری همچنان معاصر ۱۷

درنگ‌هایی در واژه‌ی «میهن» ۲۹

در ستایش و گذر از زبان مادری ۵۳

تنگلوشای هزار خیال: نگاهی به داستان خورنق در هفت پیکر نظامی ۶۵

مفهوم «وطن» در شعر شاملو ۷۹

«مشکل» ابن رشد: نگاهی به ترجمه‌های فارسی واژه‌ی «میتوس» در بوطیقای ارسطو ۹۷

ادبیات غربت (تبعید)؟ یا ادبیات «مهاجرت»؟ ۱۲۵

در اهمیت دیگری ۱۳۳

نخستین داستان کارآگاهی در ادبیات فارسی ۱۴۱

از قلب تاریکی (خوانش شعری از مجید نفیسی) ۱۵۳

جمال‌زاده و نخستین داستان کوتاه ایرانی ۱۶۷

یادی از رضا دانشور ۱۸۱

شکستنِ پوسته‌ی کلیشه (گفتگو با روزنامه شرق) ۱۸۷

پیوست: شانه بر زلف سخن (مشکل زبان فارسی یا آرامش دوستدار همچون یک مشکل؟) ۲۰۷

بیوگرافی ۲۶۹

تنگی جمله را مجال تویی
تنگلوشای این خیال تویی

— نظامی

پیش‌گفتار

در سرآغاز سخن توضیحی درباره واژه‌ی تنگلوشا که در سرنام این مجموعه آمده بایسته است، چراکه شاید این واژه برای بعضی خوانندگان ناآشنا باشد. واژه‌ی تنگلوشا برگرفته از شعر نظامی و داستان ساختن کاخ خورنق به‌روایت اوست که موضوع یکی از جستارهای این مجموعه است. نظامی در وصف زیبایی کاخ خورنق آن را با نگاره‌های کتابی به نام تنگلوشا مقایسه کرده است:

فلکی پای گرد کرده به ناز
نه فلک را به گرد او پرواز
قطبی از پیکر جنوب و شمال
تنگلوشای صدهزار خیال

تنگلوشا (تینْکلوش، تینکلوس، دَنْکاوَشا...) چنان‌که ازین شعر نظامی برمی‌آید کتابی بوده است حاوی نگاره‌های زیبا که آن را همتای

ارتنگ مانی دانسته‌اند. درباره این کتاب و پیشینه و مولف و محتوای آن اختلاف‌نظرها سرگردان‌کننده است و شاید بتوان گفت که این کتاب نه یک کتاب که دو کتاب بوده است؛ یکی چنان‌که گفته‌اند، همتای ارتنگ مانی و دیگری کتابی بوده است در اخترشناسی و سحر و جادو که آن هم مصور به تصاویری از ستارگان و صور فلکی... مترجمان مسلمان با حذف قسمت‌های مربوط به سحر و جادو آن را به عربی برگردانده‌اند. نام مولف کتاب را لوشا ذکر کرده‌اند که حکیمی بابلی و معاصر ضحاک وبرکیش صابئین بوده است. کتاب «وجوه و حدود» نام ترجمه‌ی عربی تنگلوشا است (آنندراج). محمد معین در حاشیه برهان آورده است که تنگلوشای بابلی تألیف توکروس یونانی است که در عهد انوشیروان از یونانی به پهلوی ترجمه شده و از پهلوی به زبان آرامی و نسخه آرامی آن را بعدها به عربی و فارسی ترجمه کرده‌اند. خاستگاه بابلی این کتاب اما تامل‌برانگیز است. هرچند دوتن از خاورشناسان، گوتشمید و نولدکه انتساب تالیف این کتاب را در اصل به منجم یا منجمان بابلی مجعول دانسته و این جعل را کار شعوبیان ضدعرب دانسته‌اند، اما می‌دانیم که گفته‌اند خاستگاه نجوم بابل(سومر) بوده است و در حدود شش هزار سال پیش در بین‌النهرین پریستاران بابلی احوالات ستگارگان آویخته از سقف آسمان را برای یافتن نظمی برای ایام سال رصد می‌کرده‌اند. به‌گفته آرتور کویستلر در کتاب *خوابگردها* یونانیان کار رصد ستارگان را از جایی آغاز کردند که بابلیان آن را فروگذاشته بودند. برای شرح بیشتر درباره‌ی پیشینه‌ی کتاب تنگلوشا خواننده را ارجاع می‌دهم به کتاب *تاریخ نجوم اسلامی* تالبف کرلول الفنسو نینلو ترجه احمد آرام و نیز

به کتاب تنکلوشا از مترجمی ناشناخته و مقدمه آن از رحیم رضا زاده ملک.

تنگلوشا به‌روایت دوم، یا کتاب دوم اما خاستگاهی رومی دارد. این تنگلوشا را تالیف لوشا هنرمند رومی ذکر کرده‌اند که در آن نقش‌ها و اسلیمی و خطایی‌ها و گره‌بندی و دیگر ابداعات خود را در نگارگری ارایه کرده بوده است (فرهنگ جهانگیری) و چنان‌که مانی را سرآمد نقاشان چین و کتاب او را ارتنگ خوانند تنگلوشا را کارنامه نقاشان و مصوران روم دانسته‌اند. با این پیشینه است که نام تنگلوشا به ادب شعری پارسی راه یافته است. سوای نظامی در قصیده‌ای از خاقانی چنین می‌خوانیم:

به نام قیصران سازم تصانیف
به از ارتنک چین و تنگلوشا

و در قصیده‌ای از ادیب‌الممالک فراهانی ادیب و شاعر عهد مشروطه آمده است:

آنکه کلکش ناسخ ارژنگ مانی
و آنکه نقشش برشکسته تنگلوشا

همچنان‌که در جستار درباره سروده‌ی نظامی اشاره شده، کاخ خورنق را نظامی همچون تنگلوشایی مجسم و جلوگاهی از «جادوی مطلق خیال» توصیف کرده که این معنا را می‌توان تعریفی از مطلق زیبایی و کمال اثر هنری از چشم معماران و نگارگران ایرانی دانست و در سرنام این مجموعه همین معنا از تنگلوشا منظور بوده است.

مجموعه‌ای که در دست دارید حاوی جستارهایی است که پیش‌تر

اینجا و آنجا منتشر شده است، اما در فراهم‌آوردن این جستارها به‌صورت یک کتاب در آن‌ها حک و اصلاحاتی کرده‌ام و تا آنجاکه لازم دیده‌ام و چهارچوب هر مطلب اجازه می‌داده، افزوده‌هایی را در آن‌ها گنجانده‌ام و سطور نالازمی را نیز از آن‌ها کاسته‌ام و ضمن لجام‌زدن بر وسواس‌های ناگزیز خودم، هر مقال را به‌اصطلاح بازویراسته‌ام. پس می‌توانم بگویم که متن پرداخته و نهایی‌شده جستارها را خواننده در این مجموعه است که می‌خواند.

این مجموعه را با یادی از شاهرخ مسکوب آغاز کرده‌ام که ترجمه‌ی گفتاری است به انگلیسی در بزرگداشت او در دانشگاه استانفورد و باید بگویم یاد او و دیدگاه‌هایش در نوشتن جستارهای دیگری از این کتاب الهام‌بخش من بوده است. جستارهای نخستین این مجموعه هرکدام به وجهی با مفهوم میهن ایرانی و زبان فارسی سروکار دارند. مفهوم میهن را فقط در میراث نوشتاری ادب فارسی نیست که می‌توان بازخواند. بخشی از جستار «درنگ‌هایی در واژه‌ی میهن» به جلوه‌هایی از مفهوم میهن به زبانی دیگر و پیکرمند در آثار معماری ایرانی می‌پردازد که جای گسترش بیشتری دارد و شاید در آینده این موضوع را در جستاری دیگر و مستقل پی بگیرم. در اینجا اشاره کنم که بناهای یادشده در این جستار (گنبد سلطانیه، پل خواجو) همچنان‌که کاخ خورنق در شعر نظامی (موضوع جستاری دیگر) معنایی را در کنار کمال و زیبایی برای ما آشکار می‌سازند؛ این که، خواست معمار و صنعگر آفریننده این آثار نه همان خواست حاکمان وقت بوده است. آن‌ها کار خود را کرده‌اند و آری، این هم هست که در

تاریخی پرآشوب مجالی کوتاه از آرامش و امکانات مادی را برای آن‌ها سلطان حاکم فراهم کرده است. در بحث از «ستایش و گذر از زبان مادری» به دوچهرگی زبان مادری پرداخته‌ام و این که از یکی نمی‌توان گریخت همچون هوا که از آن گریزی نیست (با وام تعبیری از شعر رویایی) و از دیگری که از آن می‌گریزیم و باید که بگریزیم. این یکی زبان را شاید بهتر باشد (از دیدگاهی دیگر) «زبان پدر» نامید که همه‌ی کبره‌ی تاریخ را با خود حمل می‌کند. در این جستار این نکته را طرح کرده‌ام که زبان مادری همیشه لفظی جمع است: زبان مادری‌ها!.. در کشوری مثل ایران ما با مجموعه‌ی متداخلی از زبان‌های مادری روبه‌رو هستیم. در این مجموعه، همچون در هرکجای دیگر، دل‌بستگی به یک زبان مادری نافی دل‌بستگی دیگری به زبان مادری خود نیست. در اینجا مایلم و باید به متن جستار «در ستایس زبان مادری...» نکته‌ای را بیفزایم درباره‌ی آموزش زبان مادری در جامعه‌ی رنگارنگ ایرانی با گویش‌ها و لهجه‌های گونه‌گون آن. آموزش زبان مادری اگر ملعبه‌ی ایدئولوژی‌های فرسوده قوم‌پرستانه شود بی‌شک باید منتظر فاجعه باشیم. وقتی هر سیاسی‌کاری به خود اجازه می‌دهد که این مبحث تخصصی و علمی آموزش زبان مادری همچون زبان اول را با بلاغیاتی از نوع «ستم ملی»، «جنوساید زبانی» و فارس‌سالاری نازل و ملوث کند، هیچ کمکی به حفظ و غنای فرهنگی مردمان ایرانی نخواهد کرد و خواسته یا ناخواسته بر طبل جدایی و چندپارگی کشوری به نام ایران می‌کوبد که اگر رخ دهد آتشی است که دودش به چشم همه خواهد رفت. امروز با تحولات تکنولوژیک و امکانات آموزش از راه دور و به‌یمن روش‌های پیشرفته و نو در آموزگان (پداگوژی)

زبان‌آموزی به‌راحتی می‌توان زبان‌های مادری را آموزش داد و منتظر لطف هیچ دولتی نشد. در فردای ایران هم اگر ایرانی برای ما باقی بگذارند، با برنامه‌ریزیی معقول آموزشی به دست اهل فن می‌توان الفبا و مقدمات خواندن و نوشتن را به زبان‌های مادری و پس از چندی همراه با آن آموزش فارسی را با همان الفبا به‌عنوان زبان ارتباط ملی به بچه‌های دبستانی آموخت.

جستار دیگر کتاب «مفهوم وطن در شعر شاملو» خوانشی شعری از شاملو است با طرح این پرسش که چرا شاملو در این شعر و شعرهای دیگرش از نامش وطن به نام خاص آن «ایران» ابا دارد؟ شعر او را با نمونه‌های از شاعران دیگر ایرانی و نیز با نمونه‌هایی از شعر لورکا مقایسه کرده‌ام که سرزمین شاعر، اسپانیا، به نام در آن حضور دارد. در اینجا بیراه نیست که بگویم با خواندن مفهوم وطنی بی‌نام در شعر شاملو بی‌اختیار این سطور از شعری از ویلیام باتلر ییتس، شاعر ایرلندی، به یاد می‌آید که می‌گوید:

من ایرلندم
بیا و از سر خیرخواهی
با من در ایرلند برقص!
زمان در گذر است...

موضوع جستار بلند «مشکل ابن رشد» و جستارهای پس از آن ادبیات (شعر و داستان) است. در جستار «مشکل ابن رشد» مشکل ترجمه‌های بوطیقای ارسطو از دیرباز (به فارسی و عربی) تاکنون و با تاکید بر مفهوم ارسطویی «میتوس» طرح و بررسی شده است. برابرنهاده‌های این مفهوم با تحول معنایی که در ادب اروپایی پیدا

کرده یکی از مشکلات در واژگان صناعت داستان‌نویسی در تالیفات و ترجمه‌های معاصر است. ادبیات غربت یا تبعید و مفهوم «دیگری» موضوع دو جستار دیگر ازین مجمع است. در این مجموعه همچنین یادی کرده‌ام از رضا دانشور که ذات کمیابی بود و چه زودهنگام از میان ما رفت، اما شاهکاری همچون رمان «خسرو خوبان» را در کنار دیگر آثارش بر جا گذاشت. گفتنی است که هم این رمان و هم نویسنده آن چندان و هنوز در فضای ادبی امروز شناخته‌شده نیستند شاید به این دلیل که دانشور در زمان حیات خود اهل معرکه‌گیری درباره نام و اثر خود در رسانه‌ها نبود. از قرار شنیده‌ها حتی کانون نویسندگان ایران نیز فراموش کرده بود چند خطی در تسلیت مرگ نابه‌هنگام او بنویسد. نقد و تحلیل شعری از مجید نفیسی (که بی‌جهت باعث کج فهمی و کدورت خاطر شاعر شد) و نیز جستاری درباره نخستین داستان کاراگاهی در ادبیات فارسی و یادی از جمال‌زاده جستارهای دیگر این مجموعه هستند. همچنین در این مجموعه گفتگویی را که زمانی با صفحه ادبی روزنامه شرق داشته‌ام می‌خوانید که در آن تا آنجا که حافظه‌ام یاری می‌داده از محفل «جُنگ اصفهان» و یاران این محفل ادبی سخن گفته‌ام.

در پیوست با این جستارها نقد بلندی را بر دیدگاه‌های زبانی و شعری آرامش دوستدار می‌خوانید با سرنام «شانه بر زلف کلمات» که برگرفته ازین بیت حافظ است:

کس چو حافظ نگشاد از رخ اندیشه نقاب
تا سر زلف سخن را به قلم شانه زدند

در این نقد کوشیده‌ام نشان دهم که دوستدار اگرچه در زمینه تاریخ اندیشه و «دین‌خویی» مستولی بر فرهنگ و ذهنیت ایرانی آثار باارزشی را از خود بر جا گذاشت، اما کاستی‌ها و کج‌فهمی او را در رفتار با مسایل زبانی (زبان فارسی) و میراث شعری ادب پارسی به‌ویژه شعر حافظ نمی‌توان نادیده گذاشت. برداشت‌های سطحی و گاه حتا روزنامه‌ای او در این زمینه متاسفانه به خود او ختم نشد و تقلیدهای ناشیانه‌تر از اصل را نیز به قلم خام دیگرانی چند در پی داشت که هنوز ادامه‌ی این تقلید را اینجا و آنجا می‌بینیم. این عارضه به‌خصوص انگیزه‌ی من برای نوشتن این نقد بلند بر دوستدار بوده است.

نکته‌ای نیز درباره‌ی برگردان سرنام (عنوان) این مجموعه درخور ذکر است و آن نبود برابرنهاده‌ای رسا برای واژه‌ی خیال در زبان انگلیسی یا حتی زبان فرانسه است. در انگلیسی برای «خیال» در فرهنگ‌های لغت واژه‌هایی همچون imagination، thought، fancy، apparition ...dream آورده‌اند که رساننده‌ی تمامی معنای زیبای واژه‌ی "خیال" در فارسی نیست. با درنظرگرفتن این ناهم‌خوانی دو زبان یا درواقع دو فرهنگ انگلیسی و فارسی، سرنام این کتاب در پشت جلد به‌صورت زیر ترجمه شده است:

Tanglusha of a Thousand Images

رضا فرخ‌فال، تابستان ۲۰۲۴

شاهرخ مسکوب: معاصری همچنان معاصر [1]

امروز و پس از گذشت پانزده سال که از مرگ شاهرخ مسکوب در غربت می‌گذرد، ما در این فرصت مجازی گرد هم آمده‌ایم تا خاطره او را گرامی داریم یا چنان‌که در زبان فارسی می‌گوییم تا یاد او را زنده کنیم...

من هرگاه که به مسکوب فکر می‌کنم این واژه‌ی «یاد» خودبه‌خود به ذهنم می‌آید، همچون مضمونی تکرارشونده یا بن‌مایه‌ای که به‌تصریح یا به‌تلویح در نوشته‌هایش به کار رفته است و به باور من مفهومی است که در قلب برخورد نظری او با ادبیات و زبان جای دارد. یاد را نمی‌توان به‌آسانی به زبان انگلیسی به کلمه memory (حافظه) برگرداند. چیزی افزون‌تر در معنای فارسی آن هست، مثلا در کاربست آن در زبان حافظ به‌صورت پاره‌ای از یک فعل مرکب: با یادآوردن (در نمازم خم ابروی تو با یاد آمد)... در این گفتار مختصر براین واژه‌ی یاد و ملازمات آن در نوشته‌های مسکوب درنگی می‌کنم،

---

۱. این نوشته ترجمه‌ای است از گفتار نویسنده به زبان انگلیسی در کنفرانس دانشگاه استانفورد که در بزرگداشت زندگی و آثار شاهرخ مسکوب در اکتبر ۲۰۲۰ برگزار گردید با این عنوان: Meskoob: A Contemporary Voice Who is Still Contemporary

هم در آن حال که می‌کوشم، به کوتاه سخن، تصویری از او را به‌عنوان صدایی معاصر در نقد ادبی مدرن ایران به دست دهم، و به بیانی دقیق‌تر، شاهرخ مسکوب همچون معاصریتی که همچنان معاصر است.

سخن را با این پرسش آغاز می‌کنم که ما اکنون چگونه شاهرخ مسکوب را به یاد می‌آوریم؟ اهمیت کارهایش امروز برای ما در چیست؟ به بیانی کلی می‌توان او را همچون صدایی در زمینه‌ی نقد معاصر ادبیات فارسی به یاد آورد. اما مسکوب می‌دانیم که صدایی در میان دیگرصداها نبود؛ و گذشته ازین، ما از واژه معاصر چه مفهومی را مراد می‌کنیم؟.. آیا صرف اینکه او تا همین چند سال پیش در پاریس می‌زیست به‌معنای معاصربودن او با ما است؟ تعریف قاموسی معاصر و معاصریت همین معنا را می‌رساند: زیستن هم‌زمان در یک عصر یا یک دوره خاص، زیستن در اکنون، مدرن‌بودن و... اما آیا واقعا مسکوب معاصر هم‌عصران خود بود؟ معاصر با چه کسانی بود؟
آری می‌توان گفت که شاهرخ مسکوب پژوهشگری از دوران ما و معاصر ما بود. اما این پرسش هم پیش می‌آید که او چگونه پژوهشگری بود؟ مسکوب، چنان‌که می‌دانیم، نه ادبیات، بلکه حقوق خوانده بود. نوشته‌هایش و درواقع جستارهای بلند و تک‌نگاری‌های او را نمی‌توان از زمره‌ی آن تحقیقات آکادمیکی دانست که خود او در وصف آن‌ها به طنز می‌گوید، «درست، خوب، اما بی‌فایده ...»[۱] و می‌دانیم که بخش مهمی از کارهای مسکوب را یادداشت‌ها و خاطره‌نویسی‌هایش تشکیل می‌دهد. آیا مسکوب به‌معنای مصطلح یک «ادیب» یا یک

---

۱. شاهرخ مسکوب، روزها در راه، ج دوم، (خاوران، ۱۳۹۰) ۵۴۸

اسطوره‌شناس بود؟ لفظ ادیب پرطمطراق‌تر از آن است که برای مسکوب به کار گرفته شود و آری اسطوره‌های ایرانی بخشی از مواد کاری او بودند. اما او در اسطوره نه به‌دنبال روابط ساختاری بسته‌ی آن در گذشته، بلکه در پی یافتن انگاره‌هایی تکرارشونده از آن در زمان و در اکنون ما می‌بود. مسکوب می‌توان گفت که اندیشمندی ادبی بود که درباره ادبیات و در ادبیات می‌اندیشید و نوشته‌هایش آن چیزی را نشان می‌دهد که من دوست دارم بدان «شاعرانگی تحلیل» نام دهم.

به پرسش نخست برگردیم. شاهرخ مسکوب پژوهشگری معاصر بود، اما معاصر به چه معنا؟ با چه کسانی معاصر بود؟ به‌نقل از پل دمان در یک مصاحبه می‌توان گفت، که «انواع و اشکال معاصریت هست ...بعضی را خیلی نزدیک احساس می‌کنم بعضی دیگر ملیون‌ها مایل دور هستند.»[1] تعریف معاصربودن به‌خصوص در فرهنگ و ادب معاصر ایران مشکل‌تر از آن است که به نظر می‌رسد اگر نخواهیم فقط معنای قاموسی کلمه را مراد کنیم.. آیا معاصربودن به‌معنای نوآوری است. اما سخن نو چیست؟ چه‌کسی می‌تواند بگوید در ادبیات سخن نو چیست؟ واقع آن است که ما یک معاصریت نداشته‌ایم و معاصریت‌هایی را به مفهوم قاموسی داشته‌ایم که معاصر همدیگر نیستند. کی با کی معاصر است؟ از خود مسکوب شاهدی بیاورم آنجا که در تاملات روزانه‌اش درباره دو رفتار متفاوت با یک واژه از دو شاعر مهم هم‌زمان سخن چنین می‌گوید: «تفاوت استنباط و دریافت متفاوت در ادب کلاسیک و مدرن، در ملک‌الشعرا و نیما کلافه‌ام کرده. برایم معما شده و خوابم را گرفته. تفاوت پیداست اما

---

1. In his Interview with Stephano Rosso, Critical Inquiry, Vol. 12, No. 4 (Summer, 1986), 794

نمی‌دانم چیست و از کجا می‌آید، مثلا شب‌های بهار و نیما...»[۱] نیما و بهار هم عصر بودند و در همان عصر آیا هدایت با نیما معاصر بود که به‌کلی درکی از حرکت نوآورانه‌ی (ابداع) نیما در شعر فارسی نداشت؟ آیا فاطمه سیاح نخستین زن منتقد ایرانی که در دانشگاه تهران ادبیات اروپا و رمان درس می‌داد معاصر کسروی بود که رمان را یکسره افسانه و دروغ و گمرا کننده می‌دانست؟ و پیش‌تر بیاییم، چه‌کسی می‌تواند بگوید که مثلا شفیعی کدکنی و یداله رویایی با هم معاصر بوده‌اند؟

آیا معاصریت به‌معنای همان است که در فارسی می‌گوییم فرزند زمان خویشتن بودن؟ آنچه می‌خواهم در اینجا از معاصریت تعریف کنم، برعکس، نه به‌معنای فرزند زمان خویشتن بودن، بلکه به‌معنای بیرون از و در برابر زمان خود بودن است ـ نوعی نابه‌هنگامی untimely به‌تعبیر نیچه و بیدرنگ از خود مسکوب نقل می‌کنم که معاصربودن «...توانایی برگذشتن از زمان خود و هم‌زمان‌شدن با آینده است."[۲]

تعریف دیگری از این حس زمانی را مسکوب در اشاره به هدایت چنین یادآور می‌شود: زیستن در یک جا اما در دو زمان[۳] ...به این اعتبار اگرچه بی‌ارتباط با یکدیگر به‌لحاظ دیدگاه و مشرب ادبی، اما هدایت و نیما با هم معاصرند. هردو ناچار از زیستن در زمان خود هستند اما بدان بسته نیستند؛ از آن گسسته‌اند. تعریفی از این بی‌زمانگی را از زبان جورجیو آگامبن در اینجا می‌آورم که «معاصربودن نسبتی یکه است با

۱. روزها در راه، ج دوم ۵۱۱
۲. *ادبیات و سرنوشت اجتماع*، ص ۲ مقدمه، ۱۳۸۴
۳.روزها در راه، ج دوم، ۵۹۸

زمان که با گسستگی از آن و نابه‌هنگام‌بودن با آن ملازمت دارد.».[1] در این نابه‌هنگامیت، در این جداافتادگی از زمانه است که ذهن می‌تواند آن چیزی را دریافت کند که آگامبن از آن همچون نوری از دل تاریکی یک دوران یاد می‌کند؛ نوری که به‌سوی ذهن (سوژه) می‌تابد، اما هردم از او فاصله می‌گیرد. معاصریت بدین معنا، باز هم به‌تعبیر آگامبن، اشعار یا وقوفی است که همواره به‌صورت «هم‌اکنون» اما «نه هنوز» فرا می‌رسد. مسکوب فرزند زمان خویش بود، اما نه چنان بسته در آن که نتواند به قلب تیرگی آن خیره نشود. ناهم‌زمانگی او، آینده او که اکنون زمان حال ماست، آن چیزی است که دوست دارم آن را معاصریت هنوز (همچنان) معاصر او بنامم. در شرح معاصری که او بود، یا بهتر است بگویم، هنوز هست، در اینجا نگاهی گذرا به زندگی او و دیدگاه‌های انتقادی‌اش به‌ویژه در خوانش شاهنامه خواهم انداخت.

شاهرخ مسکوب همچون اندیشمندی ادبی چه نادرشخصیتی بود است در فضای نقد معاصر ما و همچنین چهره‌ای نادر بود به‌لحاظ آن توازنی که میان تئوری و پراکسیس برقرار کرده بود، آن ویژگی که شایگان از آن به‌عنوان «اقلیم حضوری که مسکوب بود» یاد کرده است. آری، می‌توان گفت معاصریتی چنین مگر به‌ندرت یافت شود. می‌دانیم که مسکوب در طول زندگی‌اش شاهد سه رویداد یا نقطه عطف تاریخی بود. نخست اینکه، او شاهد اشغال ایران بود و تبعید خفت بار رضاشاه که برای ذهن جوان او ضربه‌ای زیر و زبرکننده

---

1. Giorgio Agamben, 'What is the Contemporary?', in What is an Apparatus?, trans. David Kishik and Stefan Pedatella, Stanford: Stanford University Press, 2009, 39-54.

به همراه داشت. همه‌چیز در یک آن فرو ریخته بود. به‌دنبال دوره‌ای سرگردانی فکری او ایمان خود را در یک ایدئولوژی نو بازیافت و به حزب توده پیوست و با این ایمان تازه «در وسط آن آشوب حس می‌کردی که روحت در امان و زیر پایت سفت است.»[۱] رویداد دوم کودتای سال سی‌ودو است و به‌زندان‌افتادن او و رویداد سوم انقلاب سال پنجاوهفت است و در پی آن چنان‌که می‌دانیم دوران تبعید خودخواسته‌اش در پاریس. در سال‌های زندان پس از کودتا بود که ایمانش را به کمونیسم از دست داد. او پیش‌تر ایمان خود را به مذهب با خواندن کسروی همچون بسیاری از هم‌نسلان خود از دست داده بود. مشکل مسکوب با مارکسیسم تنها مسایل ایدئولوژیک و سیاسی نبود، بلکه مشکلی شخصی بود. او دریافته بود که ریا و تظاهر لازم برای آنکه عضو سرسپرده به «حزب» باشد با اخلاق فرداگرای او جور درنمی‌آید.[۲] پس از رهایی از زندان اگرچه هرگز در ایده عدالت شک نکرد، اما آن را در کنار حقیقت و زیبایی نشاند، و از آن پس، این‌ها سه اصل در زندگی شخصی و برای داوری‌های ادبی و هنری او شدند. در زمستان نارضایتی و نا امیدی سال‌های پس از کودتا مسکوب ادبیات را همچون ساحتی از امید کشف کرد و همچون پادزهری برای همه آن دگم‌های ایدئولوژیک و سیاسی که روح جوانش را مسموم کرده بودند. چندی نمی‌گذرد که به‌تعبیر خودش با «شگفت شاهنامه « آشنا می‌شود و از آن پس این اثر را اساس کار پژوهش خود قرار می‌دهد. شاهنامه برای مسکوب اما فقط یک موضوع

---

۱. زنده‌رود (تابستان و پاییز ۸۴) ۱۵

۲. ح. کامشاد: بخش منتشرنشده‌ای از «روزها در راه» در این نشانی
"Meskkoob's Unpublished Diaries"] Foundation for Iranian Studies: https://fis-iran.org/fa/irannameh/volxxii/shahrokh-moskoob/selection/notes.

پژوهش نبود. در شاهنامه محتوایی را می‌دید که بعدها بر آن «بلندی و روشنایی» فرهنگ ایرانی در برابر «پستی و سیاهی» تاریخی آن نام گذاشته است. او همچنین در شاهنامه زبانی را یافته بود که جبران همه شوربختی‌های ایرانی‌بودن است.[۱] مسکوب زمانی به خواندن شاهنامه همچون «تاریخ آرزوشده یک ملت» همت گذاشت که جهان وطنی چپ، بومی‌گرایی خام و امت‌گرایی اسلام سیاسی گفتمان‌های غالب دوران بودند و نام ایران اگر نه واژه‌ای ممنوع که واژه‌ای غایب در اغلب آثار مدرن ادبی می‌بود.

گستره‌ی وسیع خوانده‌های او و تاملات ژرف‌نگرانه‌اش بر این خوانده‌ها شگفت‌انگیز است. مسکوب در این تاملات و نظرات کوتاهش درباره‌ی آنچه خوانده بود و یا دیده بود (بازدیدکننده خستگی‌ناپذیر موزه‌ها هم بود) اکنون و هنوز برای ما سخن‌های بسیاری برای گفتن دارد. حجم خوانده‌هایش از ادبیات اروپا و آمریکا و مکاتب فکری غربی نشان دیگری از معاصریت اوست. معاصریتی که خواستار معاصربودن با جهان است. این را می‌توان در تلاش مدام او به‌صورت اندیشیدن به آرا و نظرات دیگران دید؛ در از آنِ خود کردن آن نظرات و آرا و نه صرفا رونویسی یا برگردان آن‌ها، بلکه برای رسیدن به دیدگاهی مستقل و اغلب شهودی در پرداختن خلاقانه به آنچه از خود است با زبانی که از آنِ خود او بود. چنین است که پاره‌ای از دیدگاه‌های او را امروز ما به‌گونه‌ای شگفت‌انگیز مربوط و هماهنگ با اغلب جریان‌های نقد معاصر در جهان می‌بینیم. در اینجا به چند نمونه از آن‌ها اشاره‌وار می‌پردازم و برای این کار فقط کافی است در یکی از کتاب‌های مسکوب تورقی کنم، جستاری بلند درباره شاهنامه

۱. روزها در راه، ج اول، ۳۲۶

و با عنوان فروتنانه‌ی *ارمغان مور*.

آنچه در این کتاب در همان نگاه اول به چشم می‌خورد رویکرد معطوف به متن مسکوب است. مسکوب اگرچه بر ملازمات تاریخی و اسطوره‌ای متن آگاهی کافی دارد، اما پیش از هرچیز از نگاه او شاهنامه یک متن ادبی است. در کنار این رویکرد، روش تحلیلی او را می‌بینیم - ویژگی‌ای نادر اگر به یاد بیاوریم و مقایسه کنیم کار او را با عمده فرادهش نقد دانشگاهی در خوانش شاهنامه که از دو رویکرد توصیفی تاریخی و فقه الغوی بیرون نبوده است. این رویکرد معطوف به متن و روش تحلیلی او را می‌توان در مثلا جستار بلندی که بر شاهنامه نوشت، داستان سوگ سیاوش، دید و ادامه و ژرفش آن را در آثار بعدی که نگاشت. از این نگاه حتا می‌توان گفت که شاهنامه شناسی در ایران به دو دوره پیش و پس از مسکوب تقسیم می‌شود. اوست که به ما نشان می‌دهد چگونه می‌توان به شاهنامه یا شعر حافظ همچون متنی ادبی اندیشید. در برخورد با متن ادبی چنان‌که خود در پیش‌گفتار کتاب *ارمغان مور* می‌گوید نه در پی یافتن «دانسته‌های متن» که در پی «نادانسته‌ها»ی آن، و به‌بیانی دقیق‌تر و به زبان خود او، نه فقط در جستجوی معانی دیگر که در جستجوی معانی «دیگرتر» در متن است و این، آن‌چیزی است که در کتاب دیگرش، هویت *ایرانی و زبان فارسی* بر آن نام زیبای «یادایاد زبان» را نهاده است[1].

پیش از پرداختن به این مفهوم کلیدی به دو مفهوم دیگر یا دو دریافت دیگر مسکوب مرتبط با متن اشاره کنم. شاهنامه برای مسکوب در کل اثری یکتا singular و تکرارناپذیر است که در خود رویدادهایی روایی و تکرارشونده را جای داده است ـ آنچه امروز

---

۱. *ارمغان مور*، ۱۲ و نیز در هویت ایرانی و زبان فارسی (نشر فرزان، ۱۳۸۵)

در نظریه‌های ادبی به‌عنوان رخداد ادبی در برابر رخداد تاریخی تعریف می‌شود. جالب اینکه، ما تعریفی از رخداد ادبی را از زبان مسکوب چنین می‌خوانیم که این رخداد خواستار فراگذشتن از محدودیت تاریخی خود و پیوستن با دنیای حاضر (و اضافه کنم: دنیای کنونی متن به‌هنگام خوانده‌شدن) است. برخلاف رویداد تاریخی، رخداد ادبی یک «نارخداد»[1] است که بنا به تعریف، همواره از ما می‌خواهد آن را در زمانی قصوی به‌صورتی نادستورمند همچون آینده‌ای استمراری در زمان گذشته بخوانیم. از این روست که شاهنامه با ساختار ادبی رخدادهایش، خواه حماسی خواه تاریخی، از نگاه مسکوب نه تاریخی واقعی که همچون «تاریخی آرزوشده» از گذشته یک ملت خوانده می‌شود. همچنین باید اشاره کنم به آنچه مسکوب در متن شاهنامه از نسبت «سخن» با «مرگ» دریافته و بر آن انگشت می‌گذارد. شاهنامه این نسبت را فراپیش‌نهادن سخن در برابر مرگ تعریف می‌کند همچون حرکت آگاهانه شاعر برای فراگذشتن از مرگ و زندگی دوباره یافتن در کسوت یک «نام» [2]. چنین است که «نوشته» دیگر درآیگاه مرگ نیست و «متن» تابوت شاعر نیست. آری، می‌توان گفت «مؤلف مرده است»، اما شاعر زنده است.

شاعر زنده است اما چگونه و در کجا؟ در پاسخ به این پرسش به‌اصطلاح زیبای یادایاد زبان برمی‌گردم که مسکوب از آن در منبع یادشده با اندکی طنز همچون ترکیبی «شیک» در زبان فارسی یاد می‌کند. اصطلاح یادایاد را می‌توان خاطره‌ی بازیگوش زبان نیز گفت.

1. Non-event

۲. ارمغان مور، ۲۱۸

در ترکیب آن واژه یاد مضاعف شده تا معنایی را فراتر از صرف خاطره برساند ـ سلسله‌ای از تداعی‌ها و به‌تعبیر استعاری مسکوب همچون سلسله زلف بتان...[۱] که در زبان بافته شده است. من این اصطلاح را درجایی همچون معادلی دیگر برای بینامتنیت intertexualty به‌کار برده‌ام، اما درجا دریافتم که در یادایاد زبان چیزی فراتر از پیوندهای پوشیده یا آشکار متن با دیگر متن‌ها هست (بینامتنیت بنا به تعریفی کلی). به کوتاه سخن، این واژه به یک پربودگی plenitude اشاره دارد که در اغلب نظریه‌های بینامتنیت همچون یک نبود یا خلا در زبان پیش‌فرض شده است. درحالی‌که یادایاد می‌تواند با همه تعاریف بینامتنیت سازگار باشد برای نمونه تعاریفی همچون نقل‌قول‌های بدون علامت نقل‌قول درمتن (بارت)؛ اندر کنش (تعامل) متن با متون دیگر (کریستوا) یا رسوبات مضطرب‌کننده سخن اسلاف در متن (بلوم)، اما در عین حال برتری و پیشینگی primacy متن را بر سوژه (نویسنده متن) آن‌چنان‌که در نظریات افراطی بینامتنیت می‌بینیم به پرسش می‌گیرد. به یاد ما می‌آورد که نوشتن به‌عنوان فعلی متعدی فقط مفعولی صریح (نوشته) ندارد، بلکه نوشتن همواره نوشتن برای کسی است و به مفعولی باواسطه نیز نیازمند است و برای اینکه این رسانش معنادار باشد در خلا و در زبانی بی‌یاد نمی‌تواند صورت بندد. یادایاد زبان به‌معنای بازی درونی یاد در زبان به زبان امکان آن را می‌دهد که دارایی هم خصوصی و هم عمومی باشد (باختین) و می‌توان آن را پیش‌شرط تحقق دو لحظه‌ی پدیدارشناختی فروگیرش retention و فرافکنش protention دخیل در درک یک بافتار کلامی دانست. چنین است که حتا با احتیاط می‌توان گفت که سازوکار

---

۱. *هویت ایرانی و زبان فارسی*، ۱۰

رد trace دریدایی نه در خلا، بلکه پیشاپیش در یادایاد زبان است که به‌صورت بازی ارجاع دال‌ها بر یکدیگر به جریان می‌افتد. و به کوتاه سخن اینکه، یادایاد همچون بازی درونی یاد در زبان دلالت ضمنی connotation کلمه نیست، بلکه رشته پیوند کلمه با گذشته (تاریخ) آن است همچون تمامی آن معانی که کلمه می‌تواند بر آن به‌طور ضمنی دلالت کند. این بازی درونی یاد در زبان در هیچ کجا ناب‌تر از زبان شاعرانه خود را آشکار نمی‌سازد، آنجا که به‌تعبیر هایدگر زبان از خود و از آنچه در آن گفته شده با ما سخن می‌گوید...

این همان چیزی است که شاهرخ مسکوب به‌ویژه در سال‌های پایانی عمر در پرداختن به‌ویژه به شاهنامه و حافظ درگیرش بود: آشکارکردن خاطره‌ی زبان، بانگ یادایاد زبان... و این همه آن چیزی است که، با وامی از هانا آرنت بگویم، برای ذات غربت‌گزیده‌ای همچون او باقی مانده بود و اکنون در این دوران هول برای ما نیز همان باقی مانده است. در پایان، معاصریت هنوز معاصر مسکوب را همچون یک فراخوان یا یک دعوت می‌توانم بازتعریف کنم: دعوتی از او اکنون و پس از مرگش از ما که به زبان فردوسی و حافظ گوش بسپاریم... در آن خانه کنیم تا این زبان با ما سخن گوید و یادهایش را به ما و برای ما آشکار سازد.

درنگ‌هایی در واژه‌ی «میهن»

میراث آفتاب
در ساحل شب سده‌ام
ـ آنجاست؛
هرچهار مرز دهکده‌ام
ـ روستای من

ـ محمد حقوقی: شعر بلند «خروس هزاربال»

این، یک‌جور زیبایی دیگر، زیبایی «مأوا» ست؛ حتا وقتی که از فرط سنگدلی می‌ترساند و جهل و تعصب در آن از شب صحرا سیاه‌تر و عمیق‌تر است، غول‌های خوفناک در آن می‌لولند...

ـ شاهرخ مسکوب: *روزها در راه*

میهن در زبان فارسی به چه معناست و ما امروز ازین واژه چه معنا یا معناهایی را دریافت می‌کنیم؟ آنچه ما بدان میهن می‌گوییم کجاست؟ و آیا فقط در زبان مکتوب (متن‌ها) است که می‌توان معنایی را برای این واژه جستجو کرد؟

نخست و به‌اجمال اشاره کنیم که میهن و ملت دو مفهوم جداگانه‌اند، گاه اما در ترکیباتی از بلاغیات (ریتوریک) ایدئولوژیک باهم درمی‌آمیزند، چنان‌که حتا در زبان‌های اروپایی، مرز میان دوست داشتن میهن patrriate amor گاه در قالب اصطلاح patriotism باگونه‌ای «ناسیونالیس» یا «خاک‌پرستی» Chauvinisme مخدوش می‌گردد. اما مفهوم میهن بسی کهن‌تر و بنیادی‌تر از مفهوم ملت و پدیدآیی هرگونه جامعه‌ی سیاسی همچون «ملت» در درازای تاریخ است. امروز هم، همچنان‌که در اعصارکهن، بی‌میهنی، نداشتن جایی از آن خود برای زیستن، همانا آوارگی است.

از پیشینه‌ی این واژه در زبان فارسی آغاز کنیم. می‌توان گفت واژه میهن تا همین دیروز، تا گذشته‌ی نزدیک تاریخ ما، واژه‌ای گم‌شده در زبان فارسی می‌بود. امروز این واژه را در ترادف با واژه «وطن» به کار می‌بریم، اما می‌دانیم که در زبان هیچ دو واژه‌ای دقیقا «مترادف» نیستند. «جنگ وطنی» همان جنگ میهنی» نیست. این تفاوت را پیشینه‌ی واژه‌ی میهن در زبان فارسی برای ما آشکار می‌کند. معنای هرواژه، به‌تعبیری، تاریخ آن واژه است، گذشته‌ی آن در زبان. در زبان فقط حروف اضافه فاقد گذشته یا تاریخ‌اند، اما حتا می‌توان گفت حروف اضافه نیز آن‌گاه که پاره‌ای از یک فعل مرکب را برمی‌سازند، تاریخی را افاده می‌کنند. اگر امروز به فعل یادآوردن به‌جای «به» (به‌یادآوردن) حرف اضافه‌ی «با» را بیفزاییم (با یادآوردن)، به عصر و زبان حافظ بازگشته‌ایم. با نگاهی به گذشته واژه‌ی میهن، از کاربست‌های آشکار آن در فرس اوستایی تا کم‌وبیش رخ‌پوشیدگی آن (بسامد اندک آن) در ادبیات کانونی پارسی و تا پیدایی دوباره‌ی

آن در زبان فارسی امروز هم‌زمان با بنیان‌گذاری ایران همچون ملیتی مدرن، افقی از تاریخ خود ایران در برابر ما گشوده می‌شود. این واژه همچون مدلولش (ایران) تاریخ درازی را پشت سر گذاشته است. معنای واژه‌ی میهن همین تاریخ آن است.

امروزه ما از میهن سرزمینی متعلق به مردمی را دارای تاریخ و میراثی مشترک و زیست بوم آن مردم مراد می‌کنیم. میهن به این تعبیر جایی است که نیاکان آن مردم در خاکش خفته‌اند. اما می‌دانیم که نام‌هایی همچون میهن در زبان فقط لغتی در قاموس زبان نیستند و آنچه گفته شد همه‌ی معنای این واژه را نمی‌رساند. میهن فقط یک زیستگاه یا مدفن اجداد نیست. واژه‌ی میهن همچون هر واژه دیگری از گونه‌ی آن در اصل یک استعاره است، استعاره از گونه‌ای زیستن. بدین معنا نه هر زیستنی زیستن در میهن و نه هر زیستگاهی میهن است. این معنا را می‌کوشیم که بیشتر شرح دهیم.

برای جستجو در گذشته واژه‌ی میهن، جستار زنده‌یاد ابراهیم پورداوود (۱۳۴۷-۱۲۶۴)هنوز برای ما راه‌گشا و ستایش‌برانگیز است. تاریخ نگارش این جستار در متن آن نیامده، اما پورداوود آن را چنین می‌آغازد:

«در چند سال پیش فرهنگستان ایران واژه فارسی میهن را به‌جای واژه تازی وطن برگزید. از آن تاریخ به بعد در نوشته‌ها میهن به کار می‌رود. اما هنوز وطن سر زبان‌هاست.»[1]

---

۱. نسخه اینترنتی از سایت پارسی انجمن:
https://parsianjoman.org/wp-content/uploads/2018/12/MihanPourdavoud.pdf

وام‌واژه‌ی «وطن» به‌سبب کاربست گسترده‌اش در ادبیات و به‌ویژه در شعر برای ما اکنون فارسی‌تر و ایرانی‌تر از آن است که بتوان دل‌بخواهانه از قاموس لغت آن را «اخراج» کرد. اما می‌بینیم که پیدایی واژه فراموش‌شده میهن با شکل‌گیری ایران به‌عنوان ملیتی مدرن هم‌زمان بوده است. پیشنهاد فرهنگستان اول اما برساخته‌ی دل‌بخواهی یک واژه در زبان نبود (مثلا از نوع واژگان دساتیری عصر صفوی در هند) و نمی‌توان آن را از بلاغیات «دولت ـ ملت»ی نوخاسته در یک کشور پیرامونی نوبنیاد دانست. واژه میهن در طول قرن‌ها در پستوی زبان فارسی موجود بود و به‌گفته پورداوود ریشه و بنی چندهزارساله داشت. می‌توان با او موافق بود و گفت که پیشنهاد فرهنگستان در عصر پهلوی اول حرکتی بود در جهت «نیروبخشیدن» به ملیت ایرانی که موجودیت فراموش‌شده‌ی خود را بار دیگر به یاد آورد.

ما امروز واژه‌ی میهن را به‌کار می‌بریم و بیشتر در زبان نوشتار؛ در سرود ملی ایران میهن (مرز) همان خاک ایران است: مرز پرگهر، یک جور مجاز، ذکر مکان و اراده مکین (باشندگان در میهن). این سرود نیز از بلاغیات ایدئولوژیک دوران پهلوی اول نبود. این سرود اندکی پس از تبعید خفت‌بار رضاشاه پهلوی و در دوران اشغال ایران سروده و آهنگ آن ساخته شده است. نه واژه میهن برساخته‌ای من‌درآوردی دوران رضاشاه پهلوی بود و نه واژه‌ی «ایران» که در مراودات بین‌المللی به‌جای «پرشیا» نشانده شد. در همان دوران رضاشاه، تقی ارانی اندیشمند مستقل چپ که پایان غم‌انگیز زندگی او را می‌دانیم، ازین واژه استقبال کرده بود و آن را در تقابل با « شونیسم»

در ترکیب «میهن‌پرستی» چنین تعرف می‌کند:

«شووینیسم را نمی‌توان میهن‌پرستی ترجمه کرد. میهن‌پرستی مادی با شرایط معلوم و در موارد ویژه... عبارت از این است که مردمی که از زمین و آب و آفتاب و معدن یک سرزمین ضروریات زندگی خود را تامین می‌کنند و در آن جای دارند، بدان سرزمین علاقه‌ی مادی دارند.» [1]

امروز ما واژه میهن را در زبان فارسی به کار می‌گیریم و این واژه در زبان بی‌جنسیت فارسی از اتفاق واژه‌ای مادین «مونث» است؛ همچون واژه‌ی خورشید که همچون نمادی بر پرچم ایران لبخند می‌زند و همچون خود واژه «ایران « که با جنسیتی آشکارا مادین به این سطرهای زیبا از متن شعر معاصر راه یافته است:

دق که ندانی که چیست گرفتم دق که ندانی تو خانم زیبا
حال تمامَم از آن تو بادا گرچه ندارم خانه در اینجا خانه در آنجا
سَر که ندارم که طشت بیاری که سر دَهَمَت سر
با توام ایرانه‌خانم زیبا !

- رضا براهنی

واژه میهن در طول سده‌ها و در پی گسست‌های خون‌بار و نسیان‌بار در تاریخ فرهنگ ایرانی در پس واژه‌ی وطن رخ پنهان کرده بود. پورداود درباره این رخ‌پوشیدگی واژه‌ی میهن توضیحی زبان‌شناسیک یا ادبی به دست نمی‌دهد، اما از زبان اوست که درباره بسامد اندک واژه میهن در متون ادبی و تاریخی به فارسی دری

۱. تقی ارانی، «تکامل و تغییر زبان فارسی» نسخه اینترنتی.

می‌خوانیم، ازجمله در گرشاسپ‌نامه اسدی و این که این واژه تنها چهار بار در شاهنامه آمده است، برای نمونه:

اگر دورم از میهن و جای خویش
مرا یار ایزد به هرکار بیش

درخور یادآوری است که واژه به وام گرفته‌شده‌ی «وطن» در اصل وسعت معنایی واژه‌ی میهن را نداشته است. در متون به‌اصطلاح «عارفانه» یا صوفیانه نیز، اگرچه وطن به‌معنای میهن نفی و انکار شده، اما این نفی یا انکار وجود چیزی را اثبات می‌کرد که پیشاپیش در حافظه زبان هستی داشت و نگرش صوفیانه برآن بود تا ناکجای آرمانی خود را بر جای آن نشاند.

در واژه‌نامه‌های فارسی از *لغت فرس اسدی* تا قاموس‌های لغت متاخر، میهن خانمان، وطن، زاد و بوم تعریف شده است. کهن‌ترین توصیف از میهن را همچون پهنه‌ی گسترده‌ای از زمینی دربرگیرنده‌ی «بسی چیزهای زیبا» در اوستا است که می‌خوانیم:

«براین [زمین]، رودهای ناوتاک روان است.
براین [زمین]، نگاهداری گاو و مردمان را، نگاهداری سرزمین‌های ایرانی را، نگاهداری جانوران پنج‌گانه را و نگاهداری اَشَوَن مردان پاک را گیاهان گوناگون می‌روید."[1]

به‌روایت پورداوود واژه میهن صورت تحول‌یافته‌ی واژه‌ی **مئثن**

۱. *اوستا*: فروردین یشت، گزارش و پژوهش جلیل دوست‌خواه (مروارید، ۱۳۷۱) کرده یکم، بند ۱۰

maethana-maethenia در اوستایی است از ریشه فعل **مئث** به‌معنای سکنی‌گزیدن و ماندن در یک جا. بر این معنا درنگ خواهیم کرد. در اینجا باید گفت که غیاب این واژه در فارسی باستان نباید ما را به این اشتباه بیندازد که ایرانیان عصر هخامنشی هیچ تصوری از میهن خاستگاهی خود نداشته‌اند. کاربست جای‌جای میهن در ادبیات اوستایی دلیل این مدعاست و به یاد آریم که به‌گفته پورداوود کمبود نوشته‌های فرس هخامنشی را گستردگی ادبیات اوستایی جبران می‌کند و باز به‌گفته او فرس هخامنشی و فرس اوستایی هردو یک زبان با اندکی تفاوت لهجه‌اند.

میهن همان «خانه» اما در فضایی کلان‌تر پهنه‌ای از یک جغرافیاست که در ادبیات اوستایی از آن همچون جایی پهناور برای زیستن، «...دربرگیرنده سراسر جهان استومند ـ هرچه جاندار و بیجان ـ و کوه‌های بلند دارای چراگاه‌های بسیار و آب فراوان...» یاد شده است.[۱] این میهن ایرانی جایی خیالی نیست، جایی است بنانهاده بر دامنه‌ی کوه البرز، جایی است درخشان و بی‌آلایش، بدون شب، بدون تیرگی... می‌توان گفت در ادبیات اوستایی میهن به‌لحاظ معنایی یک اسطوره است و پس شگفت نیست اگر در روزگار سرایش یشت‌ها ذهنیت اسطوره‌پرداز ایرانی میهن خود را به پهنای جهان بینگارد:

«مهر را می‌ستایم که میهنش به پهنای زمین در جهان خاکی ساخته شده (میهنی) بزرگ، بی‌آز، درخشان...»[۲]

---

۱. همان‌جا، بند ۹
۲. پورداوود، منبع یادشده

میهن بدین معنا یک «دهش» است ازسوی مهر به باشندگان بر زمین که سزاوار ستایش است و از او ستایش می‌شود. جایی برای غنودن و آرام‌گرفتن برای همیشه است و ازین‌روست که با میهن اهورایی، میهن پاکان و سرمنزل واپسین یکی پنداشته می‌شود. در بیان اسطوره زیستن و مرگ در مفهوم میهن به هم گره خورده‌اند. میهن جایی است که در آن انسان‌ها و جاندران دیگر در آن می‌زیند و در همان حال جایی است که در نگاه‌داشت آن انسان پذیرای مرگ می‌شود. اسطوره آرش از همین معناست که با ما سخن می‌گوید. آرش برای تعیین مرز میهن جان بر سر پرتاب تیری گذاشت که از فراز البرز رها شد، ازکوه‌ها و رودها گذشت و جایی بر کناره ورا رودان بر گردوبنی فرود آمد؛ بلندترین گردوبن در جهان...

در سده‌های پس از استیلای عرب بر ایران در کنار بسامدی اندک در ادب کانونی، واژه میهن اما همچنین به‌صورت نام جای‌ها و شهرک‌ها به هستی خود ادامه داد، ازجمله مثلا به‌صورت نام میهنه، زادگاه ابوسعید عارف (زیسته در سده ششم) که شرح حدودالعالم از جغرافیای آن ویژگی میهن ایرانی را برای ما ترسیم می‌کند: «میهنه شهرکی است از حدود باورد و اندر میان بیابان نهاده‌شده...» میهنی کوچک در میان میهنی بزرگ‌تر؛ واحه‌ای سرسبز در محاصره بیابان.

۲

به ریشه میهن در زبان اوستایی برگردیم: **مئثن** -*maethana* *maethenia* از ریشه فعل **مئث** به‌معنای سکنی‌گزیدن و ماندن در یک جای... اما این چگونه‌خانه‌کردن یا سکنی‌گزیدنی است که از یک

جای میهن می‌سازد؟

میهن ناجایی برساخته ذهن باشندگان در آن نیست. واقعیتی است محسوس بیرون از ذهن باشنده و به همان سختی و روانی و پهناوری کوه‌ها، اب‌ها و دشت‌ها و بیابان‌های سوزانش... بدین معنا میهن همچون واقعیتی زیست محیطی امروزه برای ما یک دغدغه اندوهبار است. واحه‌ی سبز میهن ایرانی امروز بیش از هر زمان دیگری در معرض هجوم بیابان است!.. میهن به‌معنای لفظی literal اگرچه ناظر بر واقعیتی مکانی است: سرزمینی برای ماندن و سکنی‌گزیدن، اما نه هر سرزمینی میهن است. نه هر جایگهی «منزلگه» حافظانه است. حتا واژه‌ی خانه نیز آن‌گاه که هم‌معنا با میهن به کار می‌رود دیگر فقط به‌معنای سرپناه نیست، سرپناهی که باشنده را در خود از سرما و گرما و حمله حیوانات و حشی حفظ می‌کند، مثلا در این بیت از اسدی توسی:

چو آمد بر میهن و خان خویش
ببردش به صد لاله مهمان خویش

چه‌چیزی از یک مکان میهن می‌سازد؟ در فارسی میهن را «مام میهن» می‌گوییم. چه پیوندی میان دو رکن این ترکیب اضافه‌ی تشبیهی یا ملکی برقرار است؟ در فارسی هرگز نمی‌گوییم: باب میهن (باب در برابر مام). میهن همچون مادر به بیانی مجازی figurative، به‌تعبیر مسکوب، مکانی است زمانمند، برخورگاهی از گذشته و اکنون است و با این ویژگی است که به‌گفته‌ی هم او «دیگر فقط یک مکان

جغرافیایی نیست، میهن است.»[۱] در این تلاقی زمان و مکان میهن فضایی است دارای سطح، عمق و ارتفاع که صحنه‌ی گفتگوی مدام گذشته و اکنون است. فضایی از خاطره است. این گذشتگی و اکنونی دو روی سکه‌ی میهن‌اند. این دو را نمی‌توان در مفهوم میهن از هم جدا کرد.

از نگاه مسکوب میهن یک «مأوا» ست. این نامش به میهن معنای دیگری می‌بخشد: یک جور زیبایی دیگر به‌گفته او، زیبایی «مأوا»[۲]... جلوه‌ای ازین زیبایی را می‌توان در پیچ و خم رودخانه‌ها دید، در قامت کشیده سروها و عطر گل‌های سرخ و بلندی کوه‌هایش... اما این‌ها همه به‌خودی‌خود زیبایی «مأوا» را تامین نمی‌کنند. این زیبایی بیش از آنکه بر خود مکان دلالت کند، به چگونگی زیستن در آن برمی‌گردد. در اینجا باید گفت که مختصات میهن همچون یک فضا را، فضای میهنی را، نه فقط دو محور آسمان و زمین همچون دهشی ازسوی مهر، بلکه همچنین محوری دیگر در ژرفا برمی‌سازد که آن نسبتی است که باشنده در میهن با آن همچون یک آرامگه یا بودگاهی از آن خود برقرار می‌کند. این نسبت در بعدی زمانی (تاریخی) حسی از یک دل‌بستگی است. با هر سرپناه یا زیستگاهی نمی‌توان دل‌بستگی برقرار کرد. زندان همچون مکان یا سکونت گاهی موقت یا دایم دل‌بستگی نمی‌آورد. در برابر، یک غار برای انسان نخستین مکانی بود که بدان دل‌بستگی پیدا کرد و هم از این روست که بر دیواره‌های آن نقش و نگار کرده است. این دل‌بستگی را می‌توان به از آن خود کردن یا از آن خود دانستن یک

---

۱. شاهرخ مسکوب، *روزها در راه*، ج دوم ۴۸۹
۲. مسکوب، منبع یادشده

مکان تعریف کرد. غربت از آن رو غربت است که مکانی از خود نیست؛جایگاه بی‌تعلقی است.

در اسطوره‌ی ایرانی مرز و میهن یک معنا را می‌رسانند. همه‌ی جان‌مایه‌ی تیری که آرش از فراز البرز برای تعیین مرز میهن پرتاب می‌کند، همین دل‌بستگی است. انگیزه‌ی سرایش حماسه‌ی شاهنامه نیز از جنس همان جان‌مایه است آن‌گاه که موجودیت میهن شاعر یکسره به خطر افتاده بود و می‌رفت که نیست و نابود شود. در شاهنامه میهن همان «بوم ایرانیان» است که با باغ همانند می‌شود، میهن ایرانی همچون واحه‌ای سر سبز:

که ایران چو باغی‌ست خرم‌بهار
شکفته همیشه گل کامگار

....

سپاه و سلیح‌ست دیوار اوی
به پرچینش بر نیزه‌ها خار اوی
اگر بفگنی خیره دیوار باغ
چه باغ و چه دشت و چه دریاچه راغ
نگر تا تو دیوار او نفگنی
دل و پشت ایرانیان نشکنی
کزان پس بود غارت و تاختن
خروش سواران و کین‌آختن

در این اثر نه‌تنها میهن شاعر بلکه جای‌جای آن نیز به نام خوانده

می‌شود: مساحی شاعرانه‌ای از خاک میهن. ازین نگاه کل شاهنامه را می‌توان نامش دوباره میهنی به نام ایران دانست آن‌گاه که می‌رفت تا دیگر نام و نشانی از آن بر جای نماند.

میهن همچون مکانی برای دل‌بستگی فقط در زبان (شعر) نیست که معنا می‌یابد. هنر و به‌ویژه معماری همچون هنر جلوه دیگری از مفهوم میهن را آشکار می‌کنند. اینجاست که هر شیٔ آفریده‌شده نمود یا نمودگانی از میهن است. ادامه‌ی میهن است همچون یک تنانگی ملموس. کوزه خیامی یا گلدان راغه‌ی بوف کور پاره‌هایی ازین تنانگی است. این معنا را در سفالینه‌ای منقوش در سیلک تا قوس شگفت تاق کاخ مداین می‌توان بازخواند. قدح شراب در شعر حافظ فقط یک ظرف» نیست و از این روست که باید آن را به‌شرط ادب در دست گرفت:

قدح به شرطِ ادب گیر زان که ترکیبش
زکاسه‌ی سرِ جمشید و بهمن است و قباد

هم ظرف هم مظروف از همین تنانگی گرفته شده‌اند: هردو فرآوردهایی از آن تنانگی و حاصل کار باشنده‌ای است که بر آن زیست کرده است: عصاره‌ی انگور را پیش از آنکه باشنده ایرانی از آن شراب بسازد، رگ‌های تاک از دل خاک بیرون کشیده بوده است. به یاد آوریم که تخم انگور را به‌روایت اسطوره پرنده‌ای زخمی (همای) به پاس رهایی از مرگ و تیمارش به‌دست باشنده‌ی ایرانی در خراسان بزرگ برای او هدیه آورد.[1] میهن و شراب هردو «دهش»اند.

---

۱. نوروزنامه خیامی

۳

می‌توان گفت که در میان هنرها این معماری است و معماری همچون هنر (و نه صرف فن اشغال غایتمند فضا) که معنای واژه میهن را در اصل و ریشه آن آشکار می‌سازد: جایی برای سکنی‌گزیدن، خانه‌کردن... معماری همچون هنر این مفهوم را در فضایی بس فراخ‌تر از چهاردیوای یک خانه طرح می‌کند. میهن در بیان این معماری خانه‌ای است که دیواری آن را محصور نکرده است و باشنده در آن آزادانه زیست می‌کند. این سکنی‌گزیدن را می‌توان با نگاهی به هایدگر سکونتی شاعرانه گفت. انسان بر روی زمین، به بیان هایدگر، فقط سکنا نمی‌کند، بلکه «شاعرانه سکنا می‌گزیند.»[۱] و برای برآوردن این خواست خود در فضایی میان زمین و آسمان دست به ساختن می‌گشاید و آفریدن... از این منظر، ساخت و ساز یک بنا از نگاه هایدگر همچنان است که سرایش یک شعر. در برپاداشتن یک بنا معمار هنرمند نسبتی را نه‌تنها میان اجزای بنا که با دو بیکرانگی زمین در زیر و آسمان در بالا برقرار می‌سازد. در میانه‌ی این دو بیکرانگی است که او فضایی کرانمند را همچون جایی از آن خود فراهم می‌سازد.

شاعرانگی را در اینجا نمی‌توان فارغ و جدا از دل‌بستگی به تصور درآورد. بنایی همچون یک باغ یا یک پل تجسمی از این شاعرانگی زیستن در یک مکان است. پاسخ «آری» به پذیرندگی مکانی است

---

۱. بانگاهی به دو جستار هایدگر: " ساختن، سکونت گزیدن، اندیشیدن" و "انسان شاعرانه سکنا می گزیند" در این منبع:
Martin Heidegger, *Poetry, Language, Thought*, Trans.Albert Hofsstater (New (York: Harper and Row, 1975
هایدگر این معنا را از شعری از هولدرلین برگرفته است، «با همه دستاوردهای سزاوارش، انسان اما شاعرانه بر زمین سکنا می گزیند.»
ترکییب دستاوردهای سزاوار برگردانی از دو واژه زیر در آلمانی و انگلیسی است:
Germ.verdient , Eng. acquirement (merit)

که زیستی شاعرانه را در اختیار باشنده‌ی در خود نهاده است. این شاعرانگی اما جز با دل‌بستگی به یک مکان (موانست با آن) فراهم نمی‌آید. بدون دل‌بستگی به یک مکان نمی‌توان در آن شاعرانه زیست؛ بدان همچون یک دهش «آر» گفت. این دل‌بستگی و شاعرانگی را نمی‌توان از هم جدا کرد، همچنان‌که در تکه‌ای کاشی لعاب فیروزه را از گل پخته‌ی آن نمی‌توان جدا ساخت. در این ساخت و ساز، تنانگی میهن هم ماده کار است و هم موضوع یک دل‌بستگی. این دل‌بستگی در هماهنگی غایت و شکل بنا همچون یک زیبایی به جلوه درمی‌آید. این زیبایی (با وام‌گرفتن یک صنعت کلامی) در هرلحظه در قالب یک دگرگویی یا دگرنمایی (آلگوری) رخ می‌نماید: زیبایی همچون بیان دیگری از دل‌بستگی...

میهن ایرانی به مفهومی جغرافیایی یک واحه سرسبز است میان بیابان و به‌لحاظ فرهنگی واحه‌ای تمدنی در محاصره بیابانگردان که همواره در معرض هجوم آنان بوده است. با نگاهی به آثار معماری در ایران باید گفت این فرصت شاعرانه زیستن در مکان را اما زمان (تاریخ) چه بخیلانه در اختیار باشنده ایرانی نهاده است!..شعر و کوتاه‌ترین صورت آن غزل را می‌توان بر تکه کاغذی نوشت، اما یک بنا را در هر شرایطی مادی و تاریخی نمی‌توان ساخت. معنای واژه‌ی میهن به زبان معماری ایرانی تاریخی از ویرانی‌ها از پس ساختن‌ها و لاجرم دل‌گسستن‌ها از پی دل‌بستگی‌هاست. معمار ایرانی فقط در فواصل کوتاه میان ادوار نابسامانی بوده که کار آفریدن خود را می‌توانسته از سر گیرد و شگفتا که در این تلاش پرستشگاه خشک و خالی آیینی بیابانی (مسجد) را همچون اثری هنری مجلل و پرداخته

برخاک میهن خود آفریده است و با بذل زیبایی بدان نه فقط مکان را که خدایی بیگانه را هم از آن خود کرده است. آنچه بدان نام «هنر معماری ایرانی ـ اسلامی» داده‌اند، جز حاصل ریاضت پنهان و گاه ناخودآگاه هنرمند ایرانی در بیان این دل‌بستگی نیست. به یادآوریم که در فلات ایران کم نیستند مساجدی که بر پی آتشگاه‌های کهن بازساخته شده‌اند.

یادمان‌ها و نمودگان‌ها

جایی در شمال غربی فلات ایران گنبد فیروزه‌ای‌رنگ سلطانیه زیر آسمان با ارتفاعی شگفت قد برافراشته؛ و در جایی دیگر، در مرکز این فلات، پل خواجو (شاهی) به‌موازات افق از این‌سوی زنده‌رود به آن‌سوی آن امتداد یافته است. این دو اثر معماری ایرانی را «ابنیه تاریخی» نامیده‌اند. اما چه خوش‌واژه‌ای است واژه‌ی «یادمان» که برای نامیدن بناهایی با تاریخی ساخته شده است.[1] نه فقط یک تندیس یا آرامگاه که هر بنایی را می‌توان یادمان گفت؛ فضایی از یادها... هر بنایی از این‌گونه را می‌توان «نمودگان» هم نامید: نمود در اینجا به‌معنای آشکارگی و «گان» پسوندی هم به‌معنای زمان و هم به‌معنای مکان: میهن تلاقی گاه مکان با تاریخ...

در اینجا از میان آثار به‌جامانده از معماری ایرانی، بناها و ویرانه‌ها، به دو اثر یادشده نگاهی گذرا می‌کنیم. نخست، گریزی کوتاه به زمانه و تاریخ این دو بنا بزنیم. این دو بنا با همه اختلاف ابعاد و جزییات سبکی و کارکرد، اما می‌توان گفت که در یک ویژگی با هم اشتراک

---

۱. از برساخته‌های زنده‌یاد محمد مغدم (املایی که او خود برای نام فامیلش ترجیح می‌داد.) در برابر monument

دارند: هردو در مجال‌هایی از آسودگی پس از ادوار هرج‌ومرج و ویرانی ساخته شده‌اند.

به‌هنگاهی که گنبد سلطانیه بر دشت خرم سر راه قزوین به تبریز ساخته شد شهر پیرامونش به همین نام سلطانیه پایتخت دوم ایلخانان در قرن هشتم هجری شهری پرجمعیت، مرکز دادوستدهای تجاری میان شرق و غرب بود. بنای گنبد و متعلقات آن را سلطان ایلخانی محمد خدابنده (الجایتو) پس از گرویدن به مذهب شیعه فرمان داد با این قصد که پیکر امام اول و سوم شیعیان را از نجف و کربلا به این محل انتقال دهند. با مخالفت علمای شیعه و و پس از بازگرویدن سلطان به آیین شمنی مغولان، او بر آن می‌شود که برخلاف اجداد خود که مردگانشان را در دخمه‌ها و پنهان از چشم آیندگان دفن می‌کردند، این بنا را همچون آرامگاهی با شکوه برای خود به رسم شاهان ایرانی بسازد و به یادگار بگذارد. بنای این مقبره هشت‌گوش آجری با گنبدی به بلندی ۵۰ متر (۱۲۰ گز) ده سال به درازا کشید و در سال۷۱۳هجری به پایان رسید.

می‌دانیم که به‌گفته‌ی خواجه رشیدالدین (تولد۷۱۰ه. ق) در کتابش *جامع‌التواریخ* مغولان تا پیش از آمدن به ایران اقوام صحرانشینی بودند که درکی از توطن و شهرنشینی نداشتند. الجایتو اما حاکم روادار بود که به‌هنگام تولد مادر مسیحیش او را نیکولا نام نهاده بود. وزیر و مشاور او خواجه رشیدالدین، آن طبیب و ادیب و مورخ بزرگ که بر تدارکات مالی ساخت بنای گنبد سلطانیه نظارت مالی داشت، از تبار یهودی بود و سرانجام نیز حاسدان و دسیسه چینان او را به‌جرم یهودی‌بودن کشتند و جسدش را تکه‌تکه کردند.

از روزگار او و عهد الجایتو تنها همین بنا بر جای مانده است که یکی از عالی‌ترین نمونه‌های هنر ایرانی است، «گنبد پهن دو داره‌ی آن به‌احتمال الهام‌بخش معمار فلورانسی Brunelleschi در طراحی کلیسای جامع فلورانس در یک سده پس از دوران اولجایتو بوده است[1].

درباره تبار صفویان اختلاف‌نظر هست و نمی‌توان آنان را با مغولان بیابانگرد دارای خاستگاهی یکسان دانست. دوران آنان نیز خالی از کشتارهای گسترده دگراندیشان نبود، اما بر این نکته مورخان هم‌نظرند که در عصر صفوی بود که ایران در ابعاد دوران ساسانی‌اش باردیگر به صحنه جهان بازگشت. رفاه و امنیت شهرها و رونق تجارت و نیز جنگ‌های پی‌درپی، صلح‌های پی‌درپی، تعصب و رواداری (قتل‌عام سنی مذهبان و قلع و قمع دگراندیشان دینی و در همان حال اسکان ارامنه مسیحی در تبریز و اصفهان و مدارا با آنان) از ویژگی‌های این عصر است. عصر صفوی را عصر زرین شکوفایی هنر و معماری ایرانی نامیده‌اند و شگفت اینکه در همین دوران شعر و ادب فارسی رو به افول گذاشته بود. شماری از شاعران ایرانی در این دوره به هند کوچیدند و در قلمرو روادار پادشاهی مغول در هند پناه جستند.

شاه‌عباس دوم که پل خواجو یا پل شاهی به فرمان او ساخته شد، توانسته بود در دوران پادشاهی کوتاهش ثبات و آرامشی را در مرزهای کشور فراهم آورد. امپراطوری عثمانی را در غرب و روس‌ها

---

۱. دیوید مورگان، *ایران در سده‌های میانه*، ترجمه‌ی فرخ جوانمردیان (انتشارات فروهر، ۱۳۷۴) ۱۱۳

را در شمال از دست‌اندازی به خاک ایران بازداشته بود و در شرق با اورنگ زیب پادشاه گورکانی پس از کشمکش‌هایی بر سر قندهار روابطی صلح‌آمیز برقرار کرده بود. پادشاهی شرابخواره و دوستدار شعر و صحبت با فرهیختگان زمان خود بود. او همچون الجایتو عمر کوتاهی داشت جوانی بر اثر بیماری درگذشت. درباره پل خواجو که یکی از شاهکارهای معماری در زمان این پادشاه است آرتور پوپ می‌نویسد:

«این پل کارا، شاعرانه و مجلل، فرآورده‌ای نمادین از تخیل ایرانی، و اثباتی است بر این مدعا که ایران حتا پس از انحطاطی که در دیگر کشورهای اسلامی در هنر ساختمان‌سازی آغاز شده بود، می‌توانست معماری اصیل و توانمندی فراهم آورد.»[1]

از چشم‌اندازی تاریخی به ویژگی مشترکی باید اشاره کنیم که در هر دو اثر یادشده می‌توان یافت. این دو اثر همچون دیگر شاهکارهای معماری ایرانی در دوران‌هایی از «آسودگی»[2] میهن پدید آمده‌اند، دوران‌هایی که به خیال‌پردازی هنرمندـ معمار ایرانی مجال داده‌اند و چندان نمی‌پاییده‌اند تا اینکه به‌گفته‌ی مسکوب، «دوباره شهر دست‌به‌دست بگردد، قلدری بیاید و غارت کند، دیگری به جایش سر رسد و زنده‌زنده آدم‌ها را در دیگ آب جوش بیندازد و بسوزاند و بسیاری سنگدلی‌های دیگر...»[3] با هر یورش و ایلغاری (هجوم بیابان‌گردان) به واحه ایرانی، دوران دیگری از ویرانی آغاز می‌شده

---

۱. برگرفته از بخش هنر صفوی ترجمه‌ی باقر ایت‌الله‌زاده شیرازی از کتاب:
آرتور پوپ و فیلیس اکرمن، سیری در هنر ایران، ویر: سیروس پرهام، ج سوم (انتشارات علمی و فرهنگی، ۱۳۸۷) ۱۴۳۱

۲. تعبیری از سعدی:
چو باز آمدم کشور آسوده دیدم زگرگان به در رفته آن تیزچنگی

۳. مسکوب منبع یادشده ۴۲۳

است و بناها اگر یکباره تخریب نمی‌شدند با گذشت زمان متروک می‌شدند و فرو می‌ریختند. در زمان فتحعلشاه آرامگاه سلطانیه را انبار علوفه کرده بودند. این هر دو اثر گویی از سر اتفاق است که هنوز برجای مانده‌اند...

آیا این دو بنا همچون دو متن تاریخی از گذشته با ما سخن می‌گویند؟ می‌توانیم در اینجا معماری را با زبان مقایسه کنیم (چنان‌که کرده‌اند) و بگوییم، آری، معماری زبان سکوت است و در این زبان نیز معنای یک بنا (همچنان‌که یک واژه) تاریخی است که در مادیت خود و در زمان اکنون در سکوت با ما درمیان گذارد. ویرانه ایوان مدائن با خاقانی چه گفته بود؟ بنا و جزییات آن اگرچه از واژه‌ها (نمادها) ساخته نشده است، اما می‌توان آن را به جمله‌ای در زبان همانند کرد. در این همانندی می‌توان دو بنای یادشده را همچون دو جمله پیچیده و بلند بازخواندکه هرکدام پایه و پیروهای خود را دارند:

این یک گنبد فیروزه‌ای‌رنگ شگفت‌انگیزست...
این یک پل دل‌گشاست که بر رودخانه زاینده‌رود غنوده است...

برخلاف جمله زبانی اما آغاز و پایانی برای این دو جمله نمی‌توان تعیین کرد، چراکه در فضا اتفاق افتاده‌اند. احتمال صدق و کذبی هم بر آن‌ها مترتب نیست: یک پل فقط هست چنان‌که هست... اما همچون یک جمله در زبان فاصله میان نهاد و گزاره‌ی هر دو را صفات و قیود و حروف اضافه پر کرده است: همهمه‌ای از تضریب کاشی‌های رنگارنگ، گچ‌بری‌ها و شبکه‌کاری‌ها بر چوب، خطاطی‌ها

و لچکی‌ها و ترنج‌ها... صفات و قیودی برای اجزای سازنده بنا: ستون‌ها، تاقی‌ها، پله‌ها... این اجزا برخلاف کلمات در جمله فقط دلالت‌هایی بر کاربرد خود دارند و بس؛ مثلا در پل خواجو پلکان‌ها برای بالارفتن و فرودآمدن یا نشستن؛ سنگ‌پایه‌های سه‌گوش پل با مقطعی برنده در برابر جریان آب برای شکافتن سیلاب‌های بهاری؛ شاه‌نشین غربی در اشکوب بالایی پل برای تماشای غروب خورشید بر آب‌های رود و شاه‌نشین شرقی برای تماشای طلوع آن... و در مقبره سلطانیه اشکوب بالایی بنای که همه مقاوت بدنه را در ابعاد کوچک‌تر خود فشرده کرده برای نگاهداری (تکیه‌گاه) گنبد با دهانه‌ای به‌قطر بیست‌وچهار و نیم متر در هوا؛ مناره‌های آجری که به‌موازات هرم گنبد و شیب تند بدنه‌ی آن نگاه را متوجه بی‌کرانگی آسمان می‌کنند؛ پنجره‌ها و نورگیرها برای روش‌کردن فضاهای داخلی و غیره.

همه‌ی اجزای بنا را «سازه» همچون رشته‌ای نامرئی، همچون نحو در جمله زبانی در کل و به‌صورت یک نظم به هم پیوند داده است: غایت سودمندانه بنا. زیبایی را همچون بیانی از یک دل‌بستگی در همین نظم در نسبت جزء با کل می‌توان دید، ارزشی افزوده بر ارزش سودمندانه‌ای که نظم در اصل بر پایه‌ی آن محاسبه و شکل گرفته است. طرح هشت‌ضلعی پایه گنبد در تضریب کاشی‌های فضای درونی گنبد تکرار می‌شود تا این انتظام کل را در نسبت جزء با کل و کل را با جزء یادآور شود. اوج این نظم اندیشیده شده آنجاست که تصوری محال، دایره‌ای هشت‌گوش را، به‌صورتی ممکن در آورده و بدان جسمیت بخشیده است. بدنه‌ی هشت‌گوش بنا که رئوس آن را پی‌ها بر زمین ترسیم کرده‌اند با اضلاع جسیم خود (دیواره‌ها) از

زمین بالا می‌آید تا با حسابی دقیق در مقطعی از دایره خرد شود و از آن مقطع گنبد همچون شعله‌ای از فیروزه زیر آسمان سر بلند کند.

پل خواجو فقط بنایی برای آمد و شد نیست، با شاه‌نشین و غرفه‌ها و سکوهایش یک تماشاگه است. جریان آب از هر دهانه پل بر کفه‌ای بالاآمده از سنگ فرو می‌شارد و بخش می‌شود و در انتهای کفه شکسته می‌شود تا در شیب طبیعی بستر رود جریان خود را از سر گیرد. برکفه اما از برخورد آب دهانه‌ها با همدیگر لوزی‌هایی با اضلاعی از کف بر رویه‌ی آب شکل می‌گیرند که خلاف جریان آن به‌سوی دهانه‌ها برمی‌گردند. تصور محالی دیگر که در اینجا ممکن شده است: «شتاب ساکن» آب، همچون شتاب ساکن آهویی در تصویر به‌تعبیر بیدل[1]، استعاره‌ای از بازایستادن زمان...دو شیر سنگی در دوسوی پل گویی که نظاره‌گر همین صحنه‌اند.

به مفهوم زیبایی برگردیم. اثر معماری به‌صورت یک پرستشگاه یا

---

۱. رم آهوی تصویرم، شتاب ساکنی دارم ــ بیدل دهلوی

پل برخلاف دیگر آثار هنری پای در زمین (خاک) و غایتی سودمندانه دارد. پل برای آمد و شد ساخته شده است و پرستشگاه برای انجام برگزاری آیین‌های پرستش. ازین‌روست که بعضی فیلسوفان در مقایسه با نقاشی یا مجسمه‌سازی زیبایی معماری را در مرتبه‌ی پایین‌تری جای داده‌اند. اما درست با همین ویژگی پای‌درخاک‌داشتن است که بنا زیبایی دیگری را بنا به نمایش می‌گذارد. این زیبایی را می‌توان در همان نظم یا سامانی دانست که بنا در ترکیب اجزا با غایت خود در مجموعه‌ای از تقارن‌ها و تباین‌ها؛ تفارق‌ها و تناظرها برقرار می‌سازد.

بنا را از یک‌سو زمین در برگرفته همچون بسی چیزهای دیگر، و از سویی دیگر، بنا نگاهی رو به آسمانی دارد بی‌آغاز، بی‌انجام...[۱] بنا در این میان همچون یک فضا فقط درون را از بیرون جدا نکرده، بلکه، فضایی است، کرانمند که در فضایی دیگر و بی‌کرانه اذن ورود یافته است. اساس کار معمار در اینجا «هندسه»ای از گونه‌ی دیگر است. با وام مفهوم دیگری از هایدگر (برگرفته از شعری از هولدرلین) کار او همچون یک شاعر «پیمایش»ی[۲] است برخاک و زیر آسمان. او با این پیمایش فضایی را در این میان از آن خود می‌سازد و در کالبدی ملموس همچون موضوع دل‌بستگی خود درمی‌آورد. این دل‌بستگی در هرلحظه در قالب یک دگرگویی یا دگرنمایی (آلگوری) رخ می‌نماید: زیبایی همچون بیان دیگری از یک دل‌بستگی... در این دگر نمایی اما چیزی بیان (بازنمایی) نمی‌شود، بلکه چیزی هست که آشکار می‌گردد. ویرانه‌های کاخ مداین در برابر نگاه خاقانی در سکوت بیابان از چه می‌گفت؟ از شکوه زوال یا زوال شکوه؟..

---

۱. با نگاهی به اوستا: زمینی «بلند پهناور که در برگیرنده بسی چیزهاست» و «آسمانی که آغاز و انجام آن دیده نمی شود.» اوستا، فرودرین پشت کرده ۳ و ۹

2. measure

این هر دو بنا همچون بناهای دیگر، همچون ویرانه‌ی بناهای دیگر ایرانی، تعریفی از میهن را به دست می‌دهند. نه به‌صرف آنکه قدمت دارند و در گذشته‌های دور ساخته شده‌اند، بلکه از آن رو که به یک «جای» تاریخ بخشیده‌اند و از آن جایی همچون میهن ساخته‌اند. این تاریخ را می‌توان فرهنگ هم نام گذاشت: همه آنچه از یک ملت در سرزمینش بر جای می‌ماند.

طرفه‌کاری

از زنده‌رود اکنون می‌رود که بستری خشک و ترک خورده بر جا ماند و پل خواجو با ساروج و پایه‌هایی که در هر فصل سال به رسوب آب نیاز دارد، در اثر خشک‌شدن بستر رود درحال فرسایش است. هنوز اما در ساعتی از روز که خورشید بر آب‌های رود غروب نکرده، با زاویه چهل درجه نسبت به افق، اگر از انتهای راهرو بیرونی پل به فضای زیر اشکوب بالایی پل نگاه کنیم، در زیر یکی از تاقی‌های پل، از خلال دو پایه سنگی، آفتاب و سایه با هم مغازله‌ای دارند تا شمعی از نور را با شعله‌ای فروزان در برابر نگاه ما نمودار سازند. امکان این بازی نور و سایه میان دو پایه سنگی پل می‌تواند از سر اتفاق فراهم آمده باشد؛ همچنان‌که می‌تواند کار سازنده پل و حاصل پیمایشی دقیقی از نسبت دو پایه سنگی با زاویه تابش آفتاب در ساعت معینی از روز باشد. این بازی ورای هر غایت و ضرورتی در نظم بنا صورت گرفته، یک جور «لزوم مایلزم» است به زبان صناعی شعر... این دیگر فقط یک طرفه‌کاری به دست معمار است؛ امضای اوست با نور که

هم دیده می‌شود و هم دیده نمی‌شود در پای اثر... می‌توانست نباشد، اما هست.

در ستایش و گذر از زبان مادری

هزار صفحه سینه داشت...

— رویایی: «شدنِ مادر»

ما همه در زبان مستاجریم...

— دریدا

در سخن‌گفتن از زبان مادری ما نه از یک زبان مادری که از زبان‌های مادری است که سخن می‌گوییم. این بدان معناست که هیچ زبان مادری بر زبان مادری دیگر رجحانی ندارد و همه با شیر اندر آمده و با جان به در شوند...این زبان مادری من است، گزاره‌ای آشنا، اما این زبان من نیست، این زبان به من داده شده است... پیش از "من" و پیش از آنکه من با آن سخن بگویم بوده است. در تعریف زبان مادری می‌توان گفت که این زبانی است در زبان؛ به سخن دیگر، زبان مادری زبانِ زبان است. این معنا را بیشتر بشکافیم...

زبان مادری همواره دو چهره دارد اگر نگوییم دو ماهیت

متفاوت دارد. در تعریف زبان مادری، و در این مقال، در ستایش از آن، ما ناچاریم که از ساختار عام (یونیورسال) زبان چهره‌گشایی کنیم. در تداول عام، ما این هر دو چهره را «زبان» خود می‌خوانیم یا «زبان بومی». زبان مادری اما از یک سو عرصه‌ای است که ما در آن خیال می‌ورزیم و رویا می‌کنیم؛ و از سوی دیگر، با چهره‌ای دیگر، زبانی است که ما در آن تخته‌بند نظامی نمادین شده‌ایم که به‌تعبیر مارکس عرصه‌ی همه آن چیزهایی است که از گذشتگان بر ذهن اکنونیان سنگینی می‌کند... در برابر آن، زبان مادری با چهره‌ی نخست نه مقوله‌ای تاریخی که مقوله‌ای از خون و شیر است. لمس پوست مادر است، به‌تعبیر آگوستین قدیس، و بدین معنا دیگر نه یک مقوله زبان‌شناختی که ادامه تن مادر است.

«من» فارسی‌زبان گاهی که این جمله ساده را به زبان انگلیسی (زبانی که زبان مادری من نیست) می‌نویسم یا بر زبان می‌آورم، حسی به من می‌گوید که چیزی در آن کم است. چیزی در من هست که در آن نیست. در این گزاره انشایی (performative) که فقط برمی‌گردد به من گوینده، یک «نبود» احساس می‌کنم، یک‌جور نقصان نحوی:

I love you...

اگر بخواهم این جمله را به زبان فارسی برگردانم از زبان سعدی چنین می‌شود:

تو را من دوست می‌دارم...[1]

در برگردان انگلیسی از این گزاره شعری سعدی که عصاره و خلاصه همه غزلیات عاشقانه اوست، احساس می‌کنم که یک حرف

---

۱. ازین بیت سعدی:
تو را من دوست می‌دارم خلاف هرکه در عالم
اگر طعنه است در عقلم اگر رخنه است در دینم

اضافه «را» کم است ... بعد از ضمیر You (تو) من به یک «را» نیاز دارم. این کمبود انگار که حفره‌ای است در زنجیره نحوی جمله انگلیسی که هرچه بیشتر در آن تامل می‌کنم عمیق‌تر می‌شود. من فارسی‌زبان انگار که بدون این «را» نمی‌توانم معشوقم را دوست بدارم. بدون این را این دیگر «تو» نیستی که دوستت دارم. این "را" فقط مقوله‌ای دستوری (گرامری) نیست: رای مفعولی، رای معرفه‌ساز... این "را" را دستوری دیگر لازم آورده است: دستور (گرامر) جهان من فارسی‌زبان. همه‌ی حرف و سخن در بحث از زبان مادری بر سر همین نبود (lack) «را» است که در سخن‌گفتن به زبان دوم گرفتارش می‌شویم. حضور زبان مادری (آن ادامه تن مادر) در قالب این «را» من را از ژرفای «من» تعقیب می‌کند. همه‌جا با من است و (با وامی از حضرت رویایی): «نه می‌گریزم می‌خواهم» ازین « را » و «نه می‌توانم بگریزم»...

ناچار در هوای او هرچیز
مثل هوا زیبا می‌گردد
من شکل حرف خودم می‌شوم
گل شکل عطر خودش

– رویایی

در این زبان است و آن‌گاه که این زبان به شعر درمی‌آید، که همه چیزها به نام خود برمی‌گردند:

من شکل حرف خودم می‌شوم و دیگری به شکل حرف خودش...

این زبانی است که جهان ما را ساخته است.

زبان مادری با این چهره از خود با ما سخن می‌گوید... نه حتا فقط در شعر که در زبان روزمره هم. در هر تکه‌پاره از زبان روزمره هم شعریتی هست که فراموش شده است (تعبیری از هایدگر). هر دخل و تصرفی خلاقانه در زبان رسیدن به بلاغتی از این زبان است، زبانی در زبان. بیخود نیست که «من» فارسی‌زبان هرگز نمی‌توانم واژه‌ی «جان» (در حافظ) را و «دوست» (در سعدی) را به هیچ زبان دیگری برگردانم. در این ساحت زبان مادری من کارهایی را می‌توانم بکنم که در زبان‌های دیگر مجاز بدان نیستم (هانا آرنت). زبان‌های دیگر (اگر زبان یا زبان‌های دیگری بدانم) با یاری‌گرفتن از سعدی در نسبتشان با «من» همه «بر سر زبانند»، اما این فقط زبان مادری است که در «میان جان» است:

نه خلاف عهد کردم که حدیث جز تو گفتم
همه بر سر زبان‌اند و تو در میان جانی

اشاره به هردو چهره زبان مادری را در اعترافات آگوستین قدیس می‌توان یافت. زبان مادری با چهره اول با شیر مادر است که در اندرون می‌شود. با لمس تن اوست که آن را می‌آموزیم آن‌گاه که همچون طفلی شیرخوار «تنها مکیدن را بلد بودم...» (*اعترافات* ۱، VI)... و زبان مادری با چهره‌ی دوم آن است که در مدرسه به ما می‌آموزانند که بابت هر کاهلی در آموختن آن «من کتک می‌خوردم چرا که این تنبیه را پدران ما و کسانی پیش از من این دوران را درک کرده بودند، عملی درست می‌دانستند.» (*اعترافات*، ۱، IX)

زبان مادری را همچون زبانِ زبان ما نمی‌آموزیم. هدیه‌ای است از مادر که بی‌هیچ قید و شرطی به ما بخشیده می‌شود. من آن را وقتی به دنیا آمدم همچون چشم و گوش و دست و پا با خود نداشتم. این زبانی است که به من داده شده است... و پس همواره زبان دیگری است. من زبان مادری‌ام فارسی است، اما این زبان فقط زبان من نیست. من به زبان مادری‌ام سخن می‌گویم، اما این دیگری است که آن را به من بخشیده است و این دیگری است که آن را می‌شنود.

در زبان مادری با چهره‌ی دوم (به‌تعبیر آگوستین) است که با جهان روبه‌رو می‌شویم. آن را فهم می‌کنیم و به مفهوم درمی‌آوریم. این چهره از زبان یادآور آن گفته نیچه است که دستور این زبان همیشه آخرین پناهگاه متافیزیک است. از هرچه بگذریم بالاخره فاعلی هست و فعلی و مفعولی و پس خالقی هم هست و مخلوقی ... اما بورخس در جایی از ما می‌خواهد که زبانی را تصور کنیم که در آن از اسم خبری نیست. هرچه هست فعل است. سنگ سنگ نیست بلکه سنگیدن است؛ آب آب نیست بلکه آبیدن است. با چنین زبانی و در چنین زبانی ما جهان دیگری می‌داشتیم. در زبان مادری، چهره نخستین زبان، اما اساس هر متافیزیکی درهم می‌ریزد یا به پرسش گرفته می‌شود. در این زبان است که سنگیدن سنگ بدان بازگردانده می‌شود و آبیدن آب به آب...شاعران بیش از فلاسفه به ارزش چنین زبانی پی برده‌اند. آن‌ها هنوز به‌نحوی ممنوع در این زبان با تن مادر عشق می‌ورزند (رولان بارت).

خوشابه‌حال آنان که از کودکی در محیطی دوزبانه یا چندزبانه به

دنیا آمده‌اند. بورخس زبان پدری‌اش انگلیسی بود و زبان مادری‌اش اسپانیایی، اما این زبان اسپانیایی بود که همچون یک سرنوشت شعر او را در خود مسطور می‌کرد. تبحر ناباکوف در انگلیسی حتا ادبا و فصحای این زبان را هم به رشک می‌انداخت، اما در نثر اسیدی او (تعبیری از اینفانته نویسنده مطرود کوبایی) آثاری از لهجه‌ی زبان مادری‌اش را یافته‌اند. او خود گفته بود و این نقل‌قول مشهوری است از او که «ذهن من به انگلیسی حرف می‌زند، قلبم به روسی و گوشم فرانسه را ترجیح می‌دهد.» زبان روسی زبان مادری او بود. جوزف برادسکی، شاعر روسی الاصلی دیگر، می‌گفت بهترین کار برای شاعر در تبعید تدریس زبان مادری او است... در تدریس زبان مادری است، آن هم در غربت و دور از سرزمین مادری، که آدم زبان مادری را از بیرون، از چشم زبان‌آموزی کنجکاو، بار دیگر کشف می‌کند. ازین نگاه دیگری و از بیرون است که تنانگی زبان مادری خودرا عریان می‌سازد با همه عشوه‌ها، پیچیدگی‌ها، هنجارها و هنجارگریزی‌هاش... در ادبیات معاصر ما نیما این بخت را داشت که زبان ادب رسمی فارسی را از بیرون نگاه کند. این زبان مادری او نبود هرچند که زبان مادری او گویشی از همین زبان فارسی بود. زبان شعر نیما را می‌توان حاصل معارضه‌ی این دو چهره زبان و برآیندی خلاق از تنش میان این دو نیرو دانست. ازین‌روست که زبان شعری او لهجه‌دار است و این نقطه قوت و پویایی زبان شعری اوست نه لکنت و ابهام و ضعف‌تالیف شاعر آن‌چنان که ادبای رسمی آکادمیک هنوز هم درباره زبان شعری او می‌گویند.

زبان مادری با چهره دومین آنگاه آغاز می‌شود که من را به

«نام» می‌خوانند (سرآغاز زبان همچون محمل ایدئولوژی به تعریف آلتوسر)؛ آن لحظه که من به نام من نامیده می‌شوم همچون برشی بر پوست تن (استعاره ختنه در دریدا)... زندگی اجتماعی ما در این زبان از پس این لحظه است که آغاز می‌شود. هرآنچه پیش از آن بود (آن‌گاه که در خواب طفولیت لبخند می‌زدم یا به بیداری ـ آگوستین) یکسره در نسیان فرو می‌رود. فقط از گفته‌ی دیگران است که آن لحظات پیشین را به تصور درمی‌آوریم. مارکس اما لحظه ای را پس از زبان مادری (با چهره دوم آن)، به‌صورت لحظه فراگذشتن از آن، به‌صورت انقلاب، در برابر ما می‌گذارد که سرآغاز سخن‌گفتن به زبانی نو است، لحظه‌ی سرایش آن چکامه‌ای که باید مواد و مصالح خود را از آینده برداشت کند. از نگاه مارکس که زبان مادری را همچون استعاره‌ای از کبره‌ی تاریخ و بار سنگین گذشته بر زمان حال به کار می‌گرفت، انقلاب‌هایی رخ داده‌اند که هنوز نتوانسته‌اند از تخته‌بند این زبان رها شوند. برای آینده‌ای که خواهد آمد هنوز به زبان گذشته حرف می‌زنند، ارواح مردگان را فرامی‌خوانند، درست مثل نوآموزان زبان که در ابتدا برای فهم هرجمله از زبان دیگر ناچار آن را به زبان مادری خود ترجمه می‌کنند.[1] لحظه‌ای بلاغیات تاریخی شریعتی را به یاد آورید در زمانی که جامعه ما در تب‌وتاب جستجوی زبانی دیگر بود، آن بازگشت به خویش آل‌احمد را و حتا دفاعیات آن مارکسیست روشنفکر و شاعر، خسرو گلسرخی را در در دادگاه ...همه‌ی آن زبان‌آموزانی که برای فهم و ادای سخن به زبانی نو گزاره‌های آن را به زبان مادری خود برمی‌گرداندند:

---

۱. نگاه کنید به هجدهم برومر *لویی بناپارت*، ترجمه محمدپور هرمزان (انتشارات حزب توده، چ۱۳۸۶) ۳۱ و ۲۹

«... چنین است که می‌توان در تاریخ، از مولا علی به‌عنوان نخستین سوسیالیست جهان نام برد و نیز از سلمان فارسی‌ها و ابوذر غفاری‌ها. زندگی مولا حسین نمودار زندگی اکنونی ماست.» (خسرو گلسرخی: دفاعیات در دادگاه)

شاید نتوان هرگز خط فارغی را میان این دو چهره از زبان ترسیم کرد. اما می‌توان با هانا آرنت موافق بود که فراموشی زبان مادری (آن زبانِ در زبان) زبان با چهره دوم را از معنا تهی خواهد کرد: زبان «کلیشه» زبان فاشیسم... زبانی که یکتایی (singularity) را از شخص می‌گیرد. به سخن دیگر، در چنین زبانی همه رشته‌های پیوند شخص با فردیت او گسسته می‌شود. در برابر، این هم هست که این رشته‌های پیوند ما را به سرآغاز هیچ چیز نمی‌برند (دریدا). هیچ گوهر یکتا و نابی در کار نیست. اگر از نگاه آرنت زبان مادری زبانی است که به «جنون» نمی‌رسد، از نگاه دریدا این زبان گاه خود عین «جنون» است. اگر ملازمات سیاسی این گزاره دریدایی را به کنار بگذاریم، می‌توان از منظری دیگر، با او هم صدا بود که زبانِ زبان نیز، حتا آن‌گاه که به شعر درمی‌آید، ساحتی از غربت (غیاب) است. اما به هرحال و در هر روز «غربت»، در هنگامه‌های بلا، این زبان مادری است که برای ذات غربت گزیده به جا می‌ماند (آرنت).

به دیگر سخن

سال‌ها پیش به‌عنوان آموزگار زبان سخت به‌دنبال کتاب درسی مناسبی برای تدریس سال اول زبان فارسی می‌گشتم و در آشفته‌بازار

کتاب‌های درسی آموزش فارسی چیزی نمی‌یافتم. تا اینکه، چشمم به کتاب قطوری افتاد در نت که از انتشارات دانشگاه معتبر ییل Yale بود. فکر کردم گم‌شده خود را پس از جستجوهای فراوان یافته‌ام و درجا به کتاب‌فروشی دانشگاه سفارش مجلداتی از آن را دادم. اما در همان هفته اول تدریس، این کتاب که تالیف دو استاد یکی ایرانی و دیگری آمریکایی بود، من را در برابر دانشجویانم شرمنده ساخت و درجا تصمیم گرفتیم که نسخ خریداری‌شده را به ناشرش برگردانیم. من در انتخاب این کتاب دو اشتباه کرده بودم: اول اینکه، فریب نام و آوازه‌ی ناشر را خورده بودم: انتشارات دانشگاه ییل... و دوم اینکه، پیش از سفارش نسخه نمونه‌ای از آن را وارسی نکرده بودم... در همان روزهای اول بود که دریافتم مولفان در تدوین آن کتاب از نظریه‌ای من‌درآوردی استفاده کرده‌اند که در قوطی هیچ نظریه‌پردازی در زمینه‌ی آموزگان (پداگوژی) زبان یافت نمی‌شود: فراگیری زبان آن‌گونه که کودک نوزاد یاد می‌گیرد: بدون هیچ متن نوشتاری به زبان هدف (در اینجا فارسی) و فقط از راه شنیدن و تکرار (همه متن کتاب نه به خط فارسی بلکه به‌صورت ترانسلیتره جملات فارسی به خط لاتین بود!) واضح است که ما نمی‌توانستیم شرایط زبان‌آموزی را در کودکی به‌صورت آزمایشگاهی در کلاس برای زبان‌آموزان بالغ و برای آموختن زبان دوم فراهم سازیم. زبان مادری را نمی‌توان در غیاب مادر آموخت. زبان مادری به‌هنگام فراگرفتن در کودکی نه از مقوله شنیداری که پیش از آن و مهم‌تر از آن مقوله‌ای بساوایی[1] "haptic" است. مولفان آن درس را از آگوستین فرا نگرفته بودند که زبان مادری پیش از هرچیز دیگر لمس (بساوش) پوست مادر است...

---

۱. از مصدر بساویدن: بسودن؛ دست‌مالیدن؛ لمس کردن؛ سودن

با آنچه گفته شد شاید شمه‌ای از اهمیت و حساسیت موضوع زبان مادری را شرح داده باشیم. با نظر به همین اهمیت و حساسیت است که می‌گوییم تدریس زبان مادری را در جامعه‌ی چندزبانه ایران نباید گذاشت ملعبه‌ی عصبیت‌های قومی و ایدئولوژیک گردد. این مسئله پیش از آنکه سیاسی باشد مسئله‌ای به‌شدت فرهنگی است. نکته شایان توجه این است که فرق است میان «آموزش زبان مادری» و «آموزش به زبان مادری»!.. این فقط بازی با کلمات یا دعوا بر سر حرف اضافه‌ی «به» نیست. خواست آموزش زبان مادری در زمانه ما یک حق است. اما این خواست با خواست «آموزش به زبان مادری» تفاوتی بنیادی دارد. آموزش به همه زبان‌های مادری در کشوری همچون ایران از سطح دبستان تا دانشگاه اگر هم به‌لحاظ اقتصادی و برنامه‌ریزی و زیربناهای آموزشی عملی باشد (نمونه ایده‌آل از آن را در هیچ کجای جهان سراغ نداریم) به برپاداشتن برج بابلی خواهد انجامید که در پای آن دیگر هیچ‌کس هیچ‌کس دیگر را نخواهد فهمید! یا در بهترین حالت فضای فرهنگی و علمی ما را به مستعمره‌ای از زبان انگلیسی بدل خواهد ساخت. اگر یهودیان قومی بوده‌اند که همواره در تاریخ غربت خود به‌ناچار به زبان مردم سرزمین میزبان سخن گفته‌اند، مردمان دگر زبان در ایران هرگز «مهمان» این سرزمین نبوده‌اند: در هرکجا که کردی هست همان‌جا ایران است[1] ... حتا یهودیان ایرانی گویشی از آن خود داشته‌اند که به‌کهنگی خود زبان پهلوی است.

زبان‌های مادری جغرافیا دارند اما مرز ندارند. از کجا مثلا زبان

---

۱. سخنی ازعبدالرحمان قاسملو

الف پایان می‌گیرد و زبان **ب** آغاز می‌شود؟ این هم هست و از سوسور می‌آموزیم که در جوامعی با زبان‌های گونه‌گون و متداخل، چنان‌که تاریخ سرزمین ایران نشان می‌دهد، گاه زبانی پیشرفته تر به‌لحاظ تمدنی به‌صورت زبان مشترک برای ارتباط مردمان این جوامع با یکدیگر و اغلب به‌صورت مکتوب (ادبی) درمی‌آید. باز هم به‌گفته‌ی سوسور، براین برتری تمدنی برتری سیاسی (پایگاه قدرت مرکزی) هم نقش دارد و گاه نیز یک «دربار» زبان خود را بر جامعه تحت‌امرش تحمیل می‌کند.[1] این مورد اخیر را مثلا در آسیای صغیر می‌بینیم که با سلطه اقوام ترک رخ داده است. در میان زبان‌های مادری باشندگان در فلات ایران این زبان فارسی است که با پیشینه تمدنی (فرهنگ مکتوب خود) به‌صورت زبانی برای ارتباط در سطح ملی درآمده است. این نه زبانی «رسمی» است (هر زبان مادری برای سخن‌گویش رسمی‌ترین زبان است!) و نه‌تنها زبانی است که مردمان در سرزمین ایران با آن سخن می‌گویند.

زبان مادری همیشه یک اسم جمع است، زبان مادری‌ـ هاست... همیشه در کنار دیگر زبان‌های مادری است که زبان مادری من یا تو است. می‌توان گفت و به‌جرأت هم باید گفت که من زبان مادری‌ام را، این زبانِ زبانم، را دوست می‌دارم. این دوست‌داشتن زبان مادری، چنان‌که شرح آن رفت، بیان دیگری از مهرورزیدن به خود مادر است. اما مهرورزیدن من به مادرم انکار مهرورزیدن تو (دیگری) به مادرت نیست...اثبات مهر تو است نه نفی آن...

هر طرحی که در امر مهم آموزش زبان مادری در کشور چندزبانه

---

۱. فردینان دو سوسور، دوره *زبان‌شناسی عمومی*، ترجمه کورش صفوی (هرمس، ۱۳۷۸) ۲۸۸

ایران در انداخته شود، از همین‌جا، از همین حقیقت ساده، است که باید آغاز کند...[1]

۱. بحث درباره چیستی زبان مادری (چهره گشایی ازآن) بی‌شک به گسترش و ژرفشی بیش از نوشته حاضر نیاز دارد. آنچه گفته شد کوششی بوده در جهت طرح خطوطی کلی از آنچه به دوچهرگی این زبان مراد کرده‌ایم. این طرح فشرده که امید است اساس کار مفصل‌تری در آینده قرار گیرد با نگاهی به‌ویژه به منابع زیر فراهم آمده است:

Hannah Arendt, "What Remains? The Language Remains: A Conversation with Günter Gaus" John Stambaugh trans. in *Essays in Understanding, 1930–1954: Forma tion, Exile, and Totalitarianism,* Jerome Kohn ed. (Shocken Books 2025).

گفتگو آرنت در کتاب پیش گفته را به فارسی با ترجمه مجتبا گل‌محمدی در سایت زمانه با آدرس زیر می‌توان یافت:

https//:www.radiozamaneh.com301971/

Jacques Derrida, *Monolingualism of the Other Prosthesis of Origin*, Patrick Mensah Trans. (Stanford University Press, 1999).

Rachel Aumiller "The Lick of the Mother Tongue: Derrida's Fantasies of "the Touch of Language" with Augustine and Marx" in The *Language of Touch: Philosophical Examinations in Linguisticsand Haptic Studies*, Mirt Komel ed. (New York, Bloomsbury 2019).

تنگلوشای هزار خیال
نگاهی به داستان خورنق در هفت پیکر نظامی

تنگی جمله را مجال تویی
تنگلوشای این خیال تویی

‌- نظامی

پاداش سنمّار به‌معنای پاداش کار نیک، یا درواقع مکافات کارنیک، اصطلاحی است برگرفته از ماجرای سنمّار (یا سمنّار) معمار شوربختی که کاخی زیبا به نام خورنق برای نعمان پادشاه حیره ساخت و پادشاه سنگدل اگرچه نخست سنمار را پاداشی دور از انتظار داد، اما بعد به‌فرمان او سنمّار را از بام کاخی که خود ساخته و پرداخته بود فروانداختند.

نظامی این داستان را همچون داستانی در داستان یا به‌اصطلاح داستان دخیل embedded story در روایت اصلی زندگی بهرام در هفت پیکر به‌زیبایی به شعر در آورده است. آوردن داستان‌های دخیل یکی از عرف‌های داستان‌سرایی از نوع نظامی است به‌قصد تعلیق در سیر رودادهای اصلی و تعمیم و گسترش مضمون اصلی

گفتمانی که در داستان پایه طرح شده است. پایان‌بندی این داستان، اما هم در روایات تاریخی آن و هم در روایت نظامی، از نگاه امروزی ما چندان باورپذیر نمی‌نماید. در هردو روایت می‌خوانیم که پادشاه دیری نگذشت که پس از کشتن سنمّار کاخ و هرچه را داشت رها کرد و سر به بیابان گذاشت. چرا چنین شد؟ می‌کوشیم که در اینجا پایان این داستان را بازنویسی کنیم.

نخست توصیفی را از نظامی بخوانیم درباره زیبایی کاخ خورنق:

فلکی پای گرد کرده به ناز
نه فلک را به گرد او پرواز
قطبی از پیکر جنوب و شمال
تنگلوشای صدهزار خیال
مانده را دیدنش مقابل خواب
تشنه را نقش او برابر آب
آفتاب ار بر او فکندی نور
دیده را در عصابه بستی حور
چون بهشتش درون پرآسایش
چون سپهرش برون پرآرایش

یکی از قدرت‌های نظامی توصیفات روشن و عینی اوست (نیما ازین کیفیت زبان شعری نظامی تاثیر گرفته بود.) از نگاهی امروزین، این توصیفات عینی که در قالب گاه استعارات مجرد بیان می‌شوند در خدمت ترسیم فضای داستانی قرار می‌گیرند، اگرچه می‌دانیم

فضاسازی آن هم با جزییات مشخص و عینی یکی از ویژگی‌های داستان‌سرایی مدرن است. در اینجا می‌بینیم که مثلا از مصالح به‌کاررفته در این بنا نیز نام می‌برد: ترکیبی از سریشم و شیر!..اندودی بر ای روکاری دیوارهای کاخ چنان‌که آینه‌وار در برابر گردش خورشید در هر ساعت روز به رنگی درمی‌آمدند:

صقلش از مالش سریشم و شیر
گشته آیینه‌وار عکس‌پذیر
در شبان‌روزی از شتاب و درنگ
چون عروسان برآمدی به سه رنگ
یافتی از سه رنگ ناوردی
ازرقی و سپیدی و زردی
صبحدم ز آسمان ازرق پوش
چون هوا بستی ازرقی بر دوش
کافتاب آمدی برون زنورد
چهره چون آفتاب کردی زرد
چون زدی ابر کله بر خورشید
از لطافت شدی چو ابر سفید
با هوا در نقاب یک رنگی
گاه رومی نمود و گه زنگی

داستان ازین قرار است که آنگاه که بهرام پسر یزدگرد پادشاه ساسانی به دنیا آمد منجمان پادشاه را هشدار می‌دهند که برای حفظ

جان پسر باید او جایی دور از پایتخت بزرگ شود و پرورش یابد. جایی که پارسیان در آن نباشند. پادشاه فرزند خود بهرام را به سرزمین عرب و نزد نعمان می‌فرستد. نعمان برای آسایش شاهزاده ایرانی بر آن می‌شود که کاخی در خور برای او بسازد و برای این کار به‌دنبال معماری می‌گردد تا اینکه به او خبر می‌دهند:

هست نام‌آوری ز کشور روم
زیرکی کو ز سنگ سازد موم
چابکی چرب‌دست و شیرین‌کار
سام دستی و نام او سمنار
دستبردش همه جهان دیده
به همه دیده‌ای پسندیده
کرده چندین بنا به مصر و به شام
هریکی در نهاد خویش تمام
رومیان هندوان پیشه او
چینیان ریزه‌چین تیشه او
گرچه بناست وین سخن فاش‌ست
او ستاد هزار نقاش‌ست
..
چون که نعمان بدین طلبکاری
گرم دل شد ز نار سمناری
کس فرستاد و خواند زان بومش
هم برومی فریفت از رومش

می‌بینیم که سمنّار یا سنمّار رومی (رم شرقی، بیزانس) همچنان‌که در روایات تاریخی در روایت نظامی هم نه‌تنها معمار که نقاشی چیره‌دستی نیز بوده است. سنمّار در پنج سال کاخ را می‌سازد که بدان خورنق نام می‌نهند.

کوشکی برج برکشیده به ماه
قبله‌گاه همه سپید و سیاه
کارگاهی به زیب و زرکاری
رنگ ناری و نقش سمناری

در اینجا چند اشاره تاریخی بایسته است. اگرچه در روایت نظامی سخن از یمن می‌رود، اما نعمان درواقع یکی از پادشاهان خاندان لخمی بود که بر سرزمین حیره در میان رودان (در نزدیکی بابل کهن) حکم‌فرمایی می‌کردند نعمان بن منذر آخرین پادشاه لخمی به‌دست خسرو پرویز از پا درآمد. او همان پادشاهی است که خاقانی در قصیده ایوان مداین از سرانجام کارش چنین یاد می‌کند:

از اسب پیاده شو، بر نطع زمین رخ نه
زیر پی پیلش بین شهمات شده نعمان

پادشاهی حیره یکی از پادشاهی‌های دست‌نشانده‌ی امپراتوری ساسانی به شمار می‌رفت و درطول سالیان نقش دیوار یا منطقه‌ی

حایلی را در غرب ایرانشهر در برابر هجوم اقوام عرب صحاری حجاز و یمن بازی می‌کرد. برانداختن خاندان لخمی (حدود ۶۰۲ م.) به‌دست خسرو پرویز را به‌گمان اینکه نعمان با روم مسیحی سر و سرّی پیدا کرده، مورخان از اشتباهاتی دانسته‌اند که راه را برای هجوم اعراب مسلمان به سرزمین ایران گشود.

درباره‌ی واژه خورنق نیز باید توضیحی بدهیم. این واژه‌ای فارسی است و در اوستا به‌صورت هُوَرنَه آمده به‌معنای جایی خوب و خواستنی. خورنق را پادشاهان ایرانی در جاهای خوش‌آب‌هوا و در شکارگاه‌های خود می‌ساختند. بهرام نوجوان نیز بعد از شکار به تماشای صورت‌های شاهزاده‌خانم‌هایی می‌نشست که بر دیوارهای تالاری دربسته در این کاخ نقش کرده بودند:

وقت وقتی که شاه گشتی مست
سوی آن درشدی کلیدبه‌دست
درگشادی و درشدی به بهشت
دیدی آن نقش‌های خوب‌سرشت
مانده چون تشنه‌ای برابر آب
به تمنای آن شدی در خواب
تا برون شد سر شکارش بود
کامد آن خانه غمگسارش بود

خورنق درحیره مکانی واقعی است. این کاخ بعد از حمله مسلمانان به دست حاکمان اموی افتاد. شعرای عرب و ایرانی هم

(منوچهری و فرخی سیستانی) در وصف آن شعرها سروده‌اند. این بنا بعدها با خاک یکسان شد و در نیمه قرن بیستم باستان‌شناسان بقایای گچ‌بری‌ها و ستون‌های آن را از زیر خاک بیرون آورده‌اند.

نکته مهم اینکه داستان نعمان و سنمّار پیش از نظامی موجود بوده و در کتاب‌های تاریخی به آن اشاره شده است. همچنان‌که روایت ابتدایی لیلی و مجنون را نظامی از یک فرادهش شفاهی عرب برگرفته است. نظامی این فرادهش روایی را دست‌مایه کار خود ساخت و آن را به‌شیوه خود بازنوشت. نظامی درباره روش کارش در مقدمه هفت پیکر چنین می‌گوید:

من از آن خرده چو گهر سنجی
برتراشیدم این‌چنین گنجی
تا بزرگان چو نقد کار کنند
از همه نقدش اختیار کنند
آنچ ازو نیم‌ گفته بد گفتم
گوهر نیم‌سفته را سفتم
وانچ دیدم که راست بود و درست
ماندمش هم بر آن قرار نخست
جهد کردم که در چنین ترکیب
باشد آرایشی ز نقش غریب

در اینجا باید گفت آن فرادهش پیشینی نوعی بینامتنیت (به‌مفهوم عام و کلاسیک این اصطلاح) در کار اوست، چنان‌که روایات پیشینی

نیز دست‌مایه کار فردوسی یا سخنوران یونان کهن بوده است و بینامتنیت کار آن‌ها را شکل می‌دهد. آن مدرنیست خام ستیهنده که کار فردوسی را فقط به‌نظم‌کشیدن روایات از پیش موجود گفته بود با این حرف نشان می‌دهد که تا چه حد از عرف‌های حماسه و رمانس‌سرایی پیشینیان در شرق و غرب بی‌خبر بوده است.

بر سر داستان برگردیم. نعمان پس از پایان کار پاداشی بیش از آنچه سنمَار انتظار داشت به وی می‌دهد و او را می‌نوازد. سنمّار در پاسخ می‌گوید:

گفت اگر زآنچه وعده دادم شاه
پیش از این شغل بودمی آگاه
نقش این کارگاه چینی کار
بهترک بستمی در این پرگار
بیشتر بردمی در اینجا رنج
تا به من شاه بیش دادی گنج
کردمی کوشکی که تا بودی
روزش از روز رونق افزودی

و نعمان ازو می‌پرسد:
گفت نعمان چو بیش یابی چیز
به از این ساختن توانی نیز؟

و سنمّار پاسخ می‌دهد:

گفت اگر بایدت به‌وقت بسیچ
آن کنم کین برش نباشد هیچ
این سه رنگ است آن بود صدرنگ
آن ز یاقوت باشد این از سنگ
این به یک گنبدی نماید چهر
آن بود هفت گنبدی چو سپهر

رنگ صورت شاه از خشم با شنیدن این پاسخ برمی‌افروزد. پادشاه برنمی‌تابد که معمار با گرفتن دستمزدی بیشتر از پادشاهی دیگر قصری باشکوه‌تر از آن او بسازد و برای اینکه خورنق برای همیشه شاهکاری بی‌بدیل بماند فرمان به قتل سنمّار می‌دهد:

کارداران خویش را فرمود
تا برند از دز افکنندش زود
کارگر بین که خاک خونخوارش
چون فکند از نشانه کارش
کرد قصری به چند سال بلند
به زمانیش ازو زمانه فکند
آتش انگیخت خود به دود افتاد

در اینجا نظامی با گریزی به پند و اندرز درباره‌ی سست‌عهدی پادشاهان و بایست دوری‌جستن مرد هنرور از آنان سخن می‌گوید

که یادآور آموزه‌های سعدی در سیرت پادشاهان است. آیا سنت روشنفکری ما در عصر حاضر در فاصله گرفتن از اربابان قدرت ریشه در این آموزه‌های پیشینیان ندارد؟ از زبان نظامی می‌خوانیم که:

پادشاه آتشی‌ست کز نورش
ایمن آن شد که دید از دورش
واتش او گلی است گوهربار
در برابر گل است و در بر خار
پادشه همچو تاک انگورست
در نپیچد دران کز او دورست
وانکه پیچد در او به صد یاری
بیخ و بارش کند به صد خواری

پیش از اینکه به پایان داستان بپردازیم به واژه‌ی تنگلوشا نیز اشاره‌ای بکنیم که نظامی خورنق را بدان تشبیه کرده است. نام این کتاب را به صورت‌های گوناگونی چون تینْکْلوش، تینکلوس، دَنْکاوَشا... ثبت کرده‌اند و به نظر می‌رسد که نام اصلی این متن از ترجمه از یونانی به پهلوی و آن‌گاه به عربی دستخوش تحریف شده است. تنگلوشا کتابی بوده است در اصل درباره نجوم اما آن را همچنین کتابی حاوی تصاویر هنری و همتای ارتنگ مانی دانسته‌اند. آنچه مسلم است نظامی همین معنا را ازین واژه مراد کرده است. در اینجا نیز با تکیه بر این معناست که ما کاخ خورنق را به مفهوم مطلق اثر هنری (چه دیداری و چه کلامی)، یا به سخن نظامی «جادوی مطلق

خیال» در نظر می‌گیریم.

روایت دیگری هست از علت کشته‌شدن سنمّار و آن اینکه او خشتی را در جایی نهان از ساختمان کارگذاشته بود که با بیرون‌کشیدن آن همه ساختمان فرو می‌ریخت. این بدین معناست که او هرگز اثر خود را در اختیار پادشاه نگذاشت و هرلحظه که می‌خواست می‌توانست به‌دست خود آن را نابود کند. خشم پادشاه بابت همین پنهان‌کاری او بود. اما در پایان‌بندی نظامی می‌خوانیم که یک روز که نعمان مغرور بربام کیانی خورنق «به تماشا نشسته [بود] با بهرام»، وزیر (دستور) مسیحی او (پادشاهان لخمی بت‌پرست بودند) چنین او را هشدار داد که

بود دستورش آن زمان بر دست
دادگر پیشه‌ای مسیح‌پرست
گفت کایزد شناختن به درست
خوش‌تر از هرچه در ولایت تست
گر تو زان معرفت خبر داری
دل از این رنگ و بوی برداری
ز آتش‌انگیز آن شراره گرم
شد دل سخت‌کوش نعمان نرم
..
چون‌که نعمان شد از رواق به زیر
در بیابان نهاد روی چو شیر
از سر گنج و مملکت برخاست

دین و دنیا به هم نیاید راست
رخت بربست از آن سلیمانی
چون پری شد ز خلق پنهانی

چنان‌که گفتیم این پایان‌بندی از نگاه اکنونی ما متقاعدکننده نیست. در گفته وزیر می‌تواند حقیقتی دیگر و خاص‌تر و مربوط به اثر هنری نهفته باشد. برای پایانی دیگر برای این داستان سخنان وزیر را چنین پی می‌گیریم:

«تو ای پادشاه ... گمان مبر که با کشتن سنمّار دیگر قصری زیباتر و نیکوتر از خورنق ساخته نخواهد شد. پیش از تو ساخته شده و پس از تو نیز ساخته خواهد شد. این بنا، این تقسیم‌بندی و ترکیب هوش‌ربای فضا همچون یک شاهکار تکرارناپذیر است. اگر هم معمار بیچاره کاخ دیگری را در قبال دستمزدی بیشتر می‌ساخت و اگر حتا آن کاخ شاهکاری بود، اما شاهکار دیگری بود نه خورنق. شاهکار هنری هرگر تکرار نمی‌شود و هیچ اثر آفریده انسان هرگز به کمال مطلق نمی‌رسد. باید معمار را در این سودای خام خود برای ساختن بنایی به‌کمال‌تر تنها و به حال خود می‌گذاشتی و به‌جای آنکه جانش را بگیری به او از ته دل می‌خندید ی...»

با شنیدن این سخنان بود که نعمان به پوچی حرکت و حقارت خود در برابر روح فرازنده‌ی سنمّار پی برد و سر به بیابان گذاشت.

هیچ پایانی پایان یک ماجرا نیست و زمان و جهان حتا با مرگ آدم‌های داستان ادامه خواهند یافت. نظامی این داستان را پس از ناپدیدشدن نعمان هم ادامه می‌دهد، اما برای ما داستان در همین‌جا

پایان گرفته است. نعمان دیگر نبود، اما خورنق بود و چنان بود که:

خاک جادوی مطلقش می‌خواند
خلق رب‌الخورنق‌اش می‌خواند

ساختن کاخ خورنق
کار کمال‌الدین بهزاد هراتی (۸۵۵ - ۹۴۲ ه‍.ق)

مفهوم «وطن» در شعر شاملو

وطن کجاست که آواز آشنای تو
چنین دور می‌نماید؟

- احمد شاملو

آه، دیوار سفید اسپانیا!
آه، ورزای سیاهِ رنج...

- فدریکو گارسیا لورکا

چرا شاملو در شعر خود از آوردن نام «وطن» ابا دارد و آن را به نام نمی‌خواند؟ وطن او کجاست؟ برای یافتن پاسخی برای این پرسش ناچار پرسش دیگری را باید طرح کرد. این که شاملو در شعرش چه مفهومی از وطن دارد آنجا که در شعرش واژه «وطن» را به کار می‌گیرد؟ در شعر کوتاهی به نام «ترانه آبی» شاعر با بسیج انگاره‌هایی زیبا از مفهوم وطن سخن می‌گوید با ارجاعی به آب (آبی) که در سطرهایی ازین شعر تکرار می‌شوند:

تا سال‌ها بعد
آبی را
مفهومی از وطن دهد

مفهوم وطن در این بیان شعری در نگاه نخست همان‌قدر در تعلیق است که معنا یا دلالت واژه‌ی «آبی»: آبی همچون یک رنگ واژه، یک صفت، در عنوان شعر؛ و آب همچون یک اسم + ی که در شعر حرف اضافه «را» را به‌دنبال دارد. این تک‌واژ «را» فقط مفعول‌ساز نیست، بلکه گاه افاده معرفه هم می‌کند (آبی را که شاعر پیش از تکرار سطرهای بالا از آن یاد کرده و خواننده آن را در ذهن دارد!) و پسوند «ی» در واژه «آبی» نه بر نکره‌بودن اسم که بر تخصیص و یگانگی آن تاکید می‌گذارد. پس آب در این شعر نه هر آبی است و می‌پرسیم که اما و پس این آب همچون یک مجاز جزئی از کدام کل است؟

ما این شعر را گویی که می‌بینیم و نه آنکه فقط آن را می‌خوانیم یا می‌شنویم. شعر منظری از وطن را در برابر چشم ما می‌گشاید که با یک رنگ (آبی فیروزه‌ای کاشی، شارش آب از فواره‌ای خرد) تداعی شده است. این فضایی آشنا برای ما خوانندگان است، اما پرسش این است که وطنی که از آن در این شعر سخن می‌رود کجاست؟ چه نام دارد؟ شعر را در اینجا می‌خوانیم:

ترانه‌ی آبی
قیلوله‌ی ناگزیر

در تاق‌تاقیِ حوض‌خانه،
تا سال‌ها بعد
آبی را
مفهومی از وطن دهد.

امیرزاده‌یی تنها
با تکرارِ چشم‌های بادامِ تلخش
در هزار آینه‌ی شش‌گوشِ کاشی.
لالای نجواوارِ فوّاره‌یی خُرد
که بر وقفه‌ی خواب‌آلوده‌ی اطلسی‌ها
می‌گذشت
تا سال‌ها بعد
آبی را
مفهومی
ناگاه
از وطن دهد.

امیرزاده‌یی تنها
با تکرارِ چشم‌های بادامِ تلخش
در هزار آینه‌ی شش‌گوشِ کاشی.
روز
بر نوکِ پنجه می‌گذشت
از نیزه‌های سوزانِ نقره

به کج‌ترین سایه،
تا سال‌ها بعد
تکرّرِ آبی را
عاشقانه
مفهومی از وطن دهد
تاق‌تاقی‌های قیلوله
و نجوای خواب‌آلوده‌ی فوّاره‌یی مردّد
بر سکوتِ اطلسی‌های تشنه
و تکرارِ ناباورِ هزاران بادام تلخ
در هزار آینه‌ی شش‌گوشِ کاشی
سال‌ها بعد
سال‌ها بعد
به نیم‌روزی گرم
ناگاه
خاطره‌ی دوردستِ حوض‌خانه.
آه امیرزاده‌ی کاشی‌ها
با اشک‌های آبی‌ات!

تاریخ سرایش این شعر به ماه آذر سال ۱۳۵۵ برمی‌گردد، به دو سال پیش از انقلاب، و زمانی که شاعر در وطن خود می‌زیست و چنانکه برای بسیاری در سال‌های بعد رخ داد، به غربت رانده نشده بود. در باره‌ی این شعر همچون هر شعر دیگری می‌توان گفت که اگر به‌اصطلاح شرایط صدور آن همچون سخنی تخییلی یک بار و در

گذشته رخ داده، در زمانی بی‌بازگشت، اما شرایط دریافت آن، خوانش ما از این شعر، در گذر زمان یکسان نمانده و تغییر کرده است؛ زمان اکنون خواهی نخواهی برای این شعر بافتگان (کانتکست) دیگری را پیش می‌نهد. در این بافتگان دیگر و در بازخوانی این شعر اکنون و پس از سال‌های پر ادباری که بر «وطن» شاعر گذشته، ما همراه با حسی از ستایش برای انگاره‌پردازی و زبان این شعر، اما ناچار با پرسش‌هایی روبه‌رو هستیم؛ چرا شاعر از نامش وطن خود ابا دارد (و نه در این شعر که در دیگر شعرهایش هم)؟ می‌توان گفت که او به هر دلیلی ازین کار سر باز می‌زند، آگاهانه یا ناآگاهانه، اما پرسش دیگری به‌ویژه با خواندن این شعر پیش می‌آید این است که چهره یا «پروتاگونیست» در این شعر، امیرزاده‌ای تنها با چشمان بادامی، کیست؟ چه نسبتی با این وطن دارد که خواننده باید در اندوه یادآوری خواب قیلوله‌ای در حوض‌خانه وطنی دور از دسترس یا ازدست‌رفته با او شریک شود؟

شعر خطی از یک تداعی است که از حال به گذشته کشیده شده است. وطن شاعر هر جایی را که برای آن تصور کنیم، اکنون فقط یک خاطره است: خاطره دوردست حوض‌خانه با آینه‌کاشی‌های شش‌گوش و اطلسی‌ها و نجوای فواره... که همه از دست رفته است. انگاره‌پردازی در این شعر جزییات یک تابلو مینیاتور را در برابر چشمان ما متجسم می‌سازد با رنگ مسلط آبی کاشی در پس‌زمینه‌اش که با اشک چشمان پروتاگونیست شعر در هم می‌آمیزد. می‌توان گفت که ما نظاره‌گر یک تابلو مینیاتور با عناصری از معماری و فضایی

ایرانی هستیم. اما درست به همین دلیل این پرسش پیش می‌آید که این امیرزاده کیست؟ تشبیه چشمان به بادام در ادبیات فارسی برای زن و گاهی به‌ندرت برای مرد به کار رفته است. اما در توصیف مردی با لقب امیرزاده به‌ویژه در این روایت مینیاتوری تامل‌برانگیز است. این امیرزاده یکی از نوادگان مغول یا غز را در ذهن تداعی نمی‌کند با چشمان بادامی؟ آیا این امیرزاده در وقفه‌ای و پس از ایلغاری به این حوض‌خانه نیامده که دمی بیاساید و در خواب قیلوله فرو رود؟ این امیرزاده اگرچه در سرزمینی که در آن رحل اقامت افکنده و پس از دریافت فرهنگ باشندگان آن در مجموع به این فرهنگ تعلق خاطری پیدا کرده، اما در آن بیگانه است. اینجا در اصل وطن او نبوده است. باشندگان در این وطن آن سازندگان «هزار آیینه شش‌گوش کاشی»ها بوده‌اند نه او. وطن از آن کسی است که آن را ساخته است نه آنکه آن را ویران کرده است. او از تبار همان اقوامی صحرانشین بوده است که در شعر دیگری از شاملو (جخ امروز...) درباره هجومشان به وطن خود چنین سروده است:

گورستانی چندان بی‌مرز شیار کردند
که بازماندگان را
هنوز از چشم
خونابه روان است

چرا امیرزاده و چرا با چشمان بادامی و نه کسی دیگر و با چشمانی نه بادامی شکل؟.. این پرسشی است که یک بار دیگر پرسش آغازین

را با شدت بیشتر فرایاد می‌آورد: وطن در این شعر کجاست؟ از آن چه‌کسی است؟ آن را با چه نامی می‌توان نامید؟ این شعر را به زبانی دیگر ترجمه کنید. در این ترجمه به ناگزیر یاد زبان را از تک‌تک کلمات آن گرفته‌اید و جز تصویری اگزوتیک چه چیز دیگری به خواننده از حد و مرز وطن شاعر به دست داده‌اید؟

وطن در شعر شاملو مفهومی است نامفهوم از آن رو که هیچ تعینی را از واقعیتی بیرونی نمی‌پذیرد. این واژه، بیراه نیست اگر بگوییم، یکی از مبهمات زبان شعری اوست چیزی مثل فلان و بهمان... و آن‌گاه که از وطن همچون یک مفهوم تعریفی در شعر خود به دست می‌دهد گزاره‌ای را به دست می‌دهد که فقط شامل زنجیره‌ای از «محمول»هاست بدون «موضوع»ی خاص و مشخص... چنین است که وطن در شعر «ترانه آبی» نه یک مکانیت تجربی (آمپریک)، بلکه فضایی انباشته از حسی نوستالژیک است؛ کلیتی انتزاعی است تا کلیتی انضمامی (عینی و محسوس) که در بیان شاعرانه با آن سروکار داریم.[1] در شعر «جخ امروز...» اصلا وطنی در کار نیست و با یادآوری تاریخ یک غربت شاعر سوگوار وطنی است که هرگز نداشته است... معلوم نیست که در فقدان ابژه‌ای نابوده چگونه می‌توان سوگوار بود. سوگواری بنا به تعریفی روان‌شناختی سوگواری در نبود چیزی است که بوده است اما دیگر نیست. در نبود وطنی مشخص غربت چه معنایی می‌دهد؟[2]

---

1. concrete universal

۲. به این شعر شاملو و مفهوم وطن در آن در جایی دیگر به تفصیل پرداخته‌ام. نگاه کنید به در حضرت راز وطن، بخش دوم: وطن ناداشته

تاریخِ ما بی‌قراری بود
نه باوَری
نه وطنی

این فقط نام وطن نیست که در شعر شاملو غایب است، ما حتا در آن کمتر به میتولوژی ایرانی برمی‌خوریم یا بهتر است بگوییم اصلا برنمی‌خوریم. جغرافیایی وطن او بدون نام ـ جای‌هاست. چند شعر از شاملو را می‌توان به یادآورد که همچون این شعر لورکا وطن همچون مکانیتی مشخص و با نام جای‌های مشخص در آن بازنموده شده باشد؟ این شعری است از لورکا شاعر اسپانیایی که شاملو در سرودن «ترانه آبی» از آن تاثیر گرفته و در ترجمه نیز آن ر ا در زبان فارسی استادانه بازآفریده است:

ترانه کوچک سه رودبار

پهناب گوادل کویر
از زیتون‌زاران و نارنجستان‌ها می‌گذرد.
رودبارهای دوگانه‌ی غرناطه
از برف به گندم فرود می‌آید.
دریغا عشق
که شد و باز نیامد!
پهنابِ گوادل کویر

ریشی لعل‌گونه دارد،
رودبارانِ غرناطه
یکی می‌گرید
یکی خون می‌فشاند.
دریغا عشق
که بر باد شد!
از برای زورق‌های بادبانی
سه‌ویل را معبری هست
بر آب غرناطه اما
تنها آه است
که پارو می‌کشد.
دریغا عشق
که شد و باز نیامد!
گوادل کویر،
برجِ بلند و
بادِ
در نارنجستان‌ها.
خنیل و دارو
برج‌های کوچک و
مرده‌گانی
بر پهنه‌ی آبگیرها.
که بر باد شد!
که خواهد گفت که آب

می‌برد تالاب‌تشی از فریادها را؟
دریغا عشق
که شد و بازنیامد!
بهار نارنج را و زیتون را
آندلس، به دریاهایت ببر!
دریغا عشق
که بر باد شد!

یا نگاه کنید به این گزاره‌ی شعری در مرثیه ای از لورکا که هم موضوع (اسپانیا) و هم محمول (دیوار سفید، گاو سیاه رنج) در آن به‌وضوح خوانده می‌شوند. باز هم از ترجمه خود شاملو:

آه، دیوار سفید اسپانیا!
آه، ورزای سیاهِ رنج...

در مجموعه شعری به نام *ترانه‌های کوچک غربت* که شعر مورد بحث از آن گرفته شده تنها در یک شعر است که به نام خاص نیشابور برمی‌خوریم آن هم در ترکیب با آسمان که در توصیف رنگ آبی آسمان باز هم وطنی بی‌نام به کار رفته است. امروز و از بیوگرافی شاعر ما دانیم که او هیچ‌گاه آن تجربه‌ای از غربت را نداشته است که مثلا خویی داشته است. در شعر خویی در تعریف مفهوم وطن در اصطلاح اهل منطق ما به «حد و رسم» دقیقی برمی‌خوریم حتا اگر از وطن نامی برده نشده باشد:

چه آسمانِ زلالی! مگر نشابور است؟
ولی، نه! کز من و تو آن دیار بس دور است!
دیارِ حضرتِ خیّام و این پگاهِ زلال:
کجاست، ای دلِ تنگ‌ام، نه گر نشابور است؟

یا حتا در شعر شاعر آرمان‌باخته‌ای همچون کسرایی که در غربت یکی از بهترین شعرهای خود را سرود:

و من به یادت ای دیار روشنی
کنار این دریچه‌ها
دلم هوای آفتاب می‌کند

و نیز می‌بینیم که وطن در شعری از براهنی در غربت در کسوت زنی زیبا به یاد آورده می‌شود و به نام خوانده ما شود: وطن با نامی مونث، هویتی مادینه در تقابل با ماهیت تاریخی ستمگر و یکسر «مذکر» که بر وطن شاعر گذشته است:

دق که ندانی که چیست گرفتم دق که ندانی تو خانم زیبا
حال تمامَم از آن تو باداگر چه ندارم خانه در اینجا خانه در آنجا
سَر که ندارم که طشت بیاری که سر دَهَمَت سر
با توام ایرانه‌خانم زیبا!
شانه کنی یا نکنی آن همه مو را فرق سرت باز منم باز کنی یا نکنی باز

آینه بنگر به پشت سر آینه بنگر به زیرزمین با تو منم خانم زیبا
چهره اگر صد هزار سال بماند آن پشت با تو که من پشت پرده‌ام
آنجا
کاکل از آن‌سوی قاره‌ها بپرانی یا نپرانی با تو خدایی برهنه‌ام آنجا
بی‌تو گدایم ببین گدای کوچه‌ی دنیا
با توام ایرانه‌خانم زیبا!

چرا شاملو از نام‌بردن از وطن ابا دارد؟ پاسخ را می‌توان در گونه‌ای ذهنیت حاکم بر سخن شعری او جستجو کرد، ذهنیتی که آبشخور نظری آن نوعی انسان گرایی، اومانیسم عام، یا آن جمع‌گرایی بوده که مسکوب در شعر شاملو می‌یابد و از آن چنین یاد می‌کند، "... این اومانیسم خررنگ‌کن و گول‌زننده سی چهل سال است که نشخوار آسان دست‌کم بخشی از شعر فارسی به‌سرکردگی شاملو است.»[۱] این نگرش انسان‌گرا تنها وطن بی‌مرزی را می‌شناسد که اطلاق هر نامی بدان از گستره‌ی فراخ آن می‌کاهد و لابد رنگی از شونیسمی مذموم را بدان می‌دهد؛ وطن به مفهومی که «بورژوا» برساخته و گویا ملک طلق اوست! این وطن بی‌مرز آرمانی همه‌جاست، اما درواقع هیچ‌کجاست. شاملو در گفتگویی دراز و از اتفاق در بخشی از آن که درباره شعر «ترانه آبی» است، وطن در این شعر را «وطن انسانی‌شده» توصیف می‌کند[۲]، گویی که ما وطنی نا ـ انسانی هم داریم. ازین نگاه انسان‌گرا یا بیش از حد انسان‌گرا، فردیت هرچیز رنگ ما بازد تا به‌صورت مفهومی کلی در خدمت بیانی از مقدرات «جمع» درآید. این نگاه حتا

۱. شاهرخ مسکوب، *روزها در راه*، ج دوم (خاوران، ۲۰۲۱) ۵۷۵
۲. نگاه کنید به *انگشت و ماه* (خوانش نه شعر از شاملو) گفتگوی ع. پاشایی با شاعر (انتشارات نگاه، ۱۳۷۷). بعد از نوشتن این مقاله این کتاب به دستم رسید. سال‌ها پیش بخش‌هایی از آن را خوانده و فراموش کرده بودم. در دوباره‌خوانی آن متوجه شدم هم مصاحبه‌کننده هم مصاحبه‌شونده گویی قرار را برآن گذاشته‌اند که از وطن مطرح در شعر مورد بحث نام نبرند! و فقط به توصیف آن بپردازند.

هراس را از مرگ می‌زداید و انسان را نه موجودی منفرد زخم‌پذیر، بلکه به‌گفته‌ی مسکوب همچون دشواری یک وظیفه» می‌بیند[۱].

در برخورد با عشق، این فردی‌ترین ساحت انسانی نیز می‌بینیم که شاعر دودل در آستانه انتخاب جمعیت و فردیت درنگ کرده است:

همه
لرزش دست و دلم
از آن بود
که عشق پناهی گردد
پروازی نه
گریزگاهی گردد...

و در شعری دیگر که عاشقانه زیبایی است، می‌بینیم که شاعر عنوان «عشق عمومی» را بر آن گذاشته است. عنوان (سرنام) یک شعر چیزی جدا از خود شعر نیست و این سرنام اتفاقی انتخاب نشده است. حال این پرسش پیش می‌آید که عشق عمومی چه معنایی دارد؟ با عمومی‌کردن عشق حریم به‌شدت فردی آن را شکسته‌ایم. بدون این حریم عشق دیگر یک "راز" نیست آنچنان‌که خود شاعر در این شعر در تعریف عشق می‌گوید، "عشق رازی است." این راز را حکومتگران تمامی‌خواه برنمی‌تابند. در این شعر عشق تا آنجا فضیلت است که خود غایت خود نباشد، دیگریت معشوق از او گرفته می‌شود، در عاشق مستحیل می‌گردد، تا وظیفه‌ی جمعی شاعر را او نیز بر عهده گیرد:

۱. مسکوب، همان‌جا

من درد مشترکم
مرا فریاد کن

نگرش شاملو به وطن، یا به سخن دیگر، مفهومی که او از وطن در شعرش به دست می‌دهد، ریشه در آن گرایش انسان‌گرایانه کلی و عام داشت و به‌ویژه از گرایش او در سال‌های آغازین کار شاعری به آموزه‌های چپ مارکس‌گرا مایه می‌گرفت (پرولتاریا وطن ندارد). با این نگرش وطنی اگر هست به‌فراخی کل جهان است (جهان خانه من است ــ نیما). در این وطن جهانی آرمانی، اما هرگز دیده نشد که کارگران لهستانی کارگران روسی را در آغوش بگیرند!.. وطن کارگران جهان پررنگ‌ترین مرزها را داشت. این نگرش را همچنان و تا سال‌های بعد در شعر شاملو می‌بینیم که خود را به‌صورت مضامینی «ملال‌آور» به گفته‌ی مسکوب تکرار می‌کند،

«...من که در آخرین سال‌های سی و دهه‌ی چهل آن‌قدر از شاملو خوشم می‌آمد، حالا دیگر از شعرش ملول و خسته می‌شوم. آزارم می‌دهد. تکرار چیز بدی است. او با همان زبان بر سر همان حرف ایستاده است که بود چون که حرف مرد یکی است. ولی من دلم نمی‌خواهد با او درجا بزنم. اینست که کاوافی و پل سلان می‌خوانم.»[1]

اگر این گرایش جهان‌وطنی و به‌بیانی کلی‌تر، اگر این انسان‌گرایی رمانتیک را که به شاملو نیز ختم نمی‌شد، وجهی از «مدرنیسم» در روایت ایرانی آن بدانیم (از نیما به بعد)، امروزه اما وطن اشغال شده مدرنیسم دیگری را، سخن دیگری را با حلاوتی دیگر، خواستار است.

---
۱. مسکوب، همان‌جا

وطنی که می‌رود که از دست برود، سزاوار نامیده‌شدن و نامیده‌شدن به نام خود است.

در پایان به این نکته نیز جا دارد که اشاره کنیم. شعر شاملو یکسره در آن لحظات «ملال‌آور» خلاصه نمی‌شود. سخن شاملو از وطن همچنان‌که سخن او از عشق سخنی بی‌تناقض نیست؛ مثلا در این شعر او که اندکی پیش از انقلاب و در زمان اقامت کوتاه مدت خود در آمریکا سروده، وطن همچون زمینی از آن «خود» چهره‌ای ملموس به خود می‌گیرد:

چه‌هنگام می‌زیسته‌ام؟

چه‌هنگام می‌زیسته‌ام؟
کدام مجموعه‌ی پیوسته‌ی روزها و شبان را
من؟ـ
اگر این آفتاب
هم آن مشعل کال است
بی‌شبنم و بی‌شفق
که نخستین سحرگاه جهان را آزموده است.
چه هنگام می‌زیسته‌ام؟
کدام بالیدن و کاستن را
من
که آسمان خودم
چتر سرم نیست؟ـ

آسمانی از فیروزه‌ی نیشابور
با رگه‌های سبز شاخساران،
همچون فریاد واژگون جنگلی
در دریاچه‌یی،
آزاد و رها
همچون آینه‌یی
که تکثیرت می‌کند.
بگذار
آفتاب من
پیرهن‌ام باشد
و آسمان من
آن کهنه کرباس بی‌رنگ.
بگذار
بر زمین خود بایستم
بر خاکی از براده‌ی الماس و رعشه‌ی درد.
بگذار سرزمین‌ام را
زیر پای خود احساس کنم
و صدای رویش خود را بشنوم:
رپ‌رپه‌ی طبل‌های خون را
در چیتگر
و نعره‌ی ببرهای عاشق را
در دیلمان.
وگرنه چه‌هنگام می‌زیسته‌ام؟

کدام مجموعه‌ی پیوسته‌ی روزها و شبان را من؟
می‌توان در پایان و با اشاره به پرسش شاعر درباره چترش در این شعر گفت آن‌گاه که وطنی در کار نباشد، آسمان آن نیز نمی‌تواند «چتر» انسان شود. آسمان همه‌جا یک آسمان است و این فقط در زبان است که ما آن را جمع می‌بندیم. در زبان است که گویی آسمان‌هایی هست و وطنی هست و آسمان وطنی هست...

«مشکل» ابن رشد
نگاهی به ترجمه‌های فارسی واژه‌ی «میتوس» در بوطیقای ارسطو

S'imaginant que la tragédie n'est autre chose que l'art de louer....

در تصور او تراژدی چیزی نبود مگر مدح...(ارنست رنان: در باب ابن رشد)[1]

به‌تازگی از بوطیقای ارسطو ترجمه‌ای به فارسی در آمده که به ما این فرصت را می‌دهد تا ضمن نگاهی اجمالی به آن، با مقایسه‌ی برگردان کلیدواژه‌هایی چند از این متن کهن در ترجمه‌ی حاضر با ترجمه‌های پیشین، بر یکی از آن‌ها «میتوس» به‌لحاظ اهمیت و ملازمات این مفهوم در مباحث داستانی امروز بیشتر درنگ کنیم و بدان بپردازیم.

این ترجمه کار سعید هنرمند، نویسنده و ادب پژوه، است و درواقع خوانشی است از متن بوطیقا با اشراف مترجم بر زمینه‌های نظری مرتبط با آن‌که ازین لحاظ باید گفت که در مقایسه با ترجمه‌های پیشین در فهم متن اصلی بسی راهگشا است و روایتی درخور اتکا را با زبانی دقیق و روزآمد در اختیار خواننده می‌گذارد.[2] مترجم چنان‌که

---

۱. برگرفته از سرآغاز داستانی از خورخه لوییس بورخس به نام: «جستجوی ابن رشد»

۲. سعید هنرمند: *بوطیقای ارسطو* (ترجمه متن همراه با کنکاشی در تئوری بوطیقا) تهران، نشر چشمه، ۱۳۹۸

در عنوان فرعی کتاب بیان می‌کند کارش نه صرف ترجمه، بلکه «کنکاشی» در این متن نظری بنیادین بوده است.

در اهمیت بوطیقا یا فن شعر ارسطو همین بس که بگوییم یکی از نخستین و از مهم‌ترین سنگ‌بناهای نظریه نقد در ادب اروپایی است و آنچه تاکنون در این زمینه نوشته شده، دست‌کم از سده شانزدهم میلادی تا زمان ما، همه حاشیه‌هایی بر همین «آموزش اولین» (تعبیری از ابن سینا) بوده است.

از منظری تاریخی اما می‌توان گفت از نخستین ترجمه‌های بوطیقا به زبان عربی شارحان و مترجمان در فرهنگ اسلامی گرفتار آن چیزی بوده‌اند که ما آن را در این مقال، با نگاهی به داستانی از خورخه لوییس بورخس نویسنده آرژانتینی «مشکل ابن رشد» نام می‌نهیم. سخنی به گزاف نیست اگر گفته شود که این مشکل از زمانی پیش از ابن رشد تا حتا زمان ما بر ترجمه‌های عربی و فارسی این اثر سایه انداخته است. در این نوشته قصد آن نداریم که تک‌تک صفحات ترجمه‌ی هنرمند را در چهارچوب این مشکل بررسی کنیم؛ اما چنان‌که گفته شد، در اینجا از میان برگردان مفاهیم کلیدی بوطیقا در این ترجمه به اجمال و به ویژه به مفهوم «میتوس» نگاهی خواهیم کرد و هم‌صدا با سعید هنرمند خواهیم گفت که اگر مفهوم «میتوس» در بوطیقا را پیشینه‌ی اصطلاح امروزین «پلات» Plot (طرح) در مباحث داستانی بدانیم، برابر نهاد «پیرنگ» در فارسی امروز برای آن نه‌تنها بی‌ربط، بلکه برابرنهادی گمراه‌کننده است.

کتاب حاوی ترجمه متن بوطیقا همراه با یک مقدمه و نیز یک پیوست در سه بخش است. در مقدمه مترجم به مشکلات ترجمه‌های

تاکنونی بوطیقا در زبان فارسی و نیز به تبارشناسی واژهای کلیدی در متن به‌تفصیل پرداخته است. در بخش دوم مترجم یادآور می‌شود از سه ترجمه انگلیسی بوطیقا استفاده کرده و حاصل کار را با ترجمه‌های فارسی و عربی از بوطیقا مقایسه کرده است. بخش سوم اختصاص دارد به برداشت‌های تحلیلی او به‌هنگام کار بر روی متن ارسطو که به آن عنوان «نگاهی ساختاری به بوطیقای ارسطو « را داده است.

مشکل ابن رشد

در داستان کوتاهی از بورخس به نام «جستجوی ابن رشد» که شخصیت خیالی محمد بن احمد بن رشد حکیم عرب آندلسی را [1] در آن به تصویر می‌کشد، می‌خوانیم که ابن رشد (یا به تلفظ غربیان اورئوس Averos) در ترجمه و تلخیص خود از بوطیقای ارسطو به زبان عربی که درواقع ترجمه‌ای از ترجمه‌های موجود به زبان سریانی بود (ابن رشد یونانی نمی‌دانست)، دریافتن معادلی برای واژه‌های «تراژدی» و «کومدی» در زبان عربی به مشکل برخورده بود. این دو واژه غریب را ارسطو در آغاز سخن خود و اینجا و آنجا در متن بوطیقا به کار برده بود و حکیم مسلمان نمی توانست به‌آسانی از سر یافتن برابرنهادی برای آن‌ها بگذرد.

داستان با توصیف زیبایی از ابن رشد به‌هنگام کار بر روی متن *تهافت التهافت* در رد تهافت الفلاسفه غزالی متکلم و فقیه ایرانی آغاز می‌شود در خلوت خنک خانه‌اش با زمزمه فواره‌ای از خانه مجاور و کوکوی قمری‌ها و منظری از باغستان‌ها و رود خروشان وادی الکبیر

۱. ابن رشد فیلسوف، پزشک، متاله و ادیب زاده شده در سال ۵۲۰ هجری در قرطبه (کوردبای کنونی) از شه‌های آندلس اسپانیا. کتاب *تهافت التهافه* در نقد خوانش غزالی از ارسطو و ابن سینا یکی از آثار معروف اوست.

و در دوردست سواد قرطبه‌ی محبوب ...درماندگی حکیم آندلسی در ترجمه واژه‌های تراژدی و کومدی نه ناشی از نارسایی زبان عربی، بلکه از آن رو بود که معنا یا بهتر است بگوییم مدلولی را در جهان پیرامون خود برای آن دو لفظ نا آشنا نمی‌یافت (این دو واژه از شب پیش از شروع داستان ذهن او را به خود مشغول داشته بود)، چراکه به‌گفته بورخس، او محاط در فرهنگ عربی-اسلامی هیچ‌گونه تصوری از «نمایش» و صحنه‌ی «تآتر» یونانی نداشت. می‌توان این نظر بورخس را با نظری از امبرتو اکو داستان‌نویس و نشانه‌شناس ایتالیایی توسع داد که در بین مسلمانان «بازنمایی» به مفهوم کلی و یونانی آن از محرمات (تابو) بوده است و آنچه را که ارنست رنان از آن به‌عنوان «جهل» ابن رشد یاد می‌کند، ریشه در همین حرمت داشت [1]. این حرمت به نگارگری از صورت‌های انسانی یا تندیس سازی جانداران محدود نمی‌شد، موسیقی (غنا) را نیز در بر می‌گرفت و مانع از آن می‌بود که ابن رشد مفهوم بازنمایی را در زمینه‌ای گسترده‌تر از حیطه‌ی کلام مدنظر قرار دهد.

از چشم‌اندازی تاریخی می‌توان گفت که در فرهنگ ابن رشد و هم‌عصران او روایات داستانی مگر در ابتدایی‌ترین شکل آن شناخته شده نبود. حتا می‌توان گفت، با اینکه بخش‌های زیادی از قرآن شکل روایی دارند، اما «قصص»، به‌مفهوم قرآنی کلمه، پاره‌هایی پراکنده درمیان سوره‌ها و در خود فاقد بیان جزییات و پیوستگی زمانی‌اند. در اصطلاح نقد امروزین می‌توان گفت که این بافت‌های روایی بینامتنیتی intertextuality را به ساده‌ترین و آشکارترین شکل در متن قرآن فراهم آورده‌اند. قصه‌های قرآنی ازجمله مفصل‌ترین و

1. Umberto Eco: *The limits of Interpretation* (Indiana Univ.Press, 1990)101

پرداخته‌ترین آن‌ها، قصه‌ی یوسف، بی‌واسطه نقل نمی‌شوند، بلکه صدایی دانا و آگاه به همه‌چیز از فراز ماجرا آن ها را به‌صورت اشارات و ارجاعاتی به آنچه پیشاپیش در حافظه قوم موجود بوده یادآوری و حقیقت آن‌ها را "تصدیق» می‌کند[1]. می‌دانیم که بیشتر این محفوظات روایی خاستگاهی توراتی دارند مگر پاره‌ای از آن‌ها که رویدادهای زندگی خود پیامبر را شرح می‌دهند. حتا قصه‌های برگرفته از پیشینه تورانی نیز اگرچه نام قصه بر خود دارند، اما برواقعی‌بودن آن‌ها تاکید و تصریح شده است؛ و نکته مهم دیگر اینکه، این قصه‌ها نه به‌قصد التذاذ بلکه برای عبرت و تنبه مخاطبان بازگفته شده‌اند. قرآن متنی قصه‌گو نیست و در آن به قصه همچون سخنی خیالی برنمی‌خوریم. امروزه هر معنایی را که برای مفهوم «اساطیر الاولین» در متن قران قایل شوند، اما نمی‌توان این واقعیت را نادیده گرفت که قصه همچون سخنی خیالی مثلا به‌گونه‌ی داستان‌های پارسی درباره‌ی رستم را مفسران قرآن پیش از ابن رشد و پس از او در حکم همان اساطیر الاولین دانسته و همچون مصداق سخن دروغ، ترهات و خرافه نکوهش کرده‌اند.

ازین‌روست که می‌بینیم ابن رشد در برگردان و تلخیص خود از بوطیقا مفهوم روایت قصوی را نه به‌صورت گونه‌ی ادبی خاص و مستقل، بلکه با مثال آوردن حکایات کلیله و دمنه، تنها به‌صورت تمثیل و تلمیح جواز ورود به سخن شعری می‌دهد. او نه‌تنها از صورت‌های پرداخته‌ی روایی یونانی همچون تراژدی و کومدی بلکه از فرادهش روایی ایرانی در مثلا خداینامک‌ها نیز آگاهی چندانی نداشت. اگر به چند سده پیش از تولد او و به زمان نزول قرآن برگردیم، می‌بینیم

۱. تَصْدِيقَ الَّذِي بَيْنَ يَدَيْهِ ...، سوره یوسف، آخرین آیه ۱۱۱

و در روایات آمده است که، نصربن حارث [۱] که مدعی بود سخنانی نیکوتر از سخنان پیامبر می‌تواند بگوید، داستان‌ها و سرگذشت‌هایی را در حافظه داشت که آن‌ها را نه از میراث ادب جاهلی که از فرادهش روایتگری ایرانی و نه در حجاز که در حیره[۲] برگرفته بود. سال‌ها بعد از کشته‌شدن نصر بن حارث، شاهزاده‌ای ایرانی بود که صورت‌های پیچیده‌ای از داستان را در شب‌های بغداد برای سرگرم‌ساختن خلیفه عرب نقل می‌کرد تا شبی دیگر بعد از پایان هر داستان و تا شنیدن داستانی دیگر در شب بعد به او رخصت زندگی دهد. ناگفته نماند که در مباحث بلاغی و خطابیات نیر مفهوم قصه یا «اقتصاص» تنها به‌معنای شرح فشرده وقایع به‌کار رفته است و نه به‌صورت داستان در وجه خلاقه و خیالی آن.

شخصیت خیالی ابن رشد در داستان بورخس سرانجام در لحظه‌ای از شهودی زبانی برای تراژدی و کومدی برابر نهادهای «مدح» و «هجا» را در زبان عربی پیدا می‌کند و به این نتیجه می‌رسد که ستوده‌ترین نمونه‌ها از مدح و هجا همان‌هاست که در قرآن یا در معلقات کعبه می‌توان یافت [۳]. تلاش ابن رشد برای یافتن این دو برابرنهاد از نگاه بورخس نوعی «شکست» است، همچنان‌که اذعان می‌کند که تلاش خود او نیز در ترسیم خطوطی از چهره ابن رشد در قالب داستانی کوتاه، آن هم تنها برمبنای ریشخندهای ارنست رنان به این فیلسوف عرب، شکست دیگری اما از همان نوع است:

---

۱. نصربن حارث از دلاوران قریش و از بستگان پیامبر که بعد از جنگ بدر اسیر و به‌دستور پیامبر کشته شد.
۲.حیره از شهرهای قدیم میان رودان (بین‌النهرین و عراق کنونی) در نزدیکی نجف که شاپور یکم آن را ساخته بود و حاکمان آن دیرزمانی فرمانبردار پادشاهان ساسانی بودند.
۳. چنان‌که در کتاب ابن رشد آمده است: «...فکل شعر و کل قول شعری فهو امأ هجا و امأ مدیح.» تلخیص کتاب شعر (قاهره، ۱۹۸۶)

احساس کردم که سعی ابن رشد برای آنکه نمایش را در خیال خود به تصور درآورد، بدون آنکه از تآتر یونانی حدس یا گمانه‌ای داشته باشد، همان‌قدر بی‌معناست که تلاش من در به‌تصویرکشیدن چهره او در آن حال که مواد و مصالح کارم تنها اشاراتی پراکنده بوده است درباره او که در آثار رنان، لین lane و آسین پلاثیوس Asin Palacios خوانده‌ام. (بورخس: «جستجوی ابن رشد»)

از زوایای گوناگون به این مشکل همچون نمونه‌ای از مشکل بنیادین ترجمه از فرهنگی به فرهنگ دیگر می‌توان پرداخت و پرداخته‌اند. به کوتاه سخن اینکه، در اینجا مسئله نه فقط زبان که تفاوت دو فرهنگ است که با یکدیگر آن مقدار هم‌پوشانی لازم را ندارند تا بتوان برمبنای آن مفهومی را از یکی به آن دیگری به‌آسانی انتقال داد. می‌توان ریشه این مشکل را در تفاوت پارادایم‌ها (سرنمون‌ها) در یک فرهنگ و در یک دوره با فرهنگی دیگر دانست، یا می‌توان همچون مترجم کتاب با ارجاع به آرای امبرتو اکو، آن را در قالب «چهارچوب‌های نظری متفاوت» بررسید و گفت که در رویارویی دو فرهنگ متفاوت گاه اتفاق می‌افتد که مفهومی از فرهنگ بیگانه درکسوت آشنای مفهومی از فرهنگ خودی به فهم درمی‌آید: تراژدی همان مدح است...

شکست یا مشکل ابن رشد را در خوانش و ترجمه بوطیقا می‌توان به تاریخ یک کژخوانی یا یک کژخوانی تاریخی تعبیر کرد. بوطیقا در طی قرون در نزد متکلمان مسلمان همچون دنباله‌ای از رساله دیگر ی از ارسطو «ریتورقا» در فن خطابه و این هردو همچون یکی از صناعات منطق خوانده و تفسیر می‌شد. به‌طور کلی باید گفت

که مترجمان مسلمان ارسطو نه ترجمه‌ای لفظ‌به‌لفظ که روح مطلب را گرفته و به زبان عربی منتقل کرده بودند. این نکته نیز گفتنی است که هر خوانشی از یک متن خود یک «کژخوانی» است (پل دمان) و ترجمه نیز همچون خوانش گونه‌ای کژخوانی (تفسیر) است. چنین است که در هر ترجمه‌ای بسا چیزها از دست می‌رود، اما در همان حال که بسا چیزها نیز به دست می‌آید. ازین‌رو با احتیاط و با دوری‌جستن از نوعی نگاه «شرق‌شناسانه»، باید بگوییم که شکست ابن رشد اسباب فیروزی‌هایی هم شد. در اروپای قرون وسطا فقط ترجمه لاتین روایت او از بوطیقا در دسترس می‌بود و همین روایت بود که خوانش و ترجمه از اصل یونانی بوطیقا را در دوران بعد ممکن ساخت. در سرزمین‌های اسلامی نیز تلخیص و ترجمه او از رساله ارسطو یکی از منابع مهمی بود که گسترش و ژرفش فنون و نظریه‌های بلاغی و بدیعی را در پی آورد. از نگاهی ادبی، در اینجا به ریشه دیگری ازین کژخوانی باید اشاره کرد که همانا سلطه کلام قدسی قرآنی بر اذهان مسلمین بود که نمونه یا در واقع سرنمونی تقلیدناپذیر و تکرارناشدنی از فصاحت و بلاغت در کلام به شمار می‌رفت و هر فرارفتی از آن کوششی عبث یا کفر دانسته می‌شد:

آنگاه ابن رشد از شعرای اوایل، در عهد جاهلی، پیش از اسلام، یاد کرد که از همه‌چیز در زبان بی‌کران صحرا سخن گفته بودند. دل‌نگران (آن هم نه بی‌دلیل) از یاوه‌های منظوم ابن شرف، گفت در سخن شاعران باستان و در قرآن هرآنچه را که شعر است می‌توان یافت، و با وجود آن‌ها هر میل و هوسی را در بدعت‌گذاری و نوآوری

نکوهید و آن را باطل و از سر نادانی خواند. حاضران با مسرت به سخنان او گوش می‌دادند چراکه او حق گذشتگان را به جا می‌آورد. (بورخس: همان‌جا)

قفل اسطوره‌ی ارسطو[1]

می‌توان گفت که مشکل ترجمه‌ی بوطیقا از برگردان خود نام «بوطیقا» آغاز شده است. در نخستین ترجمه‌ی رساله‌ی ارسطو از سریانی اگرچه مترجم، ابوبشر متی بن یونس قنائی (م. ۳۲۸ هـ)، واژه یونانی شعر poiesis را که بوطیقا برگرفته از آن است به‌صورت معرب «فواسیس» وام گرفته و به کار برده بود، اما نه در ترجمه او و نه در ترجمه‌ها و شروحی که بعدها بر بوطیقا نوشته شد (ازجمله فارابی و ابن سینا) به مفهومی دقیق و نزدیک به مفهوم ارسطویی این واژه برنمی‌خوریم. جالب اینکه، به‌گفته‌ی سهیل افنان در مقدمه ترجمه‌اش بر فن شعر، ابو بشر متی برای بازیگران از لفظ «منافقین» و برابر آنچه امروز ما گروه همسرایان می‌خوانیم، واژه فارسی «گروه‌خوانان» را گذاشته است[2]. نیز گفتنی است که ابن سینا اگرچه حتا از قالب‌هایی از شعر یونانی با اسامی معرب آن‌ها در نوشته خود نام می‌برد، قالب‌هایی که در بوطیقای ارسطو نمی‌یابیم، اما سخنی از چندوچون و ساخت آن‌ها به میان نمی‌آورد. می‌توان گفت که شارحان و متکلمان مسلمان از واژه شعر در متن ارسطو تنها مفهوم شعر غنایی را دریافت می‌کردند، اما می‌دانیم که واژه‌ی شعر در اصل یونانی به‌معنای «ساختن» است

---

۱. برگرفته ازاین بیت خاقانی:
قفل اسطوره‌ی ارسطو را
بر در احسن الملل منهید

۲. سهیل افنان، درباره هنر شعر (لندن، لوزاک، ۱۹۴۸) مقدمه، ۶۷

و در بوطیقای ارسطو ما با مفهوم کلی شعر یا روایت شعری همچون یک ساخت سروکار داریم. واژه‌ی مشتق از آن، بوطیقا، در اصل poietikos نیز به‌معنای فرآوردن و تولید شعر است. شاید بتوان در فارسی واژه بوطیقا را به هنر سرایش (از مصدر سراییدن- سرودن) برگرداند: سرودن شعر و موسیقی و نیز داستان‌سرایی. آن‌گاه با نظر به ریشه‌شناسی این فعل در زبان فارسی (سرایش از ریشه‌ی sru- به معنی شنیدن و از ماده‌ی سببیِ Causative آن: srāwaya به معنی شنوانیدن و به‌گوش دیگران رساندن[1])، ما با اساس محاکاتی دیگر و متفاوت با محاکات (تقلید) ارسطویی سروکارخواهیم داشت.

آنچه در ترجمه‌های کهن از بوطیقا نادریافته مانده نگاه معطوف به ساخت و ساخت همچون یک نظم در اثر ارسطوست. به سخن دیگر، معلم اول به مطلق هنر روایی و در کلیت اندام‌وار organic آن می‌نگریسته بدان‌گونه که جابه‌جایی یا حذف هرکدام از اجزای این کلیت به درهم‌پاشیدگی تمامیت آن می‌انجامد[2]؛ درحالی‌که، شارحان و مترجمان عرب و ایرانی او درکی ازین کلیت اندام‌وار به‌ویژه در صورت‌های روایی و پیچیده نداشته‌اند. بی‌سبب نیست که ما کلمه‌ای در آثار سخن سنجان ایرانی درباره کلیت یا سازوارگی غزل یا قصیده، و از آن مهم‌تر، درباره ساخت و پرداخت داستان‌های شاهنامه و همانند آن نمی‌یابیم. در برابر نگرش ژرفایی ارسطو به شعر، نگرش سخن سنجان در زبان عربی و حتا فارسی نگرشی رویه‌ای و در نهایت معطوف به صنایع لفظی یا معنوی در بافت سخن شعری بوده است. حتا در مباحث پیچیده درباره استعارات نیز، چنان‌که مثلا در جرجانی

---

۱. با سپاس از دوست زبان‌شناس یوسف سعادت که در ریشه‌شناسی واژه‌ی سرایش نگارنده را راهنمایی کردند.
۲. نگاه کنید به *بوطیقا* ترجمه هنرمند ص ۹۸

می‌بینیم، نگاه همواره به سرنمون تقلیدناپذیر و اعجاز کلام آسمانی قرآن بوده است. ازین نگاه، بر دو علم معانی و بیان در نهایت غایتی متصور نبود مگر آنکه در فهم کلام قرآنی و تشریح اعجاز آن به کار آیند:

«عالم علم کلام اگر در صناعت کلام بر همه اهل دنیا چیره شود و حافظ قصص و مسائل تاریخی حتی اگر از ابن القریه حافظ‌تر باشد... و دانشمند نحودان اگر در علم نحو از سیبویه داناتر باشد هیچ یک نمی‌توانند به کنه آیات قرآنی پی ببرند، مگر اینکه در دو علمی که مختص به قرآن است تبحر پیدا کنند و آن دو علم معانی و بیان است.»[1]

ادامه این تقدس سرنمون را اما از نوعی دیگر قرن‌ها بعد در واکنش ادبای رسمی و آکادمیک به شعر نیمایی می‌بینیم که اقتدار سخن موزون و مقفای گذشتگان را به هم ریخته بود و اساس و بنیاد دیگری را در هنر سرایش شعر پیشنهاد می‌داد.

اسطوره، حکایت، افسانه؟

پیش از پرداختن بیشتر به مفهوم میتوس با مقایسه‌ی نمونه‌ای از ترجمه اخیر بوطیقا با ترجمه‌های پیشین به فارسی در اینجا ذکر چند نکته بایسته است. نخست اینکه، در زبان یونانی واژه‌ی میتوس به‌معنای کلی سخن است (هرآنچه با زبان بیان می‌شود) و نیز گفتگو و حکایت (فابل fable در زبان‌های امروز اروپایی). درباره ریشه این واژه اختلاف‌نظر هست و پاره‌ای واژه‌شناسان آن را از خاستگاهی پیشایونانی دانسته‌اند. برگردان میتوس را در زبان‌های اروپایی

۱. *الکشاف* زمخشری به‌نقل از محمد علوی‌مقدم و رضا اشرف‌زاده: *معانی و بیان* (تهران، سمت، ۱۳۸۷)۱(

به‌صورت myth می‌بینیم که در فارسی امروز برابر آن وام واژه‌ی عربی اسطوره را به کار گرفته می‌شود. واژه‌ی اسطوره نیز در زبان عربی خود ریشه‌ای دوگانه دارد. بعضی واژه‌شناسان بر این نظرند که این واژه از زبان اکدی به عربی راه یافته از ریشه سطر و به‌معنای آنچه نوشته شده است، اما در برابر این پیشینه، نظر دیگر و غالب این است که اسطوره معرب واژه یونانی historia به‌معنای روایت و تاریخ است. ریشه این واژه هرچه باشد اما اسطوره، چنان‌که اشاره شد، در تفاسیر و تأویلات قرآنی با بار معنایی منفی و به‌معنای حکایت و سخن دروغ و باطل به کار رفته است. با نگاه به همین پیشینه و با گرته‌برداری از پاره‌ای ترجمه‌های بوطیقا به عربی است که زرین‌کوب در ترجمه خود واژه فارسی «افسانه» را برابر میتوس گذاشته است. باید توجه داشت که نه واژه میتوس و نه واژه افسانه (فسانه) در فارسی آن بار معنایی منفی را ندارند که واژه اسطوره در زبان عربی کهن (قرآنی) داشته است. شاید فردوسی با نگاهی به معنا و ملازمات اسلامی اسطوره بوده که لفظ فسانه را در ترادف با دروغ در بیتی در سرآغاز شاهنامه به کار برده است: تو این را دروغ و فسانه مخوان.... اما می‌بینیم که سعدی همین واژه را با بار مثبت آن در سخن خود چنین می‌آورد:

گرچه ایشان در صلاح و عافیت مستظهرند
ما به قلاشی و رندی در جهان افسانه‌ایم

و یا در نظامی می‌خوانیم:
تو کز عبرت بدین افسانه مانی

چه پنداری مگر افسانه خوانی
در این افسانه شرط است اشک راندن
گلابی تلخ بر شیرین فشاندن

و یا در این مصرع که شیرینی افسانه را در برابر تلخی پند و اندرز به کار برده است:

نظامی بر سر افسانه شو باز
که مرغ پند را تلخ آمد آواز

واژه‌ی افسانه را به‌معنای کلی داستان خیالی (و نه لزوما دروغ) و یا سرگذشت می‌توان همچون برابرنهادی برای میتوس خواند، اما انتخاب این واژه در روایت زرین‌کوب اشکالی را در فهم بوطیقا پیش می‌آورد که بدان اندکی بیشتر خواهیم پرداخت. در خوانش بوطیقا اگرچه معنای قاموسی میتوس را نباید نادیده گرفت، اما با گسترش دلالت‌هایی که ارسطو در زمینه بحث بدان می‌دهد این واژه معنایی اصطلاحی پیدا کرده و به‌صورت مفهومی بنیادی در تحلیل اثر ادبی و هنری در آمده است.

دیگر اینکه، بر آنچه هنرمند در مقدمه کتاب از تاثیر بوطیقا در ادب فارسی می‌گوید باید اندکی درنگ کنیم. او درباره‌ی این تاثیر براین نظر است که «...باید گفت بوطیقا روی گفتمان ادبی تاثیر نداشته است، ولی برعکس بر تولیدات آن تاثیر شگرفی داشته است ...به‌ویژه [ادب] فارسی که سنت قوی در حماسه سرایی داشته است.»[1] اگر مقصود از «گفتمان ادبی» چیزی حدود مباحث بلاغی و تفاسیر مبتنی بر آن باشد، این گفته درست می‌نماید، اما نمی‌توان پذیرفت

۱. هنرمند، مقدمه، ۲۰

که بوطیقای ارسطو در فراآوردن روایات قصوی و حماسی ایرانی منبعی اثرگذار بوده است. خطر این برداشت این است که راه را بر نوعی تتبعات ادب مقایسه‌ای در بخش‌های ایران‌پژوهی باز می‌کند که هرچیزی را دوست دارد با هر چیز دیگر به‌صرف داشتن پاره‌ای ویژگی‌های صوری مشترک مقایسه کند. ما هیچ نشان و شاهدی در دست نداریم که از آشنایی فردوسی با بوطیقای ارسطو حکایت کند. ریشه‌ی شباهت چشم اسفندیار با پاشنه آشیل یا فرزندکشی رستم با پدرکشی ادیپ را باید در جای دیگری جستجو کرد نه در تاثیر فرادهش ادبی یونانی در کار فردوسی. حتا در زمینه شعر غنایی نیز چگونه شعر حافظ را می‌توان در چهارچوب محاکات (بازنمایی) ارسطویی mimesis، شرح داد؟ اگر نخواهیم معنای محاکات را به‌صرف مانستگی و همچون پیشینیان به تشبیهات لفظی محدود کنیم، باید گفت که بنیاد محکات در شعر شاعری همچون حافظ نه «تقلید» به مفهوم ارسطویی، بلکه بر آشکارگی یا گونه‌ای آشکاره‌ساختن است. ما در اینجا با دو متافیزیک متفاوت روبه‌روییم.

از چشم‌اندازی کلی می‌توان گفت که مشکل ابن رشد از دیرباز مترجمان بوطیقا را به زبان عربی تا هم‌اکنون و در زمان ما نیز مترجمان این متن را به زبان فارسی درگیر خود کرده است. این بدان معنا نیست که فرهنگ و زبان‌های اروپایی از عصر روشنگری تاکنون درگیر هیچ مشکلی در برگرداندن این متن کهن نبوده‌اند، اما در آن زبان‌ها و فرهنگ‌ها همراه با ژرفش و گسترش نظریه‌های ادبی و آگاهی‌های تاریخی و زبان‌شناختی ترجمه این متن در هر دوره نوبه‌نو شده و حتا هم اکنون هم هیچ ترجمه‌ای خاتم التراجم به حساب

نمی‌آید. از متن ارسطو همچنان می‌توان ترجمه‌های دیگر و دقیق‌تری را در آن زبان‌ها و در آینده انتظار داشت.

مشکل ما

تا پیش از ترجمه هنرمند ما سه ترجمه دیگر به زبان فارسی از بوطیقا در دسترس داشتیم. در اینجا برگردان سطرهای آغازین بوطیقا را ازین ترجمه‌ها همراه با ترجمه اخیر و نیز نمونه همین سطور را از ترجمه معتبری از آن به زبان انگلیسی می‌آوریم و به‌اجمال مقایسه‌ای را از آن‌ها به دست می‌دهیم. در این نمونه‌ها بر برگردان واژه «میتوس» تاکید شده است:

سهیل افنان:

درباره خود هنر شعر و در انواعش سخن برانیم، در تاثیر مخصوصی که هریک دارد، و در آنکه داستان‌ها را چه نحو باید ساخت اگر خواسته شعر خوب باشد. سپس در چند و چگونه‌بودن اجزا ترکیب‌کننده هر نوع، بدین‌گونه نیز درباره کلیه مطلب دیگری که بسته به همین مبحث است. برحسب ترتیب نخست از نخستین آغاز نماییم. ص ۹۳

درباره هنر شعر (لندن، لوزاک، ۱۹۴۸)

فتح‌اله مجتبایی:

قصد ما آن است که از شعر و از انواع آن گفتگو کنیم و وظیفه خاص هریک را بشناسیم و معلوم داریم که کدام طرح برای بیان یک

شعر خوب شایسته است و سپس تعداد و کیفیت اجزا هر نوع را مشخص سازیم. به همین طریق درباره مسائل مربوط به فن شعر بحث خواهیم کرد. اینک از آغاز به ترتیب طبیعی پیش می‌رویم. صص ۴۱-۴۲

هنر شاعری: بوطیقا (بنگاه نشر اندیشه، تهران ۱۳۳۷)

عبدالحسین زرین‌کوب:

سخن ما در باب شعرست و درباب انواع آن و اینکه خاصیت هریک از آن انواع چیست و افسانه‌یی را که مضمون شعر است چگونه باید ساخت تا شعر خوب باشد. انگاه سخن از کم‌وکیف اجزا و از سایر اموری که به این بحث مربوط است خواهیم گفت و رعایت ترتیب طبیعی را نخست از آن امری شروع می‌کنیم که برحسب ترتیب مقدم می‌باشد. ص ۲۱

فن شعر (بنگاه ترجمه و نشر کتاب چاپ سوم ۱۳۵۲)

سعید هنرمند:

موضوع بحث ما شعر است و هدف من نه‌تنها سخن‌گفتن ازین هنر است در کل، بلکه همچنین می‌خواهم درباره گونه‌های آن و توانایی‌های آن سخن گویم، نیز درباره ساختار پی ساخت که یک شعر خوب نیاز دارد و نیز درباره دیگر ویژگی‌های بنیادین شعر و همچنین درباره هرچیز دیگری که در این باره ضروری است. اجازه دهید نظم طبیعی را دنبال کنیم و از فاکت‌های (واقعیت‌های) اولیه آغاز کنیم. ص ۹۳

«مشکل» ابن رشد -۱۱۳-

ترجمه‌ی انگلیسی:

I propose to treat of poetry in itself and of its various kinds, noting the essential quality of each; to inquire into the structure of the plot as requistic to a good poem; into the number and nature of the parts of which a poem is composed; and simillarly into whatever else falls within the same inquiry. Following then the order of nature, let us begin with the principles which come first. *The poetics of Aristotle* (McMillan, London, 1922 4th ed.) p. 7

همچنان‌که هنرمند به‌درستی می‌گوید این هر سه ترجمه زمانی صورت گرفته که در زبان فارسی «ما هنوز یک تئوری ادبی جاافتاده‌ای برای ژانرهای ادبی نداشتیم و مطالعات هم‌زمان شاهنامه‌شناسی و ازین دست با رویکردی بلاغی بود.»[1] که البته باید رویکردهای تاریخی و فیلولوژیک را نیز بر رویکرد بلاغی مذکور افزود. ازین میان ترجمه افنان سوای داشتن فضل تقدم بر ترجمه‌های دیگر به‌لحاظ زبانی نیز مزیتی خاص دارد. از اتفاق و برخلاف گفته و داوری سعید هنرمند «کهنگی واژگان» و «بیگانگی بافت» زبان این ترجمه عیب آن نیست. از آنجا که این ترجمه‌ای است از روی متن یونانی به‌رغم پاره‌ای گنگی‌های جزیی اما نزدیک‌ترین روایت را به‌لحاظ بافت زبانی به متن کهن اصلی به دست می‌دهد. برگردان متنی عتیق متعلق به قرن چهارم پیش از میلاد جا دارد که به‌هرحال لحنی و لمسی از قدمت

۱. مقدمه، ۵۵

اصل سخن را در زبان مبدا در زبان مقصد ایفاد کند. این ویژگی بایسته را در ترجمه هنرمند نمی‌بینیم. مثلا نگاه کنید که در همان سطرهای آغازین بوطیقا واژه «فاکت» را در ترادف با «واقعیت» آورده است. واژه فاکت اگرچه در بعضی ترجمه‌های انگلیسی بوطیقا به کار رفته، اما در اینجا و در برگردان فارسی نه‌تنها از بار قدمت متن می‌کاهد القای نوعی ترجمه تحت‌اللفظی می‌کند. در ترجمه انگلیسی نقل‌شده لفظ اصول را به‌جای فاکت می‌خوانیم.

آنچه اما در اینجا مدنظر ماست برگردان واژه میتوس است. این واژه در روایت افنان به‌صورت عبارتی فعلی به کار رفته (به چه نحو باید ساخت) درحالی‌که همین واژه در ترجمه مجتبایی به «طرح» برگردانده شده است. به یاد آوریم که واژه طرح از دیرباز در مباحث داستانی در زبان فارسی برای «پلات» به‌کار می‌رفت و اگرچه به یک معنا از مصطلحات هنر نقاشی است، اما معانی دیگری نیز دارد مثلا «طرحی نو درانداختن» در شعر حافظ یا با این معنا در شعر نظامی:

حکیمی کاین حکایت شرح کرده است
حدیث عشق ازیشان طرح کرده است

برابرنهاده خود هنرمند «پی‌ساخت» اگرچه در مقایسه با برابرنهاده‌های تاکنونی رساتر است، اما در نظر بگیریم که از رویکرد بوطیقایی، میتوس («پلات») خود به‌معنای شالوده‌ی سخن روایی است و پس اختصاص شالوده (پی)ای برای این شالوده سخن را

دچار حشوی معنایی از نوع «مفید فایده» می‌کند چنان‌که در همین فراز نقل شده از ترجمه‌ی او می‌بینیم به‌صورت: «ساختار پی ساخت» که لابد برگردانی از the structure of the plot است.

از میان این ترجمه‌ها، ضعف ترمینولوژیک (اصطلاح‌شناختی) و از اتفاق زبان فخیم و به‌اصطلاح ادیبانه از ارزش کاربستی ترجمه زرین‌کوب کاسته است، چنان‌که گویی متن صرفا برای افزودن بر محفوظات ادبی خواننده ترجمه شده تا آنکه آموزه‌های عملی آن را با زبانی دقیق در اختیار بگذارد. این ترجمه بیش از ترجمه‌های متاخر دیگر تحت تاثیر ترجمه‌ها و تفسیرهای قدیم از بوطیقا در زبان عربی بوده است. زرین‌کوب برای واژه میتوس ضمن ارجاع به اصطلاح fable در زیرنویس، از واژه‌ی «افسانه» استفاده کرده است.[۱] گفتنی است که واژه میتوس در ترجمه‌های متاخر بوطیقا به زبان عربی هم به اسطوره و هم به حکایت ترجمه شده و واژه فارسی افسانه را می‌توان مترادف هردو دانست. بر برابرنهاد افسانه در روایت زرین‌کوب این خرده را می‌توان گرفت که این واژه اگرچه به‌معنای قاموسی میتوس نزدیک است، اما از معنای اصطلاحی آن در متن دور می‌شود و نقش این مفهوم بنیادی را از همان ابتدای سخن ارسطو تا حد نقش مضمونی در میان دیگر مضامین در سخن شعری و روایی فرومی‌کاهد.

تحول یک مفهوم

آنچه گفته شد بدین معنا نیست که در زبان‌های اروپایی بر سر

---

۱. اصطلاح فابل (حکایت) همراه با واژه نقشه در مثلا ترجمه‌ی Thomas Twining آمده در این ترکیب: Construction of a fable or plan...

برگردان و خوانش مفهوم میتوس اهل فن جملگی اتفاق‌نظر داشته‌اند. مشکل تنها بر سر معنای قاموسی واژه نیست. امروز نیز، در زبان فرانسه برای مفهوم «پلات» واژه‌ی «اَنتریک» را به کار می‌برند که به‌لحاظ معناشناسی با واژه انگلیسی «پلات» هم‌خوانی چندانی ندارد، و یا در زبان عربی امروز برای اصطلاح «پلات» واژه‌ی «حبکه» یا «مؤامره» (دسیسه) به کار برده می‌شود. به‌طور کلی می‌توان گفت که انتقال یک مفهوم از یک زبان به زبان دیگر لزوما با واژه‌ای دقیقا معادل در زبان مبدا و با بارهای معنایی و دلالت‌های همسان نمی‌تواند صورت گیرد و این ضروری چنین فرایندی است.

اگر مفهوم بحث‌انگیز میتوس و برابرنهاده‌های آن را لحظه‌ای کنار بگذاریم، می‌بینیم که اصطلاح قدیمی «محاکات» در برابر واژه‌ی ارسطویی mymasis اگرچه همسانی لفظی و معنایی با آن ندارد، اما برابرنهادی درست و خوش آهنگ‌و کاربست‌پذیر از دیرباز بوده است. گفتنی است که مفسران و مترجمان از ابوبشر متی مترجم بوطیقا از سریانی به عربی تا این سینا از محاکات نه به مفهوم اعم آن «بازنمایی» که به مفهوم اخص آن در هنر کلامی نظر داشته‌اند (چنان‌که از خود معنای لفظ برمی‌آید). دیگر اینکه، و این بخش دیگری از مشکل ابن رشد بود، در بوطیقا میتوس در اساس بازنمایی «کنش» در سخن روایی- شعری است که هر شناختی از آن مستلزم شناخت عنصر کنش به مفهوم ارسطویی بود. ازین‌روست که می‌بینیم با اینکه ابن رشد هدف و قصد خود را از تلخیص بوطیقا کشف قوانینی کلی ذکر می‌کند که برای صناعت شعر در نزد «جمیع امم» (همه ملت‌ها) مشترک است، اما در اثر او به بیان و تعریفی پرداخته از نقش «میتوس» و پیوستگی

آن با عنصر بازنمایی برنمی‌خوریم. به‌رغم این نبود شناخت دقیق از این نقش ویژه‌ی «میمیسیس» که کم‌وبیش در شروح دیگر بوطیقا در میان متکلمان عرب و ایرانی به چشم می‌خورد، اما امروز می‌توان در ترادف با اصطلاح دقیق‌تر و رساتر «بازنمایی» در زبان فارسی، اصطلاح محاکات را نیز مجازا برای همه هنرها و در برابر واژه یونانی mymasis به کار برد. محاکات در این معنای اصطلاحی دیکر فقط به‌معنای لفظی «با یکدیگر حکایت‌کردن» و یا «تقلید» نیست، بلکه به‌معنای بازنمایی representation است.

از نگاه ارسطو میتوس، از ترجمه‌ی هنرمند نقل کنیم، «چینش رویدادهاست بر پایه‌ی امر ناگزیر یا محتمل.»[1] به سخن دیگر، میتوس در دستگاه مفهومی ارسطو بازنمایی منطقی «کنش» در تراژدی و روح و شالوده انسجام آن است. از همین پیشینه است که اصطلاح پلات در زبان انگلیسی و مترادفات آن در زبان‌های اروپایی ریشه گرفته است. ادامه این رویکرد ارسطویی را قرن‌ها بعد از ارسطو در رویکرد تاویلی ریکور می‌بینیم که «پلات» را کلیتی معقول تعریف می‌کند که بر پیامد رویدادها در هر داستانی حاکم است. هم در ارسطو و هم در ریکور آنچه شایان توجه است تاکید بر ملازمات علیّ و زمانی (به ویژه از نگاه ریکور) مفهوم میتوس («پلات») و نیز نقش نه رویه‌ای بلکه ژرفایی آن در ساز و کار روایت است. «پلات» از منظر ریکور، تلاقی‌گاه روایتیت narrativity با زمانیت temporality است. در فرادهش (سنت) نقد و نظر انگلیسی ـ آمریکایی، پیتر بروکس، «پلات» را در داستان همچون استخوان‌بندی استدلالی در یک جستار علمی تعریف می‌کند و از نگاه فاستر در جنبه‌های رمان

۱. هرمند، مقدمه، ۴۵

نیز چنان‌که در زبان فارسی با آن از سال‌ها پیش آشنا بوده‌ایم، «پلات» همان رابطه علت و معلولی رویدادها در داستان و وجه فارغ آن از «قصه» است: شاه مرد و پس از چندی از شدت اندوه (علت) ملکه نیز مرد (معلول). به نظر می‌رسد که پیشینه‌ی برابرنهاد «طرح» در برابر «پلات» نیز به زمان آشنایی ما با این مفهوم از رهگذر فرادهش نقد انگلیسی ـ آمریکایی برمی‌گردد. اصطلاح دیگری که در پس از آن در برابر «پلات» باب شد اصطلاح «طرح و توطئه» بود که برخلاف نظر هنرمند در مقدمه کتاب نشان از ناآشنایی واضع آن (براهنی) با مباحث پیرامونی این مفهوم ندارد، بلکه گزیدن آن در اثر تکیه براهنی بر نقد انگلیسی‌ـ‌آمریکایی و به‌ویژه کاربست و معانی صریح و ضمنی واژه‌ی «پلات» در زبان انگلیسی بوده است. مهم اما این است که بگوییم هیچ‌کدام از معانی قدیم و جدید اصطلاح «پلات» (میتوس) را نمی‌توان با برابرنهاد اخیر «پیرنگ» در زبان فارسی رسانید یا از آن دریافت کرد. می‌توان با سعید هنرمند موافق بود که در مقدمه ترجمه خود از بوطیقا می‌گوید:

«وضع برابرنهاد «پیرنگ» به‌نظر بدون ارتباط با تئوری صورت گرفته است. معنای اصلی آن نوعی «گرته‌برداری» و کپی‌کردن بوده و از حوزه‌ای دیگر در زبان وام گرفته شده است. تا آنجا که در خاطر دارم نخستین بار شفیعی کدکنی آن را پیشنهاد داده و جمال میرصادقی به کاربرده است.»[1]

پرسش این است که با بودن اصطلاح «طرح» در برابر «پلات»

---

۱. هنرمند، همان‌جا

و بسامد بالای آن در زبان نقد معاصر چه نیازی به جانشین‌کردن آن با برابرنهاد بس نارساتر «پیرنگ» بوده است؟ به‌جرأت می‌توان گفت که در گزینش این برابرنهاد برای «پلات» نه پیشینه‌ی کهن اصطلاح «میتوس» در نظر بوده و نه از ملازمات آن در مباحث ادبی و روایت شناختی معاصر آگاهی چندانی داشته‌اند. بیان الکنی است از یک مفهوم به‌صورت یک واژه که زایایی هم ندارد و همان بهتر که به واژگان نقاشی واگذاشته شود. برخلاف نظر هنرمند که این پیشنهاد را تا حدی ناشی ازگرایشی نو به سره‌نویسی می‌داند، باید گفت در وضع واژه‌ی پیرنگ از اتفاق ما ادامه همان نگاه پیشنیان را به رویه سخن و نه به ژرفای آن به‌خصوص در پرداختن به سخن روایی می‌بینیم. ذهنیتی متصلب در سنت حتا گاهی که موقتا کسوت نو می‌پوشد همچنان در قالب سنت می‌اندیشد و وضع اصطلاح هم می‌کند!..

شرح نظرات ارسطو از رهگذر آرای تودورف، چنان‌که مترجم کتاب بدان دست یازیده، لازم می‌آورد که به رویکرد ساختارگرایان نیز به‌ویژه با مفهوم میتوس اشاره‌ای بکنیم. اگر به آبشخور و خاستگاه نظرات ادبی ساختارگرایان یعنی صورت‌گرایان روس برگردیم، می‌بینیم که تلقی آنان ازین مفهوم ارسطویی نه آن‌چنان است که در نقد انگلیسی‌ـآمریکایی بدان برمی‌خوریم. صورت‌گرایان روس اگرچه تشریح و تبیین سازوارگی و کلیت یک اثر ادبی را من‌حیث خود اثر ادبی مدنظر داشتند، اما میتوس را تنهاعنصر دخیل در این سازوارگی یا کلیت اثر ادبی نمی‌دانستند. واژه روسی «سیوژه» (syuzhet) که می‌توان آن را معادل «پلات» گرفت در این مکتب نظری در برابر

«فابولا» fabula (ماده خام داستان به‌صورت رودیداهایی در سامان کرونولوژیک) تعریف می‌شود. «سیوژه» دخالت دل‌خواه و عامدانه راوی در ارایه رویدادهای داستان، و به‌تعبیری صورت‌گرایانه، برای «آشنایی‌زدایی» از سامان معتاد رویدادها در زندگی واقعی است (شکلوفسکی). همچنین، از رهگذر «سیوژه» است که مشکل یا کشمکش آغازگر داستان به حل‌وفصلی در پایان داستان می‌انجامد. از یک چشم‌انداز کلی‌تر، «فابولا» صرف وقایع و کنش‌ها را ارایه می‌دهد،درحالی‌که «سیوژه» همان وقایع و کنش‌هاست آن‌گونه که خواننده آن‌ها را می‌بیند و در آن‌ها درگیر می‌شود (توماشفسکی). به کوتاه سخن می‌توان گفت که اگر در رویکرد ارسطویی میتوس اساس سازوارگی اثر را تشکیل می‌دهد، در نگرش صورت‌گرایان «سیوژه» همچون انتزاعی از میتوس، عنصری در میان دیگر عناصری است که به روایت داستانی کلیت و معنا می‌بخشد.

صورت‌گرایان و در پی آنان ساختارگرایان بیش از آنکه پویایی نقش «پلات» را در نظر داشته باشند، بیشتر بر نقش خواننده در دریافت این پویایی توجه کرده‌اند. عمده توجه این دو نحله بر داستان همچون یک گزاره یا جمله زبانی بوده است. صورت‌گرایان بر سینتاگم یا در اصطلاح زبان‌شناسی بر محور جانشینی syntagmatic مفردات این جمله نگاه می‌کردند، درحالی‌که، ساختارگرایان به‌ویژه ساختارگرایان فرانسوی بر محور جانشینی paradigmatic در آن نگریسته‌اند. ساختارگرایان فرانسوی برخلاف نظریه‌های «پلات» محور ناقدان انگلیسی ـ آمریکایی، با تاکید بر عنصر کنش و شخصیت،

کلیت داستانی را از رهگذر گزاره‌هایی بیانگر کنش تعریف کرده‌اند که در پیامد خود حسی از آغاز، میان و انجام را برساند (بازگشت به کلیت ارگانیک ارسطویی). درخور یادآوری است که در رولان بارت پساساختارگرا و در کتاب معروف او در شناخت داستان S/Z ما به مفهوم «پلات» برنمی‌خوریم. شاید بتوان گفت که دو رمزگان اصطلاحی به‌کاررفته در این کتاب یعنی رمزگان «کنش» proairetic code و رمزگان «معما» hermeneutic code، تا حدی به‌معنایی از «پلات» نزدیک می‌شوند.

از یک نگاه تاریخی، چنان‌که گفته‌اند، مفهوم سازوارگی یا انسجام که ریشه در مفهوم میتوس ارسطویی و ملازمات آن دارد، از دوران روشنگری و در اروپاست که اهمیتی حتا در گفتمان‌های غیرادبی و علمی پیدا می‌کند. ازین نظر در کاربست این مفهوم در تبیین فرادهش ادب کلاسیک ایرانی بسی باید احتیاط کرد (به یاد آورید آن خرده‌گیری‌های مدرنیستی را درباره نبود انسجام در شعر حافظ!) به‌ویژه آنکه، با به پرسش کشیده‌شدن نگرش فرجامگرا teleological و ذاتی‌انگارانه essentialist ارسطو در تعریف اندام‌وارگی کلیت (انسجام) در خود اروپا مفهوم میتوس «پلات» کم‌کم در مباحث نظری و ادبی اهمیت خود را از دست داد. اکنون می‌دانیم که بسا معلول‌ها خود درواقع علت‌اند و بسا «آغاز»ها که خود «میانه» و بسی» پایان»ها که خود آغازند[۱] بیخود نیست که می‌بینیم محوریت نقش «پلات» به مفهوم متعارف در خود داستان نیز به‌مرور کمرنگ‌تر و یا به‌کلی زیر پا گذاشته می‌شود. چه تعریف شسته‌رفته‌ای می‌توان از «پلات» در اولیسس جویس یا در جستجوی زمان‌های

۱. برای تفصیل بیشتر در این زمینه نگاه کنید به: قصه گیسوی یار، شرحی بر بیتی ازحافظ نوشته نگارنده.

سپری‌شده پروست به دست داد یا در داستانی از آلن رب گریه، ویرجینا ولف...؟ و در ادبیات معاصر ایران در *بوف کور* هدایت یا *آزاده خانم*... براهنی؟ شاهرخ مسکوب چه درست و هوشمندانه این نکته را دریافته بود، آنجا که در روزنگاری‌هایش درباره رمان موج‌ها نوشته‌ی ولف می‌گوید:

دیروز waves را تمام کردم. به‌نظرم Virginia Wolf نویسنده‌ای است که هیچ‌چیز و همه‌چیز می‌گوید. چیزی برای گفتن ندارد اگرچه خیلی چیزهای گفتنی دارد و می‌گوید. بدون طرح(plot) و ظاهرا بدون ساخت رمان، قصه می‌نویسد. هرچه هست در زیر و پنهان است.»[1]

سخن‌گفتن درباره‌ی چندوچون این هرآنچه «در زیر و پنهان» داستان‌هایی از نوع *موج‌ها* waves می‌گذرد و بدان‌ها کلیت و انسجام می‌بخشد، آن هم در نبود «پلات» به مفهوم متعارف، بحث درازدامنی است که در حوصله این مقال نمی‌گنجد.

پیشنهاد

به بحث اصطلاح‌شناسی بازمی‌گردیم و می‌گوییم با توجه به آنچه درباره میتوس و برگردان امروزین آن «پلات» گفته شد، می‌توان واژه‌ی فارسی پیکره (داستانی) را همچون برابرنهادی برای آن پیشنهاد داد. پیکره به‌معنای شالده، اساس مثلا چنان‌که گفته شود: از پیکره‌ی کار

---

۱ .شاهرخ مسکوب، *روزها در راه*، ج نخست، (خاوران، ۱۳۹۰). ۲۰۳.

معلوم است که... (ترتیب. نسق) [1] که از آن می‌توان ترکیباتی همچون پیکره‌بندی، بی‌پیکره، پیکرمند... را برساخت و به‌کار گرفت. کاربستی از پیکره را در ترادف با «نظم» می‌توان در این بیت از ملک‌الشعرای بهار دید:

یک چند برگذشت، که آن بحث و آن جدال
در آن وثاق بود به یک نظم و پیکره

یا نگاه کنید به کاربست خود واژه پیکر در برابر هیولا (بی‌شکلی) در این بیت بیدل:

می‌کند زاهد تلاش صحبت می‌خوارگان
این هیولای جنون امروز دانش‌پیکر است

و در این نمونه از دهخدا در چرند و پرند:
«با این پیکره که تو گرفته‌ای معلوم است که آخرش چه‌ها خواهی نوشت.»

و در *روزها در راه* از شاهرخ مسکوب به‌معنای تنانگی و مادیت‌بخشیدن بر ماده‌ی خام زبان (اندیشه):
«... درحالی‌که می‌اندیشی، اندیشه‌ات را می‌یابی و می‌سازی، به آن شکل می‌دهی یا در کلمه «پیکرمند» می‌کنی: اگر بتوانی، اگر در پیکری جاگیر شود و اگر مثل آب فرو نریزد.» [2]

---

۱. *لغت‌نامه دهخدا*
۲. مسکوب، همان منبع، ۵۴۸

و در پایان با کاربست پیکره به مفهوم میتوس برگردانی از فراز آغازین بوطیقای ارسطو را در زیر برای مقایسه پیشنهاد می‌دهیم:

موضوع سخن من شعر است و برآنم که در اینجا نه فقط به شعر به‌طور کلی، بلکه به گونه‌های آن و ویژگی هریک بپردازم، و از پیکره‌ی آن سخن گویم که هر شعر نیکو در ساخت خود بدان نیاز دارد تا نیکو باشد. و نیز شمار و ماهیت پاره‌هایی را شرح می‌دهم که شعر از آن‌ها شکل می‌گیرد؛ و همچنین سخن می‌گویم از هر موضوع دیگری که در این جستار شرح آن لازم افتد. پس به ترتیب طبیعی، نخست به اموری بپردازیم که نخست باید بدان‌ها پرداخت.

ادبیات غربت (تبعید)؟ یا ادبیات «مهاجرت»؟..

ما خاطره‌ایم....

Maria Zambrano 1991-1904 - نوسینده‌ی اسپانیایی در تبعید

سرزمین مادری... طعم خاک!

- محمود درویش

به‌تازگی در نوشته‌هایی به‌خصوص از داخل ایران می‌خوانیم که اغلب به‌جای ادبیات غربت، مفهومی که در این نوشته بدان خواهیم پرداخت، اصطلاح «ادبیات مهاجرت» به کار گرفته می‌شود. ادبیات مهاجرت یا حتا «ادبیات تبعید» نمی‌تواند همان «ادبیات در غربت» با گستره‌ی معنایی این اصطلاح در مباحث نظری و ادبی معاصر باشد. در نامیدن آثاری که شاعر یا نویسنده بیرون از جغرافیای میهن خود می‌نویسد، با اصطلاح «ادبیات مهاجرت» به نظر می‌رسد که عمدی یا سهوی در کار است.

سهوی اگر در کار باشد، این سهو ناشی از ناآشنایی با زمینه‌های نظری و تاریخی موضوع غربت در ادبیات است. ادبیات غربت را

در برابر اصطلاح Literature in Exile به کار می‌بریم. واژه‌ی انگلیسی exile از اصل لاتینی exilium با املایی کم‌وبیش متفاوت در دیگر زبان‌های اروپایی نیز بخشی از همین اصطلاح را تشکیل می‌دهد. عمده و اهم دستاوردهای جدی شاعران یا نویسندگان ایرانی در خارج در دهه‌های اخیر، صرف‌نظر از کمیت یا کیفیت آن، در مقوله‌ی ادبیات غربت جای می‌گیرد. اما اگر بپذیریم که در این نام‌گذاری عمدی در کار است، آن‌وقت باید گفت که این عمد همانا عملکردی ایدئولوژیک است که همچون هر عملکردی از این دست امری طبیعی یا واقعی را دارد با امری زبانی خلط می‌کند.

ما در اینجا دنبال مفاهیم ناب نمی‌گردیم. خود ادبیات همچون مفهوم یا نهادی مدرن چندان ناب و خالص نیست، دیگر چه برسد به مفهوم ادبیات در غربت. واقع آن است که ادبیات غربت یا تبعید؛ ادبیات مهاجرت یا دایاسپوریک مفاهیمی هستند که گاه باهم تداخل می‌کنند یا هم‌پوشی دارند. در این زمینه دو مفهوم غربت و تبعید چنان به هم نزدیک‌اند که می‌توان آن‌ها را دو کلمه مترادف دانست. اما هر ادبیات مهاجرتی ادبیات غربت نیست، درحالی‌که ادبیات غربت به مفهومی عام می‌تواند مواردی از ادبیات مهاجرت را نیز در بر گیرد. اصطلاح دایاسپوریک diasporic را کنار می‌گذاریم، چون بیشتر اصطلاحی فرهنگ‌شناختی_جامعه‌شناختی است. بهتر آن است که این اصطلاح را در تحلیل تولیدات فرهنگی دایاسپوراهای ایرانی در کلان‌شهرهای غربی (موسیقی پاپ و برنامه‌های نمایشی تلویزیونی و..) به کار بریم.

ادبیات غربت exile اصطلاحی شناخته‌شده با پیشینه‌ای تاریخی و نظری است. دل‌بخواهی نمی‌توان اصطلاح دیگری را جایگزین آن کرد. غربت به‌عنوان نحوه‌ای از بودن از مضامین اصلی در ادبیات است؛ یک کهن‌ـ مایه است همچون عشق، مرگ... از منظری کلی می‌توان گفت که گفتمان غنایی (لیریک) در ادبیات کلاسیک پارسی حدیثی از غربت یا دورماندگی است. در شعر حافظ جهان غربتگاه است؛ درحالی‌که در سخن سعدی غربت وضعیت زیستی‌ای کاملاً مادی با زمانیت و مکانیتی معین است. شاید بتوان گفت در آثار حافظ غربت مفهومی آنتولوژیک و در سخن سعدی مفهومی هستی‌شناختی است. در ادبیات مدرن، غربت همچون نحوه‌ای از بودن با جایگاهی اپیستومولوژیک (شناخت‌شناسی) ملازمت دارد. ذات یا سوژه ی غربت‌گزیده نه آن‌چنان وطن را از برون می‌بینید که زمانی از درون می‌دید. شکل سرزمین ایران را تنها با فاصله‌گرفتن فضایی از آن است که می‌توان به‌صورت گربه دید!

دو نگاه را به غربت در ادبیات مدرن به اجمال در اینجا می‌آوریم. غربت گسلی است ناگذر که میان خود و میهن حقیقی خود دهان باز کرده است (ادوارد سعید:» تأملات درباره‌ی غربت»[1]). غربت سفری است بی‌بازگشت. نویسنده یا شاعر را در این سفر حسی از یک «باخت» افسون کرده است؛ او افسون‌زده گونه‌ای نیاز به بازخواهی است؛ مدام در افسون نگاهی به پشت سر است حتا اگر این نگاه به بهای تبدیل‌شدن او به ستونی از نمک تمام شود (سلمان رشدی: *وطن‌های خیالی*[2]). می‌بینیم که هم رشدی و هم سعید از

1.Edward Said, “Reflection on Exile” in his *Reflection on Exile and other essays*) Harvard University Press, 2000)

2.Salman Rushdie: *Imaginary Homelands* (Granta,1992)

مفهوم غربت سود جسته‌اند که از نگاه هردو بیانگر وضعیتی است که ویژگی اصلی آن اشعار پیوسته به وطنی از دست رفته است. ازین روست که می‌توان گفت ادبیات غربت بیانی از یک سوداست، بیانی از یک خاطره است. غربت را نمی‌توان زیر مفهوم مهاجرت جا انداخت، اما می‌توانیم بگوییم که مقوله‌ای با نام «ادبیات مهاجرت» هست و تعریف خود را دارد. ما هم اینک یا در آینده‌ی نزدیک شاهد دستاوردهای ادبی‌ـ هنری نسل دوم یا حتا نسل سوم مهاجران ایرانی هستیم و خواهیم بود. اما در چنین دستاوردهایی وطن گم نشده که باز یادآورده شود. در بهترین حالت، وطن خاستگاهی، سرزمینی دور، مبهم و احیاناً پر از عجایب اجدادی است. ادبیات مهاجرت ادبیاتی است بدون خاطره. روایت‌های مستندنگارانه‌ی وی. اس. نیپل این‌گونه از ادبیات است. در نمونه‌ی ایرانی، تا آنجا که می‌شود از مثلاً هنرِ مهاجرت ایرانی (مهاجر ایرانی‌تبار) مثال آورد، موطن خاستگاهی به کسوت یک بازنمایی «اگزوتیک» ارائه داده شده آن هم به نیت التذاد و جلب توجه‌مخاطبانی از کشور میزبان[1].

ادبیات غربت طیفی از صداهای گونه‌گون است. جوزف برودسکیِ شاعر و سولژنیستینِ نویسنده هردو در تبعید بودند، اما وضعیت غربت به یک جور در آثار آن‌ها بازتاب نیافته است. ناباکوف که او هم در اصل روس بود، تبعیدی نبود، اما در آثارش کمال و جمال غربت نمایان است. همینگوی و فیتز جرالد و حلقه‌ی «عیش مدام» در پاریس و عزرا پاوند دور از آمریکا می‌زیستند، اما آن‌ها نویسندگان جلای‌وطن‌کرده expatriates بودند نه تبعیدی. هم‌زمان

---

۱. نگاه کنید به تحلیلی از کارهای شیرین نشاط به‌قلم نگارنده با عنوان «اهمیت اگزوتیک‌بودن» در حدیث غربت سعدی: *جستارهایی در ادب و فرهنگ* (نشر مرکز، چ دوم، ۱۳۹۶) ۱۱۶-۱۰۱

با آنان جویس اما در تبعیدی خودخواسته به سر می‌برد و بر آن بود که تنانگی شهر مألوف حود دوبلین را در تنانگی زبان متصور سازد. از سوی دیگر، کافکا و در ادبیات خودمان هدایت، دو صدای غربت اما در وطن خویش بودند. ما نه با یک ادبیات غربت که با ادبیات غربت‌ها سروکار داریم.

ادبیات پناهنده‌ها؟ ادبیات پناهندگی؟... مفهوم پناهندگی یک مفهوم حقوقی است با کاربردهایی مشخص. از اتفاق اما شعری را که در زیر می‌آوریم، به یک پناهنده در لحظه‌ی ورود به کشور میزبان در وضعیت به‌اصطلاح ترانزیت می‌پردازد. با ایجاز و فشردگی بیانی‌اش این شعر یکی از نمونه‌های درخشان ادبیات در غربت از حسین شرنگ شاعر ایرانی‌ـ کانادایی است:

تولدی دیگرتر
در بیست‌وچهارسالگی هواپیمایی زاییدش
در شامگاه برفی اقلیمی دور.
برای خودش عیسایی بود
زبان گشوده پیش از آنکه بزایندش
بیش از هزار جاعل پاسپورت را
از زور بی‌پدری خوانده بود: عمو.
در بیخ بویناک مام پراننده
جا مانده بود جفت پریشش:
سفر شناسه‌ی مجعولی
می‌ترسید

و از عواقبِ بودن می‌لرزید.
پس، لامحاله‌ای
نه گریه کرد و نه خندید
تنها دستان شکی‌اش را بالا برد
و با تکلم گیجی
به اولین پلیس جهانش گفت:
آی ی ی....
I am a refugee...
و این‌چنین
اندیشناک زندگی قبلی
در آستان زندگی بعدی
قلبش گرفت و مرد
نوزاد نازنین
همین[۱]!

چرا تولدی دیگرتر؟ معنای عدول شاعر از عرف معمول زبان با ساختن صفتی تفضیلی از واژه دیگر در عنوان این شعر چیست؟ این عنوان چیزی جدا از بدنه‌ی شعر نیست. می‌توان چنین خواند که تولدی دیگرتر یعنی اتفاقی که افتاده امری بیولوژیک نیست. قرار نیست چشمان خرمایی‌رنگ سوژه‌ی شعر به‌محضِ ورود به یک کلان‌شهر غربی دفعتاً به رنگ آبی در آید! اما قطعاً اتفاقی زیر و زبرکننده هم در چگونگی بودن (بُعد آنتولوژیک) و هم در بعد شناختی (اپیستومولوژیک) برای او درحال رخ‌دادن است. از این پس و از همین لحظه‌ی شعر به بعد، او در یک وضعیتِ در آستانگی

۱. حسین شرنگ، *عادتِ غریبِ زیستن*، انتشارات نوید، ۱۹۹۱.

liminality قرار می‌گیرد: دیگر نه «اینجا» است و نه «آنجا» و این یکی دیگر از ویژگی‌های غربت است.

وطن و غربت هردو از مرز نشان دارند: «آن‌سوی مرز دیگر کسی به زبان من سخن نمی‌گوید...» (سطری از دریدا) سوژه‌ی این شعر بر سر مرز قرار دارد و این مرز همچون همه‌ی مرزها یک پایان نیست، آغازی از چیزی دیگر است؛ غربت همان چیز دیگر و هرلحظه «دیگرتر» است.

از ادبیات غربت زهر و اندوه غربت («زهر کژدم غربت» ـ تعبیری از ناصر خسرو؛ «اندوه ویرانگر غربت» ـ تعبیری از ادوارد سعید) را نمی‌توان گرفت. با نامیدنش به «ادبیات مهاجرت» آن زهر و آن اندوه را گرفته‌ایم، از آن سیاست‌زدایی کرده‌ایم و اصطلاحی بی‌بو و خاصیت را، بخوانید بی‌خطر را، برای چنین ادبیاتی برساخته‌ایم.

در اهمیت دیگری

نگاهی به کتاب *دیگری در شعر معاصر فارسی*، نوشته‌ی احسام سلطانی[1]

کتاب *دیگری در شعر معاصر فارسی* در نقد ادبی که به تازگی در ایران انتشار یافته به‌لحاظ موضوع خود کتابی «دیگر» است و باید به نویسنده آن تبریک گفت که به‌سراغ چنین موضوع و زمینه‌ای رفته که کمتر بدان پرداخته شده است.

موضوع «دیگری» یکی از موضوعات مطرح در زمینه‌های گوناگون نظری ازجمله نقد ادبی است تا آنجا که می‌توان گفت زمانه ما اکنون زمانه «دیگری» است. بااین‌حال دراین‌باره در ایران تاکنون کمتر به‌صورت تالیف سخنی گفته شده است. کتاب در چهار فصل نوشته شده است. در فصل اول و دوم مولف به طرح مبانی نظری و تعریف مفهوم دیگری می‌پردازد و در دو فصل بعد در چهارچوب این مفهوم صداهایی چند از شعر معاصر ایران را بررسی می‌کند و در فصل چهارم به نتیجه‌گیری می‌رسد.

«دیگری» چیست؟ دیگری، بنا به تعریفی، دیگری همه آن چیزی

---

۱. (نشر شخصی، ۱۳۹۸)

است که «همان» نیست؛ یا همه آن چیزی است که «خود» نیست. چیزی به‌کلی دیگر است. اگر بگوییم که به مفهوم «دیگری» همچون مسئله‌ای مهم و شاید مهم‌ترین مسئله در فرهنگ امروز ما باید نگریست (و به‌ویژه در فرهنگ سیاسی ما) سخنی به گزاف نگفته‌ایم. باز سخنی به گزاف نیست اگر بگوییم ما به‌تازگی است که کم‌کم داریم با ملازمات مهم حقوقی، اجتماعی، ادبی و فرهنگی این مفهوم آشنا می‌شویم. البته این را هم باید گفت این مفهوم در غرب هم از نیمه‌ی دوم قرن بیستم است که در فلسفه و مکاتب نظری و ازجمله در نظریه ادبی موضوعیت یافته است.

پرداختن به این مفهوم در زمان حاضر یکی از بایست‌های ما در مباحث فرهنگی و ادبی است؛ چراکه به گفته‌ی مولف کتاب، فرهنگ امروزی ما در وجه غالب همچنان میراث بر گفتمان‌های آل احمد، شریعتی، شایگان... است که بی‌اعتنایی به جهان (دیگری) سازمایه‌ی آن‌ها بوده است. ویژگی و تازگی کار نویسنده این است که خود به صرافت تحقیق درباره این موضوع مهم در ادبیات معاصر ایران، به‌ویژه شعر معاصر، افتاده است و می‌گوید،

«هنوز یک ترم از تحصیل نگذشته بود [در رشته جامعه‌شناسی] که تصمیم گرفتم موضوع پایان‌نامه‌ام را به «دیگری» در شعر معاصر فارسی از منظر جامعه‌شناسی ادبیات اختصاص دهم.» (ص۱۲) خوشبختانه تحقیق او بیش از یک تکلیف دانشگاهی به‌صورت تالیفی تامل‌برانگیز از کار بیرون آمده است.

در نقد ادبی به‌خصوص در گرایش‌های پساساختارگرا نظریه «گفتاگویی»[1] باختین (گفتاگویی به‌جای برابرنهاده‌ی مولف «مکالمه‌گرایی») تاثیر زیادی داشته است. این نظریه را می‌توان به کوتاه سخن تشریح و تبیینی دانست از سهم دیگری در ارتباط زبانی. برگردان این مفهوم باختینی را می‌توان مثلا در دیدگاه دریدایی به‌صورت «دیگری زبان یا دیگریت زبان» دید که آن نیز آبشخور پاره‌ای گرایش‌ها در زمینه نقد و نظریه ادبی معاصر بوده است. مولف اساس کار خود را در این کتاب بر نظریه گفتاگویی باختین گذاشته است. نقطه‌ی آغاز او این جمله باختین است که مکالمه همواره به بیش از یک نفر نیاز دارد و این بدان معناست که حتا آن‌گاه هم که نویسنده (سخنگو) متنی را در انزوای مطلق خود می‌نویسد (بوف کور) لامحاله برای سایه خود (دیگری) است که می‌نویسد.

مولف در این کتاب تنها به ادبیات معاصر آن هم شعر می‌پردازد، اما به‌درستی معتقد است که هیچ «حال»ی نیست که گذشته بر آن سایه نینداخته باشد و به ادب کلاسیک فارسی نیز اشاراتی دارد. ما در اینجا به فصول اول و دوم کتاب می‌پردازیم و فصول دیگر (مصادیق) را به فرصتی دیگر وامی‌گذاریم. خواننده می‌تواند به کاربست مفهوم دیگری در نمونه‌هایی از شعر معاصر به خود کتاب رجوع کند.

مولف سخن را با یادی از محمد مختاری می‌آغازد (شاعری که اندیشه‌ای داشت) با این جمله: محمد مختاری را کشتند! و این پرسش را طرح می‌کند که این جمله که به‌دنبال قتل نویسندگان برسر

---

1. dialogism

زبان‌ها بود آیا، «تظاهر به افشا می‌کند، یا نه، حقیقتا افشاگرانه است؟» قتل مختاری عملکردی از فرهنگی دیگرستیز است. به یاد آوریم که او و دیگرنویسندگان مقتول نه اسلحه‌ای در دست داشتند نه تشکیلات براندازی تحت امر خود. در بعد تاریخی و در لایه ژرف‌تر معنایی واقعه قتل، چنان‌که مولف بدان اشاره دارد، می‌بینیم که نه فقط یک محفل از حاکمان که کل گفتمانی قاهر و ریشه‌دار در یک فرهنگ دخیل بوده است. از این فراتر می‌توان گفت که قتل مختاری تکرار یک کهن‌الگوی تاریخی در روزگار ما بوده است.

دیدگاه باختین را می‌توان مقابله یا ادامه‌ی انتقادی نظرات سوسور دانست. از دیدگاه باختین دلالت نه در خلاء بلکه در نسبت با دیگری متحقق می‌شود و از این رو هر دلالت زبانی زمینه‌مند یا بافتگانی (contextual) است[1]. چنین است که به‌تعبیر مؤلف کتاب، بدون «من» و «دیگری» «زبان شکل نخواهد گرفت» و کار ارتباط کلامی مختل می‌شود. این سازوکار دلالی که از نظر باختین همواره به‌صورت یک پرسش است (دیگری را همچون مخاطب به پرسش می‌گیرد)، نه حتی در جمله بلکه در مفردات جمله نیز جریان دارد. بدین معنا که در هر واژه سهم دیگری (از گذشته) نهفته است. باختین که دوران عمر خود را در اتحاد جماهیر شوروی از تبعیدی به تبعیدی دیگر گذراند همچون مارکس که به اقتصاد اشتراکی معتقد بود به اشتراکی‌بودن ادراک از راه زبان اعتقاد داشت. عمده‌ی نظرات او را ژولیا کریستوا سال‌ها بعد از مرگ وی در اروپای غربی معرفی و تشریح کرد. در

---

۱. بافتگان و بافتگانی برای context / contextual معنایی فراخ‌تر از «سیاق کلام» را می‌رساند و به شرایط رویداد (حدوث) سخن برمی‌گردد ونه فقط به سیاق و رویه کلام.

فصل دوم کتاب مؤلف به‌مرور کوتاه دیدگاه‌های باختین و مقایسه‌اش با متفکرانی همچون مارکس، نیچه و فروید می‌پردازد.

چند نکته در اینجا درباب چهارچوب نظری مولف و نحوه کاربست آن در این کتاب گفتنی است. نخست اینکه؛ مولف چنان‌که خود می‌گوید، از دیدگاهی جامعه‌شناختی سراغ صداهایی از شعر معاصر رفته است. ازین رویکرد، درباره آنچه او از آن به‌عنوان «گفتمان رسمی مسلط» یاد می‌کند، به شرح و وصفی از عملکرد این گفتمان رسمی درچهارچوب نهادها و کردارهای اجتماعی برنمی‌خوریم (حتما به این دلیل که کتاب در ایران منتشر شده). نمی‌توان گفتمان دینی را در تشکیل آن گفتمان رسمی مسلط نادیده گرفت و به تاثیر دیرپای آن نپرداخت. برای تاثیر این گفتمان دینی حتا در گفتمان روشنفکرانه چپ (سکولار) هم می‌توان مثال‌ها و شواهدی آورد. سوای شکل‌گیری انواع نحله‌های التقاطی به‌صورت اسلام‌های سیاسی و انقلابی و برخورد آن‌ها با «دیگری»، می‌بینیم که حتا در گفتمان چپ نیز «دیگری» همواره «خائن» دانسته شده است. مورد خلیل ملکی یک نمونه تاریخی است و بختیار نمونه‌ای دیگر و نزدیک به زمان ما. در سال‌های اخیر اگرچه بعضی روشنفکران دینی سعی کرده‌اند به تبیینی یا تعریفی از مفهوم دیگری در گفتمان دینی بر اساس نص قرآن دست یازند (مثلا با گوشه‌چشمی به آرای لویناس) اما مشکل بتوان سرانجامی برای این تلاش آنان متصور شد. در کل قرآن ما به مفهومی از «دیگری» برنمی‌خوریم. در قرآن «دیگری» یک «غیر» است و مغضوب... مقصود اینکه، در پرداختن به ادبیات از دیدگاهی جامعه‌شناختی نمی‌توان زمینه‌های گفتمانی و اجتمای این

یا آن گرایش ادبی را نادیده و ناگفته گذاشت. اگر با دیده‌ی باختین بنگریم متن ادبی همواره عرصه‌ی گفتگویی است میان ذهن نویسنده و گفتمان‌های عصر او که پاره‌ای ریشه‌هایی دور در گذشته دارند.

می‌توان فشرده‌ی نظر مولف را درباره مفهوم دیگری در ادبیات معاصر در پرداختن به دیدگاهی از محمد مختاری یافت آنجا که از مختاری نقل می‌کند، «زبان انسان در شعر به وحدت می‌رسد، همچنان‌که در عشق با انسانی دیگر به وحدت می‌رسد.» (ص ۷۹) و مولف می‌پرسد که آیا این وحدت در بهترین حالت امحای دیگری (معشوق) نیست؟ هرچند نظرات باختین بیشتر ناظر بر رمان است تا شعر و مثلا در مقایسه با چندصدایی در رمان مدرن (داستایفسکی) حماسه و به‌طور کلی شعر را تک‌صدا می‌داند، اما اساس رویکرد او را در زمینه ارتباط زبانی و به‌ویژه پس از شروح کریستوا و دیگران بر آثارش می‌توان به شعر و تحلیل شعر نیز بسط داد. ازین‌روست که می‌توان گفت به‌هرحال اما حرکت مولف در کاربست نظریه باختین در تحلیل شعر کار آسانی نبوده است. مثلا درباره نیما، آغازگر شعر مدرن در ایران، مولف رویکرد نیما را بیشتر دیالکتیکی (هگلی) قلمداد می‌کند تا «گفتاگویی». می‌توان گفت که نزدیک‌شدن به امر روزمره (ساحت دیگری) در شعر نیما خود حرکتی گفتاگویی است و یا این نکته که ورای درک ادبی عصر خود جایی در یادداشت‌هایش نوشته است: «...هیچ‌چیز نتیجه خودش نیست، بلکه نتیجه خودش با دیگری است.» (از متن کتاب ص ۷۳)

به‌طور کلی نظریه گفتاگویی و چندصدایی باختین را نمی‌توان و نباید به فقط استفاده از جارگن‌ها یا ویژه‌گفت‌ها (idioms) ی یک یا چند شخصیت (صدا) در یک اثر فروکاست (سوتفاهمی که گاه در نوشته‌های و اظهارنظرهای اخیر در نقد ادبی بدان برمی‌خوریم و خوشبختانه در این کتاب دیده نمی‌شود). ابداع نیمایی به‌صرف یک ابداع حرکتی بود از «همان» (سنت) به‌سوی چیز دیگری (چیزی «به‌کلی دیگر» به‌تعبیری از دریدا). حتا از رویکردی صورت‌گرایانه که مولف بدان اشاره کرده حرکت ابداعی نیمایی به‌معنای تعطیل امر همگانی به سود امر شخصی نبود. اغلب شعرهای او گواه این مدعاست. زبان لهجه‌دار او نیز در برابر زبان رسمی ادبی روزگارش نیز عملکرد دیگری از یک «دیگری» زبان‌شناختی است. در زبان رسمی و به‌اصطلاح فاخر شعری قید «بیخودی» به‌معنایی که این واژه در گفتار روزمره دارد، هرگز اجازه ورود نمی‌یافت. اما می‌بینیم که نیما به‌سادگی و با قدرت در شعری از خود آن را به کار گرفته است:

زردها بیخود قرمز نشده‌اند
قرمزی رنگ نینداخته است
بیخودی بر دیوار

ذکر یکی دو نکته نیز درباره اشارات مولف به ادبیات کلاسیک در خاتمه ضروری است. برخلاف نظر مولف باید گفت که در غزل حافظ ابیات لزوما از سازمانی تعبدی پیروی نمی‌کنند. برعکس، ابیات یک غزل حافظ به‌دنبال مطلع (بیت نخست) فرزندانی هستند که در

برابر اقتدار پدر (قالب مرسوم غزل) طغیان می‌کنند و هرکدام به راه خود می‌روند. با نظر به همین ویژگی، یعنی جامعیت پارادوکسیکال غزل حافظ (پراکندگی در عین یکپارچگی) است که می‌توان آن را متنی چندصدایی در شعر کلاسیک دانست. گذشته ازین، در شاهنامه نیز که اگرچه به‌لحاظ شکلی اثری حماسی است، اما ایران خود را در برابر توران است که تعریف می‌کند و این دیگری (توران) خود دارای موجودیتی است که محق در دیگریت خود شناخته می‌شود و گاه طرف جنگ یا مذاکره و صلح یا حتا وصلت‌های فامیلی قرار می‌گیرد. در سعدی نیز، این آینه فرهنگ ایرانی با همه بدی‌ها و خوبی‌هایش، راوی گلستان اگر چه در جایی از همسایگی با یک یهودی نفور است (به‌تبع رویکردی اسلامی)، اما این هم هست که از دیدگاه او ابنای بشر اعضای یکدیگرند و شان انسانی «من» در گرو درک محنت دیگری و دیگران است.

نخستین داستان کارآگاهی در ادبیات فارسی

صادق ممقلی (شرلوک هلمس ایران) یا داروغه اصفهان

نوشته کاظم مستعان السلطان (هوشی دریان)؛ ویراسته مهدی گنجوی و مهرناز منصوری (نشر مانیا هنر، ۱۳۹۶)

داستان صادق ممقلی یا داروغه اصفهان را می‌توان گفت که یکی از طلیعه‌های داستان‌نویسی به‌مفهوم مدرن به‌صورت تجربه‌ای در نگارش داستان کارآگاهی (پلیسی) بوده است. این داستان نخستین بار در سال ۱۳۰۴ (سال آغاز پادشاهی رضاشاه پهلوی) در تهران به چاپ رسیده و به تازگی به کوشش مهدی گنجوی و مهرناز منصوری ویراسته و بازچاپ شده است. کوشش ویراستاران در انتشار دوباره و ویراست این اثر فراموش‌شده ستودنی است. این داستان از آن رو جالب است و خواندنی که سوای ماجراهای تو در تو و پرکشش آن که در فضایی از ایران در سال‌های نخست قرن بیستم می‌گذرد، نشان می‌دهد که نویسنده آن چگونه ژانر ادبی نوینی را با محتوایی ایرانی سازگار کرده است.

درباره‌ی نویسنده این داستان، کاظم مستعان السلطان (هوشی دریان)، اطلاعات چندانی در دست نبود. حتا مورخی او را حسینقلی مستعان همان پاورقی نویس مشهور سال‌های دهه سی دانسته است[1]. اما چنان‌که ویراستار کتاب مهدی گنجوی در یادداشتی بر انتشار تازه کتاب نوشته مستعان‌السلطان در اواخر دوران قاجار و پهلوی اول می‌زیسته و مشاغلی دیوانی و تجاری برعهده داشته و اهل شعر و ادب و به روایت تاریخ بیداری ایرانیان عضو «انجمن مخفی ثانی» بوده است. کاظم مستعان السلطان در سال هزار و سیصد و بیست‌ویک شمسی به مرضی عجیب با نشانه‌ای از لکه‌های قهوه‌ای‌رنگ بر پوستش در تهران درگذشت.

رویدادهای داستان در شهر اصفهان و در دوران حکمرانی شازده ظل‌السلطان (۱۲۹۷-۱۲۲۸ شمسی) رخ می‌دهد. به نظر نمی‌رسد که نویسنده مدت‌زمانی دراز در این شهر زندگی کرده باشد، اما جزییات توصیفی او از اماکن و محلات شهر دقیق و واقع‌گرایانه است. این پرسش پیش می‌آید که چرا نویسنده که خود در تهران می‌زیسته اصفهان را برای مکان داستان خود انتخاب کرده است؟ می‌دانیم که شازده ظل‌السلطان به قساوت و پول‌دوستی در میان حکام اواخر دوران قاجار شهره بود. برادرش مظفرالدین شاه درباره او می‌گوید که در نوجوانی یکی از تفریحاتش درآوردن چشم گنجشگان و پروازدادن آن‌ها بود... اما هم شاهدان ایرانی هم ناظران خارجی از امنیت شهر اصفهان و دیگر ولایات تحت امر او در عصر ناصری

---

۱. یعقوب آژزند در «پابه‌پای پاورقی‌نویسان ایران»، ادبیات داستانی، ۱۳۷۸) نقل از یادداشت مهدی گنجوی ویراستار کتاب.

یاد کرده‌اند. در دوران حکمروایی او در جنوب و بخش‌هایی از مرکز ایران انگلیسی‌ها در امنیت کامل به دادوستدهای تجاری خود مشغول بودند. صادق ممقلی ملقب به «ارباب» داروغه یا به زبان امروزی کارآگاه شهر است. ظل‌السلطان، حاکم اصفهان، مسئولیت امنیت شهر را به او سپرده و اگرچه گاه‌به‌گاه از چندوچون تعقیب دزدان و جانیان از ارباب بازخواست و به‌اصطلاح مواخذه می‌کند، اما دست وی را در تدبیر کار و اجرای وظیفه باز گذاشته است. ویراستاران کتاب در مقدمه و به‌استناد به متن داستان به‌درستی یادآور شده‌اند که تنها دلیلی که حکمرانی همچون ظل‌السلطان مامور درستکاری همچون صادق ممقلی را تحمل می‌کند و به او اختیار کامل می‌دهد آن است که بیم دارد در نبود صادق ممقلی چنان جرم و دزدی در شهر زیاد شود که پدرش ناصرالدین‌شاه او را از حکومت اصفهان بردارد. بااین‌حال در آخر داستان است که می‌بینیم ظل‌السلطان خلق‌وخو و طبیعت اصلی خود را نشان می‌دهد و نه‌تنها زحمات کارآگاه را بی‌پاداش می‌گذارد، بلکه با بی‌رحمی و از سر مال‌دوستی جبلی خود اسباب دل‌سردی و ناامیدی وی را فراهم می‌سازد. به‌غیر از ذکر نام و نشانی دقیق مکان‌ها و محلات از مظاهر شهرنشینی مدرن (ویژگی زمینه در داستان کارآگاهی) در داستان خبری نیست، اما جالب این است که نویسنده در عین حال که بر ضرورت عنصر سرگرمی در داستانی از گونه پلیسی وقوف داشته، ماجرای اصلی را در مناسبات قدرتی پرورانده و شکل داده که جکومت ظل‌السلطان معرف آن است یا به سخن ویراستاران در مقدمه کتاب صادق ممقلی»...باید عدالت را به شهری بیاورد که به‌طور ساختاری عدالت در آن نفی شده است.» نکته

مهم این است که در چنین شرایطی انگیزه سردسته مرموز دزدان نه سود شخصی که بیشتر انتقام از حاکم مستبد و فراشان فاسد اوست.

داستان کارآگاهی نه‌تنها در ایران که در خاستگاه خود قالب یا گونه‌ای بدیع بود. بااین‌حال همچون هر ابداعی، این ژانر یا گونه ادبی را نمی‌توان یکسره بی‌پیشینه دانست. داستان سه سیب را در هزار و یک شب الگوی کهنی برای داستان کارآگاهی ذکر کرده‌اند. ما می‌توانیم قصه طبیب و کنیزک عاشق را نیز از مثنوی پیشینه‌ای نوعی (ژنریک) برای این ژانر یا گونه داستانی در ادبیات فارسی مثال بزنیم. در این داستان طبیب با مشاهده دقیق نبض کنیزک عاشق و نوسانات آن به‌هنگام نام‌بردن از شهرها و محلات به‌علت بیماری کنیزک و نام و نشان معشوق وی پی می‌برد. داستان کارآگاهی برآیندی از داستان مدرن است. آن نسبت معرفت‌شناختی که میان آدم داستان با جهان پیرامونش در داستان مدرن برقرار می‌شود در داستان پلیسی به عریان‌ترین شکل آن بازنموده می‌شود و اساس طرح یا پیکره plot آن را برمی‌سازد. با این نسبت معرفت‌شناختی سوژه داستان پلیسی در حرکتی استقرایی از روی مجموعه‌ای از شواهد و قراین سر انجام حقیقت را کشف می‌کند.

ازین‌روست که می‌توان گفت این نوع داستان همچون خود داستان مدرن محصولی از «سوژه» مدرن در جامه‌ای با مناسبات بورژوایی است. داستان صادق ممقلی به‌ویژه ازین نظر جالب و خواندنی است که از یک سو چنان‌که گفتیم، نشان‌دهنده‌ی کوشش نویسنده آن است در هم‌سازکردن گونه یا ژانری ادبی وام گرفته از ادبیات غرب با محتوا

و مواد و مصالحی محلی؛ و ازسویی دیگر جالب است از آن رو که، شکل‌گیری ذهنیت مدرن را در جامعه ایرانی در آغاز قرن بیستم در بیانی روایی آشکار می‌سازد.

از منظری صناعی ببینیم که نویسنده در این سازگارسازی تا چه حد موفق بوده و در کجاها روایت او همخوان با عرف‌های این‌گونه داستان است یا از آن فاصله دارد. داستان با توصیفی شاعرانه ازکناره رودخانه زاینده‌رود آغاز می‌شود:

در یکی از روزهای اوایل بهار که رودخانه زاینده‌رود اصفهان طغیان نموده بود، در عمارت آینه خانه که در طرف غربی زاینده‌رود واقع بود نزدیک پله‌های مرمر دو نفر قدم می زدند و نوکر سیاهی چند قدم دورتر از آن‌ها راه می‌رفت...

توصیف دقیق مکان به‌قصد ایجاد فضا یکی از ویژگی‌های داستان مدرن و نیز داستان کارآگاهی است. از این نظر داستان شرلوک هلمز اصفهان شروع پرداخته و نمونه‌واری را ارایه می‌دهد. بااین‌حال در همین توصیف کوتاه اشتباهی به‌لحاظ جهت‌یابی برقلم نویسنده رفته است. مسیر زاینده‌رود شرقی‌ـ غربی است و عمارت آینه‌خانه، از بناهای عهد صفوی، طبعا نمی‌تواند در ساحل غربی رود واقع شده باشد!..اما دقت‌نظر نویسنده در کل داستان نقشه‌ای از شهر را با فواصل و جهاتی واقع‌گرایانه در برابر چشم خواننده می‌گذارد که می‌توان از آن فهرستی از نام محلات و معابر و اماکن عمومی و

قلعه‌های متروک قدیمی را بیرون کشید. نام‌هایی همچون تل عاشقان، گود چلمان، سرای مخلص، پاقلعه، باغ قلندرها، قلعه تبرک، باغ قوشخانه... جای‌هایی که اکنون فراموش شده یا در بافت امروز شهر ناپدید شده‌اند. آنچه درخور توجه است این است که در همین اپیزود آغازین داستان به پیروی از یک عرف داستان کارآگاهی، چهره‌ای از آدم مظنون یا مقصر اصلی در میان آدم‌های دور و بر کارآگاه اما در هاله‌ای از رمز و راز نمودار می‌شود:

در کرجی کوچکی یک نفر پسر خوش‌سیما نشسته و با کمال قوت آن را به طرف بالای رودخانه می‌راند. (۲۲)

این پسر خوش‌سیما درواقع دختری از یکی از ایلات است که در انتهای داستان هویت او بر ما آشکار می‌شود و هم او بوده که زنجیره‌ای از دزدی‌ها و آدم‌ربایی‌ها را به‌قصد انتقام از عمال حاکم شهر رهبری می‌کرده است. با خواندن تصویر بالا گفتگوی کارآگاه در چند سطر پیش‌تر به ذهن خواننده می‌آید حاکی از عجز و ناتوانی او در پیداکردن سرنخی از عامل دزدی‌ها و آدم‌ربایی‌های بی‌سابقه‌ای که در شهر رخ داده است. با این تداعی است که رمزگان (یا هسته) معمایی (از واژگان بارت در کتاب Z/S) داستان نیز شکل می‌گیرد:

بدبختی اینجاست که من ردپای هرکسی را حتا در روی تخته‌سنگ‌های مسجد شاه پیدا می‌کردم و عقب ردپا تا بالای سر حریف می‌رفتم. نمی‌دانم چه حکایتی است که در این چند فقره

سرقت و آدم‌ربودن‌ها به‌هیچ‌وچه رد و آثاری باقی نگذاشته‌اند. (۲۱)

می‌بینیم که کارآگاهی که در یافتن و دست‌گیری دزدان و مجرمان اعجاز می‌کند این بار با حریف قدری روبه‌روشده که به همان اندازه‌ی او باهوش و دانای کار است (عرف دیگری از داستان کارآگاهی). طرح اصلی داستان را جستجوی صادق ممقلی «ارباب» برای یافتن این سرکرده مرموز دزدان و آدم‌ربایان در شهر شکل می‌دهد که در خلال آن برای ایجاد تعلیق داستان‌های دخیل یا «داستان در داستان» هایی از سرقت‌ها و سارقان معروف و ترفندهای ارباب در دستگیری آن‌ها گنجانده شده است.

داستان کارآگاهی و در چشم‌اندازی گسترده‌تر رمان و داستان کوتاه مدرن ایرانی همچون یک ابداع نمی‌توانست بدون نوزایش زبان فارسی به‌یمن ماشین چاپ و روزنامه پدید آید. نثر شفاف و سرراست داستان صادق ممقلی حاصل چنین تحولی است. اما در این ابداع نهضت ترجمه و از رهگذر آن آشنایی فارسی زبانان را با داستان‌ها و نمایشنامه‌های غربی نباید از نظر دور داشت.. این روند در ایران از اواخر دورۀ قاجار آغاز شده بود و پیش از یا هم‌زمان با نگارش داستان صادق ممقلی مترجمان ایرانی آثاری از موریس لبلان خالق آرسن لوپن و کانن دویل خالق شرلوک هولمز را به فارسی برگردانده بودند. نویسنده صادق ممقلی با نثری بی‌پیرایه (روزنامه‌ای) خود را ملزم می‌داند به تشریح و توصیفی دقیق و عینی از ماجرا و فضای آن دست یازد. اما باید به یادداشت که در زمان کارآگاه این داستان

در شهرها خانه‌ها هنوز محصور در دیوارهای بلند بودند. از خیابان و بولوار و ساحات عمومی همچون هتل‌ها، کافه‌ها، نوشگاه‌ها و عشرت‌کده‌ها خبری نبود. حتا تهران پایتخت کشور از ترس دزدان و اوباش باجگیر زندگی شبانه نداشت. توصیف عینی و دقیق جزییات را حتا در بازنمایی ظاهر آدم‌ها هم می‌بینیم.

چهره سفیدِ شفاف با چشم‌های درشت گیرنده سیاه و مژه‌های بلند. ابروهای کشیده و خال درشت سیاهی در کنج لب... بله! خاطرم آمد خال سیاهی هم فرمودید زیر چشم راست. صحیح است؟(۹۱)
...

صورت غریبی دارد. لب‌هایش مثل اینکه دوطبقه است و از زیر موی سبیل‌های انبوه تا دهان ببین چقدر فاصله دارد! (۱۱۲)

ارباب یا کارآگاه مردی است بلندقد، خوش‌صورت، با ریشی سیاه مختصر که کلاهی از پوست بخارایی به سر و جبه‌ای از بهترین آغاری اعلا در بر دارد. او اگرچه فاقد زندگی درونی و تعلقات فردی یک شخصیت در داستانی مدرن است (فقط گه‌گاه ما شاهد غذاخوردن او و در حین انجام ماموریت هستیم)، اما همچون یک کارآگاه برخوردی استقرایی و منطقی را در مشاهده شواهد و قراین هر چند جزیی راه و رسم خود کرده است:

... شغل من مرا مجبور می‌کند که آنچه دیده و شنیده‌ام را فراموش نکنم که شاید از آن‌ها نتیجه‌ای به دست آورم ولو هذیان باشد. (۵۶)

چراغ‌قوه او یک شمعچه (شمع کوچک) است و از پوست قلوه گوسفند افزاری را برای شناسایی اثر انگشت مجرمان تمهید می‌کند. کسانی را که بازداشت می‌کند در خانه او از امنیت و احترام کامل برخوردارند و نه با شکنجه‌های معمول دستگاه حکومت که با منطق و گفتگویی مودبانه خاطیان را مجبور به اقرار می‌سازد.

چنان‌که اشاره شد این داستان مشتمل بر اپیزودهایی است تودرتو که در هرکدام خواننده در کوشش کارآگاه برای کشف حقیقت با او سهیم می‌شود و این یکی از نقاط قوت اثر است. اما اگر داستان کارآکاهی را به‌لحاظ ساخت و پرداخت اثری بدانیم که حول یک ماجرا یا یک پرسش اصلی گسترش می‌یابد و با پیداکردن جواب برای پرسش اصلی پایان می‌گیرد، باید گفت که داستان صادق ممقلی نتوانسته است گرد محوری واحد گسترش یابد و آن‌گاه به پایانی منطقی نزدیک شود. این نقیصه را می‌توان ناشی از تفصیل اپیزودهایی دید که تناسبی را در کل داستان با دیگر اپیزودها نشان نمی دهند و داستان نه با کشف حقیقت و در نقطه اوج منطقی خود که مدت زمانی پس از آن هم ادامه پیدا می‌کند و روایت کیفیتی بیوگرافیک به خود می‌گیرد:

صادق ممقلی تا حدود سنه هزار و سیصد و یک هجری زنده بود و در زمان او اتفاق نیفتاد سرقتی کشف نشود، خاصه جیب‌بری که آن زمان به‌قدری شایع بود که هیچ‌کس ممکن نبود چیزی در جیب داشته باشد و کیسه [کیف پول امروزی] برهاند... (۱۵۹)

یکی از فرآورده‌های فرهنگی-ادبی را در پی انقلاب مشروطه ادبیات تفننی یا سرگرم‌کننده برشمرده‌اند که ساعات فراغت خوانندگان باسواد الیت جامعه را پر می‌کرد و اسباب تلطیف و سرگرمی خاطر آنان می‌شد[1] داستان صادق ممقلی اگرچه همچون یک داستانی پلیسی برای خوانندگانش سرگرم‌کننده است و نویسنده آن این عرف را از نظر دور نداشته، اما با نمونه‌هایی دیگر پاورقی‌های پلیسی و داستان‌های کارآگاهی بعد از خود همچون ماجراهای جینگوز رجایی ... فرق دارد و از نگاه انتقادی نویسنده آن به مناسبات حاکم قدرت (به‌ویژه در صحنه پایانی داستان و رفتار ظل‌السلطان با او و یکی از مجرمان) و نیز وضعیت اجتماعی مردم در زمان خود خالی نیست:

برای مردم بیچاره فرقی نخواهد کرد، زیرا مثل شبیه‌های تعزیه اگر آن مجلس تمام شد آنان لباس‌ها را تعییر داده با اسم و لباس دیگر شروع به بازی می‌کنند، منتها قدری شدیرتر و بدتر. ظاهرالصلاح‌تر! [وضعیتی کم‌وبیش مشابه وضعیت امروز ما زیر سلطه ولایت فقیه!] مردم بدبخت مملکت ما حال گوسفتد و مرغ را دارند که اگر عروسی بشود سر آن‌ها را می‌برند و می‌خورند و اگر عروس یا داماد بمیرند و عزا بشود باز سر آن بدبخت‌ها را می‌برند و می‌خورند. در هر حال برای آن‌ها فرقی نخواهد کرد. (۱۴۲)

صادق ممقلی کارآگاهی ناوابسته به دستگاه حاکم و صاحب دفتر و دستکی در بخش خصوص نیست. دفتری از ابواب جمعی جکومتی در قیصریه (میدان نقش جهان) دارد، اما در عمل نشان می‌دهد که فقط گماشته حکومتی مستبد در برقراری نظم و امنیت نیست. این ویژگی را می‌توان یکی از شیوه‌های فردیت‌بخشی به آدم

۱. باقر مومنی، *ادبیات مشروطه* (تهران، ۱۳۵۴)، ۱۴۲

داستان (پروتاگونیست / کارآگاه) به‌شیوه‌ای ایرانی دانست. به یاد بیاوریم که این داستان در زمانی نوشته شده که مفهوم فردیت، مگر در لایه نازک روشنفکران جامعه هنوز شناخته شده نبود و پس بازتابی از آن را در کردار و ذهنیت آدم داستان همچون یکی دیگر از عرف‌های داستان مدرن در این اثر نمی‌توان چندان پررنگ و آشکار دید. به یاد بیاوریم که آدم‌های زمانه صادق ممقلی همچون خود او هنوز حتا نام و نام فامیل نداشتند. سال‌ها بعد بود که در دوره پهلوی اول آدم‌ها صاحب شناسنامه و نام کوچک و نام فامیل شدند و خود واژه‌ی «کارآگاه» نیز به‌جای واژه‌ی داروغه و مفتش نشست. با آنچه گفته شد داستان صادق ممقلی یا داروغه اصفهان را نه‌تنها به‌لحاظ ادبی، بلکه در چشم‌اندازی گسترده‌تر می‌توان همچون نمونه‌ای از رویارویی آغازین ذهنیت ایرانی با امر مدرن خواند و بیشتر بررسی کرد.

"قلعه تبرک" یکی از مکان‌های داستان
عکس از ارنست هولتسر Ernst Hoeltzer

از قلب تاریکی
خوانشی از «شاهدان از راه می‌رسند» شعری از مجید نفیسی

چرا خواننده باید در این شعر از مجید نفیسی با شاعر همدلی پیدا کند؟ شعری درکل به‌صورت یک گزاره روایی از واقعه‌ای که اکنون سال‌هاست از وقوع آن می‌گذرد. و از سوی دیگر، چگونه، همچون یک خواننده، می‌توان با شاعر در این شعر همدلی پیدا نکرد؟ شعری که با این سطرها آغاز می‌شود:

فاتحان تاریخ را می‌نویسند
اما شاهدان از راه می‌رسند
با چشم‌های نافذشان
که همه‌چیز را دیده‌اند.
....

شاعر از خواننده می‌خواهد که آن واقعه را با او به یاد بیاورد. پاسخ این پرسش دوم را می‌کوشم اندکی پیش‌تر پیداکنم، اما در پاسخ پرسش اول می‌توانم بگویم که من به‌عنوان خواننده دیگر حق دارم و به‌اندازه کافی دلیل دارم که به‌صرف داشتن مضامینی به‌اصطلاح انسان‌گرایانه، آرمانی، انقلابی و غیره با شعری همدلی پیدا نکنم...

تجارب چهار دهه پس از انقلاب به ما می‌گوید که نه حبس و نه حتا اعدام به‌عنوان مضمونی شعری تضمینی برای شعریت یک شعر نیست... و از نگاهی تاریخی ما دیگر دریافته‌ایم که ای بسا نیات خوب که راه به جهنم می‌برده‌اند و بندی و شکنجه‌شده دیروز به‌راحتی ممکن است دوستاق‌بان و شکنجه‌گر امروز شود. ما اکنون و پس از سال‌های خون‌باری که از انقلاب گذشته در زمانه‌ی دیگری زندگی می‌کنیم که با زمانه‌ی پیشینیان بلافصل باورمند به ایدیولوژی‌ها به کلی فرق دارد...اکنون می‌دانیم و به تجربه زیسته دریافته‌ایم که صرف فضا یا مضمونی آرمانی از یک پاره سخن شعر نمی‌سازد و بگذریم از اینکه با خواندن این شعر نه اکنون که حتا در گذشته نیز این پرسش می‌آمد که حدّ جدایی شعر از شعار کجاست؟

ساده است اگر بگویم این شعر مجید نفیسی من را درگیر حسی دوگانه و متناقض می‌کند. نه، نمی‌توان هم‌زمان چیزی را هم دوست داشت و هم نداشت... شعر با عنوان «شاهدی برای عزت» پس از سطرهای آغازین با این پرسش پی گرفته می‌شود:

می‌خواهم بدانم چه گذشت
در هفده دی‌ماه شصت
ساعت یک‌ونیم بعدازظهر
در زندان اوین
بند دویست‌وچهل‌وشش
اتاق شماره‌ی شش

وقتی راحله‌ی پاسدار
از بلندگو گفت:
«عزت طبائیان با کلیه‌ی وسائل!
عزت طبائیان با کلیه‌ی وسائل!»

شعر در آغاز ما را به شنیدن شهادتی دعوت می‌کند که روایتی است از قلب تاریکی یک دوره، از زندان. اما دست‌کم تا همین‌جای شعر که نقل شد، ما در این شهادت چیز تازه و متفاوتی نمی‌بینیم. شهادت‌های دیگری هم از آن سال‌ها مکتوب شده است. چه‌چیزی این شهادت را در قالب یک شعر یکتایی singularity می‌بخشد؟ پیش از پاسخ بدین سوال از خواننده اجازه می‌خواهم که اندکی به «پیشامتن» این شعر بپردازم هرچند که باید خوانش خود را فقط بر متن شعر متمرکز کنم. پانویسی که شاعر به شهادت مسطور در این شعر افزوده است (شهادتی واقعی و نه خیالی) مجوز دیگر من است برای پرداختن به زمینه واقعی یا پیشامتن این شعر. این شعر همچون مثلا شعر نازلی شاملو نیست که ما مضمون اعدام را فقط در دنیای تخییلی شعر بخوانیم. شاملو خود پس از سرایش این شعر ارجاع صریح آن را به رخدادی بیرونی (نام خاص یک آدم واقعی) حذف کرد. در شعر او «یاس پیر» در هرکجا می‌تواند گل بدهد و در هر بهار:

نازلی! بهار خنده زدُ و ارغوان شکفت.
در خانه، زیرِ پنجره گل داد یاسِ پیر.
دست از گمان بدار!

با مرگِ نحسِ پنجه میفکن!
بودن به از نبودشدن، خاصه در بهار...

شعر نفیسی اما شعری روایی است که به زمانی و مکانی خاص ارجاع می‌دهد و خودبه‌خود بافتگانی زمانی را برای شعر فراهم می‌سازد که برای خواننده یادآور سال‌های سیاه دهه‌ی شصت است:

در هفده دی‌ماه شصت
ساعت یک‌ونیم بعدازظهر
در زندان اوین
بند دویست‌وچهل‌وشش
اتاق شماره‌ی شش

پیش از پرداختن به این بافتگان زمانی یا تاریخی شعر، درباره شیوه روایی و زبان نثرگونه این شعر با نظر به تجربه واقعی مضمون شعر بگوییم که این شیوه شعری یا بیان شعری در بیشتر شعرهای نفیسی به کار گرفته می‌شود. این شیوه و طرز بیان موضوع خرده‌گیری‌هایی نیز بوده و اینجا و آنجا بر شعر او. این خرده‌گیری‌ها بیشتر از زبان کسانی صورت گرفته که شعر را نه بیان تجربه‌ای شاعرانه (حتا از پیش‌افتاده‌ترین امور زندگی روزمره)، بلکه همواره درباره موضوعات و مضامین والا و در قالب زبانی آکنده از آرایه‌های لفظی و معنوی و به‌اصطلاح «صورخیال» دوست دارند. بااین‌حال می‌توان این خرده‌گیری ها را به بعضی شعرهای اخیر نفیسی وارد دانست و گفت

شعر روایی ـ بیوگرافیک یکسره خالی از عشوه‌های زبان (در نحو زبان و نه لزوما در مفردات آن) نمی‌تواند باشد. هر شعری به‌هرحال شکستن عرف زبان روزمره است حتا وقتی از تجربه‌ای روزمره سخن می‌گوید. شعر از ما می‌خواهد که در هر گزاره‌ی آن درنگ کنیم. هر سطر آن خواستار بلندخوانده‌شدن است... لازم نیست در اینجا نمونه‌هایی از ادبیات غرب مثلا از پره‌ور یا بورخس و از متاخرین مثلا از بوکوفسکی بیاوریم. در شاهنامه نیز می‌بینیم آنجا که رخدادی تاریخی را بیان می‌کند، زبان عاری از آرایه‌های لفظی است، اما فقط گزارشی به نظم از یک رخداد نیست:

درفش فریدون به دندان گرفت
همی زد به یک دست گرز، ای شگفت
سرانجام کارش بکشتند زار
بر آن گرم خاکش فگندند خوار!..

پروتاگونیست این شعر روایی عزت طباییان معشوق و سپس همسر شاعر بوده است (در ساختار ایدئولوژیک آن گروه سیاسی که هردو عضوش بودند عشق دو نفر آیا تا چه حد مجاز بود؟..) هردو در برهه‌ای از زمان که شعر بدان ارجاع می‌دهد زندگی مخفی یا نیمه‌مخفی داشته‌اند. طنز تلخی است که فقط من همچون دوست قدیمی شاعر در اینجا می‌توانم به یاد بیاورم که شاعر به‌علت ضعف بینایی مادرزاد (از وقتی او را می‌شناختم عینکی با شیشه‌های قطور ته‌استکانی داشت)، در کوچه‌ها و خیابان‌ها ماموران گشت و

شکارچیان آدم را به‌خوبی نمی‌دید و با اطمینان قدم برمی‌داشت. همین شاید رمز به‌دام‌نیفتادن او بوده است. ضعف بینایی به او آن اعتماد به نفسی را می‌داد که به‌خوبی وانمود کند «عنصر» مشکوکی نیست. اما عزت سر یکی از قرارها به دام می‌افتد. چشم‌های بینایش او را افشا کرده بود. عزت زندانی و سپس اعدام شد و شاعر پس از چندی از مهلکه گریخت و به‌سوی دیگر مرز رفت.

کیسه‌ی تهی‌اش را برداشت
و کنار در اتاق ایستاد.
همان پیراهن چارخانه را به تن داشت
که در سحرگاه بیست‌ونه شهریور،
وقتی مرا در بستر تنها گذاشت
تا سر قراری رود
و دیگر بازنگشت.

به پرسش اصلی برگردیم. چرا من باید در مرگ عزت با شاعر در این شعر همدلی پیدا کنم؟ من حق دارم از هر اعدامی متنفر باشم و همدلی‌ناکردن با این شعر به‌معنای تایید اعدام دخترکی به نام عزت طباییان نیست. اما عزت عضو فعال همان گروهی نبود (سازمان پیکار) که رسما در سرمقاله ارگان خود بر همه اعدام‌های آن قاضی شرع دیوانه، تجسد دوباره روح قُتیبه سردار عرب در کشتار مردمان سیستان، امضا گذاشته و آن را با سخیف‌ترین بلاغیات به‌اصطلاح انقلابی تایید کرده بود:

«یک بار دیگر شعله‌های خشم مقدس خلق در دادگاه‌های انقلاب تجلی یافت و جاسوسان و جنایتکاران دیگری را درکام خود فرو کشید. روبهکان و فرومایگانی که تا دیروز به چپاول و غارت و خیانت به توده‌های رنجدیده‌ی خلق ما مشغول بودند و با تبختری فرعونی فرمان می‌راندند، چه نفرت‌انگیز و تهوع‌آور در پیشگاه خلق به عجز و لابه درافتادند و برای ادامه‌ی زندگی ننگین خود به التماس و استغاثه دست یازیدند. و چه کوردل و احمقند اینان که می‌پندارند خلق، خون شهیدانش را و رنج و مشقت سالیان دراز دوران اختناق را به‌همین‌سادگی فراموش می‌کند و تسلیم تضرع و زاری این خائنین و جنایتکاران که دستشان تا مرفق به خون عزیزانش آغشته است، می‌شود. و چه کوردل‌تر و احمق‌ترند اربابان این سفلگان که در غرب و اسرائیل جنجال راه می‌اندازند و برای «حقوق بشر» اشک از دیدگان کثیف خود فرو می‌ریزند و برای بشرهای زالوصفتی چون القانیان، اظهار تأثر و تأسف می‌کنند تا شاید که در اراده‌ی خلق دایر بر معدوم ساختن خائنین به خود، خللی ایجاد شود و مدافعین و عاملین برای آنان بازپس ماند، تا از منافع استثمارگرانه آن‌ها پاسداری کنند.»[1]

همیشه می‌توان گفت هویت یک گروه یا سازمان سیاسی حاصل جمع هویت تک‌تک افراد آن گروه یا سازمان سیاسی نیست. شاید پروتاگونیست این شعر در حیات واقعی خود با مفاد این اعلامیه که عدالت و حقوق بشر را به سخره گرفته موافق نبوده است. اما این هم واقعیتی است که ما اکنون هیچ اعتراضی را بر این موضع بالا و در

---

۱. نقل از مقاله‌ای از ایرج مصداقی: «صادق خلخالی نماد انقلاب اسلامی» نسخه‌ی اینترنتی در: https://www.radiozamaneh.com/381093#_edn23

دفاع از «حقوق بشر» و آری، حقوق همان «زالوصفتان» و «خائنین» و «جنایتکاران» و «یهودیان» به‌عنوان بشر را در آن ارگان سازمانی به قلم هیچ‌یک از اعضا یا هوادارانش نمی‌بینیم. دوران، دوران جشن و پایکوبی پای چوبه‌های دار بود. عزت عضو گروهی بود که از همان آغاز شکل‌گیریش در تاریکی زیرزمین به‌صورت یک «انشعاب» با مخالف و دگراندیش خود حتا اگر هم رزم سابق می بود در کمال بی‌رحمی و خشونتی شرم‌آور رفتار کرده بود. یکی از نظریه‌پردازان و یا به‌روایتی، معلم نظری این سازمان، تراب حق‌شناس، جایی در توجیه خشونت انقلابی می‌گوید، «این نکته را باید تاکید کرد که تصمیم‌گیری در شرایط جنگی، منطق و معیاری دارد که با آنچه در وضعیت عادی مطرح است متفاوت و گاه متضاد است.»[۱] با ارجاع به همین استدلال است که کشندگان عزت نیز خواهند گفت ما نیز با شما در شرایط جنگی بودیم. شما می‌کشتید ما هم می‌کشتیم. این استدلال کشنگان را در عمل خود توجیه می‌کرد اگر فقط آن‌هایی را کشته بودند که به‌اصطلاح برویشان تیغ کشیده بودند آن هم در صحنه جنگ. اما می‌دانیم که کشندگان عزت‌ها کسانی را به پای چوبه‌های دار بردند یا در برابر جوخه آتش قرار دادند یا بعدها درکف خیابان‌ها به قتل رساندند که هرگز در عمرشان اسلحه به دست نگرفته بودند. ناگزیر اما پرسشی در اینجا برای من خواننده شعر مطرح می‌شود. چه تضمینی بود که عزت و هم‌رزمانش با چنان ذهنیتی که اشاره شد اگر به قدرت می‌رسیدند با «من» نوعی دگراندیش مهربان‌تر از قاتلین خود رفتار می‌کردند؟ توسل به هرگونه منطق «طبقاتی» در بازبستن

۲.۱ مصاحبه با تراب حق‌شناس در این نشانی از سایت پیکار.
http://www.iran-interlink.org/files/farsi%20pages%2017/torab240106.htm

خشونت مورد بحث تنها به یک گروه اجتماعی فقط بلاغیات ذاتی پندارانه نظری است که با داده‌های تاریخی جور درنمی‌آید. چه‌کسی تیر خلاص را بر شقیقه عزت زد؟ از بالایی‌ها بود یا از «بچه‌های اعماق»؟... و آیا شاعر از ما خوانندگان نمی‌خواهد که همه این پیشینه‌های فرامتنی را به‌یکباره از یاد ببریم تا در سوگ عزت با او همدردی کنیم؟

برگردیم به پرسش دوم... اما چگونه است که نمی‌توانیم با شاعر در سوگ عزت در این شعر همدلی پیدا نکنیم؟ ما خوانندگان شعر اکنون و پس از سال‌ها که از آن دهه شوم می‌گذرد این به‌نام‌خواندن‌ها را از بلندگوی زندان در روایات دیگر زندانیان هم شنیده‌ایم، این فراخوان مرگ با «کلیه وسایل» شخصی را!..

«عزت طبائیان با کلیه‌ی وسائل!
عزت طبائیان با کلیه‌ی وسائل!»

چه‌چیزی شهادت شاهدی را بر این لحظه ازین شعر نه یک شعار که شعری یکتا ساخته است؟.. هر تجربه‌ای از زندگی برای آنکه به شعر در آید ناگزیر ازین یکتایی در بیان است. چه طنینی این بانگ شوم در گوش دخترک جوان پروتاگونیست این شعر داشته است؟ شاهدی از همان لحظه، از قلب تاریکی، از راه می‌رسد تا به شاعر (به ما خوانندگان) بگوید که... و من به تنهایی گریختم تا ترا بازگویم! قصه‌ای عتیق تکرار شده است. به گفته شاهد هم‌بندان عزت با شنیدن

آن صدای شوم بلندگو دیگر می‌دانند که عزت را برای چه فراخوانده‌اند (با کلیه وسایل) و در وداع با او همه با هم چنین هم‌سرایی می‌کنند:

سی زن گریان
گردش حلقه زدند
و همراه با پروین خواندند:
«امشب شوری در سر دارم...»

هر روایتی یک شهادت است (با برداشتی از بلانشو بگوییم)؛ ندایی است از ورای سنگ گور. ازین دیدگاه، اما شهادت هم‌بند عزت، آن‌چنان که در شعر بازنموده شده، ترجمان شهادتی از خود عزت هم هست: صدایی از ورای گوری بی‌سنگ و در جایی نامعلوم که در سرودی دخترانه طنین انداخته است که اکنون و همچنان به گوش ما می‌رسد... این سرود، این پژواک، با ما چه می‌گوید؟ از چه می‌گوید در دوقدمیِ گذشتن از مرز میان زندگی و مرگ؟ پیش از آنکه گلوله‌ها سینه‌اش را بشکافند، یا چنان‌که بعدها و با اعدام دیگر اتفاق افتاد، رشته طنابی گلویش را بفشارد و در بی‌تکیه‌گاهی میان زمین و آسمان، استخوان گردنش را بشکند. پیش از لحظه‌ای که بلانشو آن را «سبکبالی» لحظه مرگ می‌خواند [1]، در آن پرمعناترین لحظه‌ی حضور مرگی ناگزیر در چندقدمی آدم (باز هم به‌تعبیر بلانشو) عزت از زنان هم‌بندش چنین می‌خواهد:

آن‌گاه او گفت:

1. Maurice Blanchot, *The Instant of my Death*, trans. by Elizabeth Rottenberg (Stanford:Stanford University Press, 2000)

«آوازتان را خواندید
و اشکتان را ریختید
می‌شود حالا به‌خاطر من
شعر «شرشر» را بخوانید؟»
اشک‌ها با لبخندها درآمیخت
و همه با هم دست‌زنان
ترانه‌ی «بچه‌ی بد» را دم گرفتند
که با این بند آغاز می‌شد:
«یک روز بچه‌ای دیدم
سر دو پایم خشکیدم
کاسه‌ی سوپ را سر می‌کشید:
فرت، فرت»
و با این بند پایان می‌یافت:
«یک شب از خواب پریدم
شتر دیدم، نترسیدم
ولی تو جام باران آمد:
شر، شر...»
پس هم‌بندان تا در بند
«بچه‌ی بد» را بدرقه کردند
و او به‌سوی قتلگاهش رفت.

در آن لحظه سرشار از معنا چه معنا یا معناهایی بر عزت آشکار شده‌اند که از دوستانش در بند چنان درخواستی کرده است:

«حالا به‌خاطر من...»

و نه به‌خاطر «ما»! واقع آن است که هم‌بندان او ترانه‌ای فاخر از موسیقی ایرانی را با هم می‌خوانده‌اند که به سائقه عادتی ایدئولوژیک «شور عشق زمینی» در شعر آن ترانه در اجرای آنان به‌نفع «شور مردن در راه آرمان» مصادره شده بود. عزت اما از آن‌ها می‌خواهد که خواندن آن ترانه فاخر را بس کنند و به‌جای آن، به‌عنوان آخرین درخواستش پیش از مرگ، سرود شاد و ساده دخترانه‌ای را بخوانند... کسی از میان آن جمع بالاخره زنده می‌ماند و این انتخاب او را در واپسین لحظات زندگی بازمی‌گفت... آیا این فکر در آن لحظات آخر بر ذهن عزت نگذشته بود؟

پروتاگونیست این شعر یک آدم واقعی است نه خیالی. من هیچ‌گاه او را ندیده بودم، اما می‌توانم بعد از خواندن شعر، عزت را در خیال تصور کنم، دخترکی با بلوزی چهارخانه و صورتی کشیده و نگاهی عمیق (چنان‌که از عکسش پیداست) که در یک عصر تابستان آن سرود ساده شاد را لی‌لی‌کنان می‌خوانده است، در خرند یکی از خانه‌های اصفهان به‌رنگ گل اخرا با یک درخت انار (به‌توصیف آندره مالرو در ضدخاطرات). می‌خوانده و لی‌لی می‌کرده است:

یک شب از خواب پریدم
شتر دیدم، نترسیدم
ولی تو جام باران آمد:
شر، شر...

چنین است که عزت با این شهادتش یا آخرین درخواستش در چندقدمی مرگ از من می‌خواهد که خواندن شعر را ادامه دهم و با شاعر همدردی کنم.. و آری این درخواست واپسین او در من حس دوگانه‌ای رابرمی‌انگیزد: حسی از اندوه و حسی از خشم... خشمی که خودبه‌خود دشنامی را بر لبانم می‌آورد: تف به آن دورانی که خراب اعتقاد بود... تف به همه معماران و دست‌اندرکارانش!..

عزت با این واپسین درخواستش پیش از «اعدام»، به زبان یک سرود ساده دخترانه از ما می‌خواهد که آن دوران را نه فراموش که از آن گذر کنیم...

بقیه شعر را در اینجا بخوانیم:

در ساعت هفت شب
صدای رگبار گلوله
ازسوی تپه‌ها برخاست
چونان فروریختن بار آهنی.
آن‌گاه هم‌بندان در خالی اتاق
صدای تک‌تیرها را شمردند
که از پنجاه درگذشت
و های‌های گریستند.
عزت خوب من!
برخیز! برخیز!
از گورستان کافران برخیز!
شاهدی از راه رسیده

میترای چشم‌آبی
که آخرین نگاه‌ها و واژه‌ها
بوسه‌ها و قدم‌هایت را
چونان کوزه‌ی شهدی
بر دوش دارد.
برخیز! برخیز!
شاهدان تاریخ را می‌نویسند.
فاتحان، نه!
شاهدان تاریخ را می‌نویسند.

ژوئن ۲۰۲۰

جمال‌زاده و نخستین داستان کوتاه ایرانی[۱]

محمدعلی جمال‌زاده را راهگشا و بنیان‌گذار ادب جدید داستانی در ایران دانسته‌اند. دستاورد مهم جمال‌زاده در این زمینه نگارش نخستین نمونه‌های داستان کوتاه، به‌تعریف ادبیات اروپایی-آمریکایی، در زبان فارسی است. مجموعه‌ی یکی بود و یکی نبود این نویسنده نه‌تنها تحولی را در نثر و شیوه‌ی نگارش فارسی نشان می‌دهد، بلکه از نظر پایه‌ریزی یک صورت ادبی تازه، داستان کوتاه، در زمان خود حادثه‌ای به شمار می‌رفت. درباره اهمیت این دستاورد کافی است اشاره کنیم که چاپکین، منتقد روسی، یکی بود و یکی نبود، را آغازگر سبک رئالیستی در ادبیات ایران می داند و براهنی بر این باور است که یکی بود و یکی نبود از مهم‌ترین رخدادها درتاریخ ادبیات معاصر ایران است که تحولی را در نثر فارسی از مرحله‌ی نثر مشروطه به زبان روایی داستان امروز رقم زده است[۲].

---

۱. این نوشتار بازنویسی‌شده‌ی متنی است که به‌مناسبت درگذشت محمدعلی جمال‌زاده در نشریه‌ی *پیوند* در مونترال به‌تاریخ۲۴آبان سال۱۳۷۶ منتشر شده است.

۲.نقل از کریستف بالایی و میشل کویی پرس، *سرچشمه‌های داستان کوتاه فارسی*؛ ترجمه‌ی احمد کریمی حکاک (پاپیروس، ۱۳۶۶) ۱۳۰-۱۲۹

محمدعلی جمال‌زاده در خانواده‌ای میانه‌حال به‌سال ۱۳۰۹ در اصفهان به دنیا آمد. او در زمانی زاده شد و رشد کرد که تاریخ ایران دستخوش تحولات و دگرگونی‌های ژرفی بود. از زندگی پرماجرایی او تنها آن نکات و رویدادهایی را ذکر می‌کنیم که با موضوع ما ارتباط نزدیکی دارد. جمال‌زاده فرزند سیدجمال‌الدین اصفهانی از واعظان روشن‌بین دوران مشروطه بود. او بسیاری از حوادث دوره‌ی مشروطیت را در کودکی و نوجوانی در کنار پدر خود تجربه کرد. به‌قولی او بچه‌ی انقلاب مشروطه ایران است. در همان زمان بود که استعداد نویسندگی در او شکفت و با وجود صغر سن برای مردم خطابه‌هایی را که خود نوشته بود، می‌خواند و در این نوشته‌ها ارزش‌های حکومت مشروطه و برقراری حکومت قانون را می‌ستود. نگاه انتقادی او به جامعه و نیازی که به تحول در شئون مختلف زندگی اجتماعی در ایران زمان خود احساس می‌کرد، آزادی‌خواهی، قشری‌ستیزی، حق‌طلبی و عدالت‌خواهی در همان سال‌ها در وجود او شکل گرفت و بعدها اساس دیدگاه ادبی او را شکل داد.

نخستین آشنایی‌هایی جمال‌زاده با فرهنگ و ادب اروپایی زمانی است که پدرش وی را در دوازده‌سالگی برای تحصیل به بیروت فرستاد. بیروت در آن زمان یکی از مراکز فرهنگی خاورمیانه به شمار می‌رفت. این شهر از دیرباز مرکز اختلاط دو فرهنگ شرق و غرب بوده است. جمال‌زاده در جبل لبنان و زیر نظر کشیش‌های لازاریست، مدرسه متوسطهٔ عینطوره را گذراند. در همین دوره بود که با زبان فرانسه آشنا شد. می‌توانست کتاب‌هایی و ازجمله‌ی آن‌ها داستان‌هایی را به این زبان بخواند. شاید اولین سیاه مشق‌های ادبی او نیز حاصل

همین دوران باشد. پس از شهادت پدر آزادی‌خواهش، دوران آوارگی او در مصر، فرانسه و سوئیس آغاز می‌شود. جمال‌زاده در شرایطی سخت و توان فرسا در لوزان به تحصیل حقوق پرداخت. سپس به فرانسه رفت و به‌هنگام نخستین جنگ جهانی در این کشور به سر می‌برد و روزگاری سخت و تلخ را گذراند. در همین دوران است که فعالیت‌های سیاسی‌فرهنگی خود را با پورداود، اسماعیل امیرخیزی، اشرف‌زاده و چند تن دیگر از ایران‌دوستان و مبارزان راه آزادی مردم ایران و اهل فرهنگ آغاز کرد. تلاش جمال‌زاده و یارانش به نتیجه مطلوب نرسید و آنان راهی برلین شدند.

جمال‌زاده در برلین با سید حسن تقی‌زاده و مجله کاوه همکاری کرد. از این دوره به بعد عمده‌ی فعالیت‌های او بیشتر در زمینه فرهنگی، نوشتن مقالات ادبی و اجتماعی گوناگون برای مجلاتی بود که ایرانیان در آن سال‌ها در اروپا منتشر می‌کردند. در سال ۱۹۳۰ آلمان را ترک کرد و به سویس رفت و از آن زمان تا پایان عمر در این کشور زندگی و کار کرد. زندگی این مرد خود پاره‌ای از تاریخ معاصر ایران است. طول عمر و کثرت مراودات، آشنایی‌ها، تجارب، دانش، ظرفیت‌ها و قابلیت‌های شخصی از جمال‌زاده چهره‌ای کم‌نظیر ساخته بود.

تولد نخستین داستان کوتاه در زبان فارسی

در محفلی که هر چهارشنبه شب یا به‌قولی هر پنجشنبه‌شب گروه نویسندگان مجله کاوه برگزار می‌کردند، جمال‌زاده نوشته‌ای را محض انبساط‌خاطر دوستان و به‌دست‌دادن نمونه‌ای از فارسی معمول و متداول با ترس و لرز در جلسه خواند. این نوشته‌ی او که «فارسی شکر

است» نام داشت برخلاف تصور و نگرانی‌های نویسنده با استقبال اعضای آن محفل روبه‌رو شد. حتی ادیب سختگیر و سنت‌گرایی همچون قزوینی زبان به ستایش آن گشود. دیگر اعضای آن محفل تقی‌زاده و غنی و چند تن از ایرانیان دانشور و اهل کتاب بودند. دیری نگذشت که این نوشته که به‌حق باید آن را اولین داستان کوتاه در زبان فارسی دانست، در مجله کاوه منتشر گردید و چندی بعد نیز (۱۳۴۰ هـ ق/۱۹۹۲م) با نام پنج داستان دیگر به‌صورت مجموعه‌ی به نام *یکی بود و یکی نبود* در برلین به چاپ رسید.

درباره اهمیت مجموعه‌ی *یکی بود و یکی نبود* بحث و سخن‌های زیادی رفته است و به سخن دیگر درباره این اثر داستانی از دیدگاه‌های مختلف صاحب‌نظران و منتقدان مطالبی نوشته‌اند. در اینجا ما می‌کوشیم به‌اختصار چکیده‌ای از این مطالب را و با تاکید بر دیباچه کتاب به‌قلم نویسنده بیاوریم. به سخن دیگر، چارچوب اصل کار ما خود مطالب دیباچه و موضوع اصلی ما دیدگاه و طرز تلقی جمال‌زاده از داستان کوتاه است. بحث درباره تک‌تک داستان‌های «یکی بود و یکی نبود» و پرداختن به ویژگی‌های فنی و زبانی آن‌ها از حوصله این مقال خارج است و خواننده در این باره می‌تواند به بررسی مفید پرمحتوای دو پژوهشگر فرانسوی کریستف بالایی و میشل کویی پرس به نام *سرچشمه‌های داستان کوتاه* رجوع کند که در نوشتن *این مختصر درباره اهمیت میراث جمال‌زاده اساس کار و* راهنمای نگارنده بوده است.

داستان کوتاه تا پیش از نگارش و چاپ داستان‌های یکی بود و

یکی نبود در ادبیات ایران به‌صورت گونه یا ژانری ادبی ناشناخته بود. البته این سخن بدان‌معنا نیست که داستان کوتاه در خود ادب اروپایی سابقه‌ای طولانی داشته است. پیدایش داستان کوتاه در ادب اروپایی نهایت به اواسط قرن نوزدهم می‌رسد که درواقع صورت تحول‌یافته‌ای بود از دیگر صورت‌های فرادادی (سنتی) ادب اروپا و در پدیدآمدن آن چاپ و نشر روزنامه‌ها و مجلات پرتیراژ نقش اساسی داشت. تعریفی که ادگار آلن پو از داستان کوتاه به دست می‌دهد: داستانی که شمار کلمات محدودی دارد و در آن برای القای تاثیری واحد ماجرای یک یا دو نفر شخصیت اصلی بازگفته می‌شود، هنوز هم به قوت خود باقی است. از پیشگامان این نوع داستان سوای خود پو و هاثورن در زبان انگلیسی از گوگول (شنل)، تورگنیف، چخوف، (روسیه) و مریمه، فلوبر، دوده و موپاسان (فرانسه) باید نام برد.

در ادبیات فارسی از دیرباز نوشتن داستان‌های منثور متداول بوده است و نزدیک‌ترین صورت یا نوع ادبی فارسی به داستان کوتاه را می‌توان «مقامه» دانست. بااین‌حال نه مقامه و نه انواع حکایت‌های موجود در فرادهش (سنت) ادب فارسی از لحاظ فن، زبان و نوع روایت با داستان کوتاه به‌معنای امروزی آن قابل مقایسه نیستند. داستان کوتاه امروزی (همچنان که شعر نو هم) به‌لحاظ محتوا و صناعت و هم به‌لحاظ کاربرد زبان تفاوت‌هایی اساسی با شعر و قصه به‌مفهوم سنتی آن در زبان فارسی دارد. میشل کویی پرس معتقد است که اگر چه پاره‌ای بخش‌های چرند و پرند دهخدا را می‌توان داستان کوتاه قلمداد کرد، اما باید توجه داشت که این نمونه‌های معدود ناآگاهانه به سبک و سیاق داستان کوتاه نوشته شده‌اند. درحالی‌که، دیباچه

کتاب یکی بود و یکی نبود نشان می‌دهد که جمال‌زاده قالب‌های نوین داستانی متعلق به ادب غرب را مدنظر داشته و آن را آگاهانه به کار گرفته است.

به‌طور کلی باید گفت زمینه‌ای که کار جمال‌زاده را برای خلق داستان کوتاه به زبان فارسی آسان کرد، تحول ژرفی بود که در زبان فارسی از صدر مشروطه آغاز شده بود. پیدایش مطبوعات و پیش از آن پیدایی چاپ در ایران، در این تحول نقشی اساسی داشت و آثار نویسندگانی چون زین‌العابدین مراغه‌ای، عبدالرحیم طالبوف، میرزا حبیب اصفهانی، میرزا آقاخان کرمانی و دهخدا و دیگران برآیند این تحول تکنولوژیک و رسانه‌ای بوده است. نکته مهم این است که هر تحولی در صورت‌های ادبی تحولی را در زبان به‌عنوان ابزار کار می‌طلبد. بدیهی است که اگر نویسندگان مذکور با آثارشان زبان خشک، بی‌روح و متکلف فارسی را دچار تحول نکرده بودند، کار جمال‌زاده در اجرای زبانی قصوی به‌مفهوم مدرن مقدور نمی‌بود. از آن میان دهخدا با چرند و پرندش به‌گفته براهنی[۱] پلی بوده است میان «سبک روزنامه‌نویسی» و «سبک قصه‌نویسی» و بر این گفته می‌توان افزود که جمال‌زاده با گذر از همین پل روح زبان فارسی را تازه کرد و ظرفیت‌های تازه‌ای را در آن برای خلق کارهای بدیع داستانی فراهم آورد.

دیباچه‌ی یکی بود و یکی نبود: مانیفستی ادبی

دیباچه‌ای که در آغاز داستان‌های یکی بود و یکی نبود آمده است به‌لحاظ ادبی سندی مهم است و صاحب‌نظران آن را مانیفست

---

۱. براهنی، *طلا در مس*، نقل از کویی پرس و بالایی، منبع یاد شده، ۷۸

یا بیانیه‌ای ادبی قلمداد کرده‌اند. در این سند جمال‌زاده دیدگاه‌های خود را هم درباره داستان به مفهوم جدید، هم در زمینه کاربرد زبان روشن کرده است. محتوای این بیانیه را نویسندگان بعد از او سرمشق کار و راهنمای ادبی خود قرار دادند.

پیش از بررسی مطالب دیباچه ذکر این نکته ضروری است که جمال‌زاده تا پیش از نگارش «فارسی شکر است» و داستان‌های دیگر مجموعه یکی بود و یکی نبود (درد دل ملاقربانعلی، دوستی خاله‌خرسه، رجل سیاسی، بیله دیگ بیله چغندر و ویلان‌الدوله) به تجربیاتی در زمینه ادب روایی به مفهوم جدید دست یازیده بود. این سیاه‌مشق‌ها اغلب با گرایش‌های رمانتیک و پندآموز تحت تاثیر خام ادب اروپایی نوشته شده بود. میشل کویی پرس در بررسی دوره آغازین کارهای جمال‌زاده نتیجه می‌گیرد که:

الف) مشخصه اصلی این داستان‌ها زبان ساده آن‌هاست.

ب) این داستان‌ها نویسنده به وقایع ساده‌ای می‌پردازد.

ج) نویسنده در عین حال که تحت تاثیر ادب اروپایی است. تاثیر و نفوذ سنگین ادب کلاسیک فارسی (حکایت، نتیجه اخلاقی داستان، نمادپردازی و تمثیل) نیز در کار او به چشم می‌خورد.

دیباچه‌ی یکی بود یکی نبود، نخست، بیانگر نگاه تازه‌ی نویسنده به ادبیات و به‌ویژه ادبیات داستانی و اهمیت آن است. به سخن دیگر، او در این دیباچه مفهوم نوینی از ادبیات را برای خوانندگان طرح می‌کند، «ایران امروز در جاده ادبیات از اغلب ممالک دنیا بسیار عقب است. در ممالک دیگر ادبیات به‌مرور زمان تنوع پیدا

کرده و از پرتو همین روح طبقات ملت را در تسخیر خود درآورده و هرکس را از زن و مرد و دارا و ندار... به خواندن راغب نموده و موجب ترقی معنوی افراد ملت گردیده است.[۱]» در کنار این نگاه به نگرش دمکراتیک نویسنده برمی‌خوریم و موضع سرسختانه او در نفی هرگونه قشری‌گری که در ادبیات به‌صورت مقاومت در برابر نوآوری بروز می‌کرده است، «در ایران ما بدبختانه عموما پا از شیوه پیشینیان بیرون‌نهادن را تخریب ادبیات دانسته و عموما همان جوهر استبداد سیاسی ایران که مشهور جهان است. درباره ادبیات نیز دیده می‌شود...[۲]» در برابر این استبداد ادبی جمال‌زاده به کاربست زبانی ساده در به‌کارگیری قالب‌های نو روایی روی آورد، زبانی نه از نوع زبان غامض و متکلف نخبگان ادبی، بلکه زبانی که با طیف وسیعی از مخاطبان بتواند ارتباط برقرار سازد. در همین دیباچه است که او اصطلاح «انشای رومانی» را در توصیف زبان روایی خود می‌آورد که مفهومی بدیع و ناشناخته در زمان خود بود.

این گرایش به ساده‌نویسی، یا گفتن به زبانی همه‌فهم، را شاید بتوان گفت جمال‌زاده از پدر خود به ارث برده بود. در میان وعاظ مشروطه جمال‌الدین اصفهانی به داشتن زبان ساده و همه‌فهم شهرت داشت. تقی‌زاده بیان جمال‌الدین را از این لحاظ بی‌نظیر دانسته است و می‌گوید که «این جوان (جمال‌زاده) بسیاری از صفات پدر مخصوصاً بیان مفهوم او را به ارث برده است.[۳]» از چشم‌اندازی گسترده‌تر، اما این ویژگی نثر جمال‌زاده را نمی‌توان پدیده‌ای موروثی دانست. این خواست جمال‌زاده برای رسیدن به زبانی ساده و قابل‌فهم

---

۱. نقل از کویی پرس، منبع یادشده، ۱۶۲
۲. همان‌جا
۳. نقل ازکویی پرس، منبع یادشده، ۱۳۴

را، چنان‌که پیش‌تر اشاره شد، ادامه و در بستره آن تحولی باید دید که از صدر مشروطه و به‌ویژه با ورود صنعت چاپ به ایران و پیدایی روزنامه در زبان فارسی پدید آمده بود. زبان فارسی تا پیش از این تاریخ، یعنی از قرون نهم هجری به بعد دچار تصنع و تکلف شده بود و ظرفیت‌های لازم را برای بیان مفاهیم و موضوعات تازه در عصر مشروطه نداشت. از دیدگاهی زبان‌شناختی فاصله زبان نوشتار و زبان گفتار به‌حدی بود که مخاطبان آثار ادبی عده‌ای خاص از نخبگان بودند و موضوعات ادبی نیز در نظم و نثر محدود و از تکرار حرف‌های گذشتگان فراتر نمی‌رفت.

جمال‌زاده در دیباچه یا در واقع بیانیه‌ی ادبی خود راه حل نوکردن و قوت‌بخشیدن زبان را استفاده از زبان مردم کوچه و بازار و واردساختن مصطلحات، ضرب‌المثل‌ها و عبارت‌های زبانی خاص آنان در متن می‌داند. از نظر او تنها از این راه است که می‌توان به مردم نزدیک شد و به تنویر افکار آنان کوشید. به عبارت دیگر جمال‌زاده در پی توده‌ی وسیع مخاطبان است و بدین منظور زبان مکتوب را تا آنجا که می‌تواند به زبان محاوره (زبان زنده‌ی گفتاری در برابر زبان نوشتاری) در داستان‌های خود نزدیک کرده است. چگونگی رویکرد جمال‌زاده را به زبان در یکی بود و یکی نبود می‌توان در نقل‌قولی که در دیباچه از ویکتور هوگو آورده متبلور دید که «زبان هیچ‌وقت مکث و توقف ندارد. فکر انسان همواره در ترقی و یا به عبارت اخری در حرکت است و زبان‌ها هم در پی او در سیر و حرکت است.[۱]»

پیش از پرداختن به برداشت جمال‌زاده از صناعت داستان‌نویسی به اجمال اشاره کنیم که جمال‌زاده علاوه بر مقدمات ذهنی و

---

۱. همان‌جا، ۱۶۶

تجارب اجتماعی که داشت، آشنایی با ادبیات غرب را با خواندن آثار نویسندگانی همچون هانری دورنیه (Henri de Regnier)، مارسل پروست و آناتول فرانس حاصل کرد. در نامه‌ای به مؤلفان کتاب *سرچشمه‌های داستان کوتاه...* (هشتم اکتبر ۱۹۸۱) می‌نویسد که او از همان دوران تحصیل در «مدرسه نامدار عینطوره» در لبنان از نویسندگان و شعرای نامدار فرانسوی مطالبی را آموخته و حتی ولتر را هم اندکی می‌شناخته است. جمال‌زاده از میان نویسندگان فرانسوی آناتول فرانس را آموزگار فکری و ادبی خود می‌دانست. کویی پرس به نام‌های دیگری نیز اشاره می‌کند که جمال‌زاده از آن‌ها یحتمل تاثیر گرفته است ازجمله آبل هرمان (Abel Hermant) و هانری لاودن (Henri (Lavedan)، نویسندگانی که به‌گفته‌ی او امروز فراموش شده‌اند، اما «هردو در دورهٔ خود آداب و رسوم زمان خویش را به طنز می‌گرفتند.[۱]» جمال‌زاده را چنان‌که کویی پرس در وصفش می‌نویسد، می‌توان نویسنده‌ای عمیقا میهن‌پرست دانست[۲]، اما این ویژگی در او به تصلب در مفهوم «خود» و پرستش هرآنچه خودی است، منجر نشده بود، بلکه او در عین حال پذیرنده و ستایشگر»دیگری» و فرهنگ و ادب دیگران (غرب) نیز می‌بود.

در دیباچه‌ی *یکی بود یکی نبود* جمال‌زاده از داستان کوتاه و بلند و به‌طور کلی داستان به مفهوم جدید اروپایی با لفظ رومان» یاد می‌کند، «انسان در وهله اول که عطف به ادبیات کنونی فرنگستان می‌کند. ممکن است وفور رومان را که امروز رکن اعظم فرنگستان را تشکیل می‌دهد حمل بر آن نماید که ادبیات فرنگستان دچار خرابی و نقصان

۱. کویی پرس، همان منبع ۱۴۳
۲. همان منبع، ۱۶۹

است درصورتی‌که بدون شک در هیچ زمان و در هیچ کجای دنیا ترقی ادبیات به درجه‌ی عهد کنونی فرهنگستان نبوده‌است.[۱]» جالب اینجاست که در سرتاسر مقدمه خود نامی از اصطلاح داستان کوتاه نمی‌برد. دست‌کم او می‌توانست از واژه «نوول» برای بیان مقصود خود استفاده کند که در زبان فرانسه به‌معنای داستان کوتاه است و داستان‌های یکی بود و یکی نبود کم‌وبیش مصادیق آن به شمار می‌روند. آیا نویسنده درواقع قصد نوشتن «رومان» را داشته است و به‌دلیل اجتناب از اطاله‌ی کلام به صورت‌های محدود داستان در یکی بود و یکی نبود بسنده کرده است؟ پاسخ این سوال به‌درستی معلوم نیست.

آنچه مسلم است و متن دیباچه نشان می‌دهد، واژه‌های حکایت، رومان و قصه از نظر نویسنده مترادف هستند و به یک معنا به کار رفته‌اند و چنان‌که کویی پرس اشاره می‌کند به نظر نمی‌رسد که نویسنده دست‌کم در سطح نظری یا خودآگاه، تمامی ویژگی‌های داستان کوتاه را درک کرده باشد، «نظریه‌ی او درباره‌ی انواع گوناگون ادبیات روایی هنوز کاملا روشن نیست.[۲]»

در داستان‌های کتاب یکی بود، یکی نبود داستان‌هایی یافت می‌شود که دقیقا به‌مفهوم امروزی داستان کوتاه به شمار می‌آیند. (درد دل ملاقربانعلی، دوستی خاله‌خرسه) و داستان‌های که تاثیر حکایت‌های سنتی ادب پارسی را نشان می‌دهد یا به‌لحاظ فرم در حد میان داستان کوتاه و رمان است (رجل سیاسی)، اما این داستان‌ها

---

۱. همان منبع، ۱۶۳
۲. همان، ۱۷۰-۱۶۹

به‌قول جمال‌زاده «حکایات» در هر حال با نمونه‌های آثار داستانی طالبوف و مراغه‌ای و دهخدا تفاوت اساسی دارند. این داستان‌ها برخلاف آثار نویسندگان مذکور صرفاً تخیلی هستند، یک یا دو شخصیت اصلی دارند و تاثیر واحدی را در ذهن خواننده القا می‌کنند. جمال‌زاده به‌حق خود را پیشتاز در نگارش این داستان می‌داند و در دیباچه نه به‌تصریح که به‌تلویح این مطلب را متذکر می‌گردد.

نظریات جمال‌زاده در دیباچه درباره رومان (رمان) تا حدی کلی است و این ناشی از شناخت عام او از ادبیات داستانی غرب است. البته جمال‌زاده شناخت خود را از رمان با داستان کوتاه در سال‌های بعد عمیق‌تر کرد، اما تا آنجا که از متن دیباچه برمی‌آید، او هدف و غایت رمان را تعمیم تجارت بشری، همدلی انسانی، شناخت طبایع مختلف، آداب و رسوم، اخلاق، سرشت‌های گوناگون و ظرفیت‌های زبانی و به‌طور کلی فرهنگ جوامع و افراد می‌داند. او بر این باور است که «از مهم‌ترین فایده‌های رومان و انشای رومانی فایده‌ای است که از آن عاید زبان و لسان یک قوم و مملکتی می‌گردد.» این دیدگاه جمال‌زاده البته تا حدی بر جنبه‌ی پندآموز داستان مبتنی است. با اینکه *داستان‌های یکی بود و یکی نبود* در کنار جنبه‌ی پندآموز و اخلاقی ارزش والای ادبی خود را دارند، اما این گرایش نویسنده به پندآموزی در داستان در پاره‌ای آثار بعدی او قوت یافت و از ارزش آن‌ها تا حدی زیادی کاست.

کوتاه سخن اینکه متن دیباچه و محتوای داستان‌ها حاکی از

آن است که نویسنده می‌خواهد جلوه‌های زندگی طبقات مختلف اجتماعی و گروه‌های مردمی را تشریح کند. چهارچوب نویسنده برای نشان‌دادن مضامین از این دست نظریات دمکراتیک اوست. از نظر وی داستان به‌طور کلی نمودار «بهترین» هویت ملی و مردمی است. تاکید بر جزئیات محلی و بومی در داستان‌های یکی بود و یکی نبود از این همدلی پنهان و آشکار نویسنده با مردم موضوع داستان‌هایش نمی‌کاهد.

در پایان و برای نتیجه‌گیری می‌افزاییم که جمال‌زاده در مجموعه‌ی مورد نظر نخستین نمونه‌های داستان کوتاه به زبان فارسی را ارائه داده است. این داستان‌ها به مفهوم دقیق و فنی کلمه از طرح شخصیت‌پردازی و پایان نامنتظر و زبانی روایی خاص داستان مدرن برخوردارند و آن‌طور که نویسنده در دیباچه‌ی کتاب التزام کرده بیانی رئالیستی و طنزآمیز دارند و زبانی زنده یعنی زبانی که مردمان کوچه و بازار با آن تکلم می‌کنند، برای نگارش آن‌ها به کار رفته است.

این داستان‌ها به‌رغم ساختاری غربی، حال‌وهوایی به‌شدت ایرانی دارند و حتی از تاثیر حکایات کهن و سنتی و نیز افسون کلام مکتوب و ادب فارسی خالی نیستند. نکته‌ی مهم این است که در هر حال این داستان‌ها با زبانی «همه‌فهم» بازگو شده‌اند و بر این نکته نویسنده در دیباچه تاکید زیادی کرده است و هدف از این کار را برقراری نوعی «دمکراسی ادبی» در فضای فرهنگی زمان خود اعلام کرده است.

از محتوای دیباچه و داستان‌های یکی بود و یکی بوده نبود چنین درمی‌یابیم که جمال‌زاده پلی بوده است میان ادبیات مشروطه که خود ادامه ادب منثور و منظوم گذشته ایران بود و ادب داستانی معاصر ایران. افکندن طرحی نو در ادب روایی فارسی دستاورد اندکی نبوده و آنچه به دست آمده آسان و از سر اتفاق و تفنن نویسنده به دست نیامده است. در حقیقت، چنان‌که گفته‌اند، کار جمال‌زاده در مجموعه داستان‌های یکی بود و یکی نبود پیشنهاد زبان روایی جدیدی در برابر زبان روایی قدما است و دیباچه‌ی این مجموعه بیانگر نقطه عطفی در فرادهش داستان‌سرایی به زبان فارسی است که برای پی‌بردن به چندوچون شکل‌گیری مدرنیسم ادبی در ایران هنوز جای بازخوانی و تامل دارد.

یادی از رضا دانشور

شهلای عزیز[1]! می‌پرسی کی و چگونه با رضا دانشور و آثار او آشنا شده‌ام؟

شخص رضا را در غربت شناختم. در ایران با اینکه دوستان مشترکی داشتیم، اما به‌قول معروف به پست هم نخورده بودیم. او را به نام و از داستان‌هایش می‌شناختم. در آن سال‌ها برسبیل مطایبه گاهی به دوستان می‌گفتم که او و غزاله علیزاده برای من دو مشهدی هستند که از سلطه و تصلب سبک خراسانی حاکم برآن دیار رهیده‌اند و تا مغز استخوان «مدرن» شده‌اند و به‌سخنی دقیق‌تر در جریان «مدرنیسم» ایرانی قرار گرفته‌اند. عجبا که هردو چه زود از میان ما رفتند. این از مرگ رضا دانشور در غربت و آن هم از آن غزاله، آن میوه عجب آویزان از شاخه درختی در جنگلی خاموش، مرگی خودخواسته...

زمانی در لندن که بودم رمان درخشان خسرو *خوبان* اتفاقی به دستم رسید و با اشتیاق خواندم و بر آن یادداشتی نوشتم و در برنامه ادبی/ هنری بی‌بی‌سی کتاب را معرفی کردم. از آن پس بود

---

۱. این یادداشت را برای دوست نویسنده شهلا شفیق و یادنامه رضا دانشور که به‌همت او فراهم آمد، نوشته‌ام.

که گپ‌وگفتگوی‌های تلفنی گه‌گاهی ما تا سال‌ها بعد با رضا ادامه داشت. افسوس می‌خورم که چرا هرگز فرصت دیدارش از نزدیک و در پاریس یا گوشه دیگری از دنیا برایم دست نداد. فرصت دیدار شاهرخ مسکوب را هم هرگز پیدا نکردم. او هم در پاریس می‌زیست و با وجود اختلاف سن، اما با او هم مثل رضا دوستان مشترک عزیزی از بزرگ‌ترهای همشهری داشتم. این‌ها از افسوس‌های من است. جالب اینکه برای این هردو ایران یک سودا بود... روستای «کهن‌دژ» در *خسرو خوبان* یک ریزنما یا نمادی از خود ایران است و چه تعبیر زیبایی را در رمان در قالب نماد یا مجازی از یک روستا می‌خوانیم، روستایی که در طول زمان بعد از هر دودمان پادشاهی یک دوره از صحنه روزگار محو می‌شود و بار دیگر از جایی دیگر سر درمی‌آورد. طبیعتی از نهنگ دارد این روستا تا یک تکه از زمین خدا...

می‌پرسی نظرم درباره آثار این دوست نویسنده چیست؟ و بر چه نکاتی درباره آثار او می‌توانم تاکید کنم؟

خب. من ملاکی دارم در ارزیابی کار یک نویسنده؛ و آن این که، چه لحظات داستانی را از کارهایش به یاد می‌آوری که برای همیشه در خاطرت نقش بسته باشد؟.. باید بگویم ازین لحظات در کارهای رضا کم به یاد نمی‌آورم. این لحظات در خاطر من باقی مانده است. او از آن نویسنده‌های گزیده‌نویس و جدی در ادب داستانی ما بود. کارش تولید انبوه رمان و داستان‌های بی‌خطر و بی‌خاصیت نبود. اینجا مجال پرداختن به همه آثار او نیست. حتا مجال تحلیل رمان *خسرو خوبان* هم نیست که از میان کارهایش خیلی دوست دارم.

جایی دیگر و فرصتی دیگر می‌خواهد تا این اثر را ژرف‌خوانی کنم. اما بگذار در اینجا درباره این رمان که من را هنوز هم سطورش بعد از بارهاخواندن مجذوب می‌کند، نکاتی را یادآور شوم.

جایی خواندم که نوشته بود این رمان درباره سال‌های جنگ است. چنین نیست. هرچند زمان به‌اصطلاح پایه برای نقل رویدادهای اصلی آن که درگذشته اتفاق افتاده همان سال‌های خوف و نکبت بعد از انقلاب و شروع جنگ است. این رمان درواقع روایتی از آن نسل آرمان‌زده پیش از انقلاب است که بعد از انقلاب در قالب استعاره‌ای از یک تن قطعه‌قطعه‌شده بدان پرداخته شده است. یک جور بازنگری به زندگی نسل خود نویسنده است درواقع. اینکه این نسل چه بود، چه می‌خواست و چه بر سرش آمد...

آیا این رمان نمونه‌ای از ادبیات در غربت in exile literature است؟! نه!.. بنا به یک تعریف نمی‌توان آن را در این مقوله جای داد. چراکه، فضا و مواد روایی آن را تجارب زیسته نویسنده در غربت تشکیل نمی‌دهد. اما از نگاهی دیگر، بله هست... و یکی از آثار درخشان ادبیات در غربت ما است. چراکه، نویسنده در این رمان از فاصله‌ای که غربت یا تبعیدی خودخواسته یا ناخواسته در اختیار او گذاشته به وطن خود و تاریخ بلافصل آن نگاه می‌کند. به سخنی دیگر، این داستانی است که می‌توان گفت در دوره هول مستولی بروطن نطفه‌اش در ذهن نویسنده شکل گرفته و او بعد از پرتاب‌شدن به بیرون از وطن و در غربت نوشتنش را آغاز کرده و به پایان برده است. می‌دانی که در این زمینه تعاریف گاهی با هم تداخل پیدا می‌کنند.

اما نکته مهم این است که رضا دانشور در این کار و به‌خصوص در

این‌کار نشان می‌دهد نویسنده‌ای است صاحب‌نگاه و صاحب‌صدا... وقتی این دو ویژگی در کار یک نفر نباشد هیچ چیز دیگری در کارش ارزش خواندن نخواهد داشت. ما در این رمان این نگاه یکه نویسنده را می‌بینیم که البته ناشی از آن است که موضوع نگاه را دقیقا و عمیقا می‌شناخته است. او نویسنده‌ای صاحب صدایی از آن خود بود. بدین معنا که، هرکس که آثارش را خوانده باشد زبان و بیان قصوی پرمایه و پرداخته‌ی او را هم به یاد می‌آورد. از زبان مقصودم نثر پخته و گاه شوخ و شنگ اوست که گاه از داستان‌های شفاهی و پهلوانیات چاشنی می‌گیرد و از بیان مقصودم وقوف او به جنبه‌های صناعی داستانی است. در همین رمان خسرو خوبان نگاه کنید که او چگونه از داستان مدرن فاصله گرفته است و به اجرایی پسامدرن (اگر به ژانری با عنوان پسامدرن قایل باشیم) در کار خود دست زده است. ازین لحاظ می‌توان گفت که خسرو خوبان یک نمونه موفق داستان پسامدرن ایرانی است. پسامدرن به‌معنای پذیرش امر ناواقعی یا عجیب همچون چیزی داده شده و نه پیچیدن در چرایی ناواقعی و عجب‌بودن آن. ازکلماتی از خود اثر کمک بگیرم و بگویم در این رمان ما «افراط در واقعیت و خیال» را در کنار هم می‌بینیم، دو قطبی که در جریان محاکات «به‌سوی نهایت‌های بی‌مرز خود» پیش می‌روند.

از خودم می‌پرسم که چه‌چیزی این رمان ایرانی کم دارد از آنچه این روزها از ادبیات داستانی مثلا ترکیه، هند و یا ژاپن در شهرهای غربی ترجمه و منتشر می‌شود و به جریان‌های اصلی ادبی راه می‌یابد؟.. چه خنده‌دار است این سوال که چرا ادبیات ما جهانی نمی‌شود؟.. رمان خسرو خوبان از بعضی از نمونه‌های جهانی‌شده یک سر و گردن

بالاتر است...

و می‌پرسی چه خاطره‌ای از او دارم؟

آخرین مکالمه‌ی تلفنی را با او به یاد می‌آورم از راه دور. سر شب به‌وقت او در پاریس و بعدازظهر به‌وقت من در آمریکا بود. از بیماری‌اش برایم گفت و این که اذیتش می‌کند به‌خصوص شب‌ها. طوری ازین موضوع حرف زد که فکر کردم یک جور عارضه مزمن شاید باشد و اصلا طوری نگفت که متوجه شوم بیماری جدی است و مهلک...حتا قرار و مدار تماس‌های بیشتری را گذاشتیم. اصلا به فکرم خطور نکرد که این آخرین گفتگوی من با اوست...

شکستنِ پوسته‌ی کلیشه

گفت‌وگو با احمد غلامی (روزنامه شرق، اردیبهشت ۱۳۹۹)

ا.غ. ــ آنچه در کارِ رضا فرخ‌فال برای من بسیار اهمیت دارد، نثرِ درخشان فرخ‌فال و ساختار داستان‌هایش است. بدون اغراق نثرِ بدیع و محکم فرخ‌فال قابل اعتناست و به‌اصطلاح مو لای درزش نمی‌رود. ساختار داستان‌هایش هم از چنان انسجامی برخوردارند که نمی‌توان هیچ نقصی در آن‌ها پیدا کرد. اما چیزی که مرا متعجب می‌کند این است که او داستان‌های مجموعه‌ی *آه استانبول* را در دوران جوانیِ خود نوشته است و نوشتنِ چنین داستان‌هایی در جوانی با نثری تا این حد پخته و ساختاری چنین منسجم کارِ ساده‌ای نیست. شاید علتِ آن را می‌شود در دوره و زمانه‌ای جست‌وجو کرد که فرخ‌فال در آن نوشتن را آغاز کرده است، دوره‌ای که نویسنده‌های مهمی همچون بهرام صادقی، هوشنگ گلشیری، احمد محمود و... دارند داستان می‌نویسند. پس اگر قرار باشد فرخ‌فال هم در داستان‌نویسی مطرح بشود یا به‌اصطلاح سری توی سرها دربیاورد، ناگزیر است داستان‌هایی بنویسد که هم به‌لحاظِ زبانی و هم ساختاری از جایگاه معتبری برخوردار باشند و مهم‌تر از آن، جهان‌بینی و جهانِ داستانی خودِ نویسنده را داشته باشند.

در این شرایطِ زمانی و جغرافیایی که گاهنامه‌ی *جُنگ اصفهان* نیز به‌نوعی محل تلاقی فکری جمعی از این نویسنده‌هاست، فرخ‌فال راهی را جست‌وجو می‌کند که بتواند خود را در میان این نویسنده‌ها اثبات کند، و در این مسیر نمی‌شود منکر حضور ابوالحسن نجفی به‌عنوانِ یک منتقد جدی شد که با وسواسی کم‌نظیر مسلط بر زبان و نثر فارسی است و هم با داستان‌نویسی مدرنِ جهان آشنایی دارد. از این منظر، حضور ابوالحسن نجفی در جمع نویسندگان جنگ تأثیر بی‌بدیلی داشته است. درعین‌حال، معاشرت و دوستی با بهرام صادقی هم برای فرخ‌فال فرصت مغتنمی بوده تا او بتواند داستان‌هایی بیافریند که منحصربه‌فرد باشند به این معنا که امضای فرخ‌فال را بر خود داشته باشند. اگر از نکاتِ مهم داستان‌نویسی بهرام صادقی را یکی هم این بدانیم که او نویسنده‌ای تقلیدناپذیر است، می‌توان چنین گفت که داستان‌های فرخ‌فال هم در زبان و در نوعِ نگاه تقلیدناپذیرند. او در آه استانبول توانسته داستان‌هایی خلق کندَ با ایده‌هایی که بعد از چند دهه هنوز تازگی خود را از دست نداده، داستان‌هایی که همچنان محلِ اعتنا و نقد و بررسی است.

با جمع تمایلاتِ یک شخص نمی‌توان به عمق شخصیت او پی برد، به‌تعبیر سارتر، بودن برای هر فرد شکلی از وحدت‌یافتن است، هرآنچه من می‌گویم و هرآنچه می‌کنم، تلاش برای تحقق یک پروژه بنیادین است. سناریویی که گفتار و کردار انسان معطوف به آن‌هاست. منظور از زندگی و بودن در این جهان همین سناریو است. در داستان‌های شما سناریوی فردیِ آدم‌ها به‌یکباره فرو می‌ریزد. بر اثر رخدادی یا تغییر وضعیتی، این وحدتِ یکپارچه از بین می‌رود

و بعد از آن ما با آدم‌هایی روبه‌رو هستیم که گویا دیگر آدم‌های سابق نیستند، و هستی برایشان معنایش را از دست می‌دهد. مثل کارمندی که بعد از خوردن شام در کافه‌ای به خانه می‌رود، با پیکر فرسوده‌ای از آدمی مواجه می‌شود که سر میز روبه‌رویش نشسته است، پیکری که ذره‌ذره وحدت و انسجام خودش را از دست می‌دهد و در زیر باران کاملا محو می‌شود، گویا اصلا وجود نداشته و وجودش برساخته یک توهم است. از داستان «باران‌های عیش ما» صحبت می‌کنم. داستان دیگر کتابِ شما با عنوانِ مجسمه ایلامی نمونه بارز این تعبیر است. جمشید افنان، معلم تاریخ، معنای بودنش را از دست می‌دهد و معلوم نیست کامیون او را زیر می‌گیرد یا خودش به‌استقبال کامیون می‌رود. ابراهیم مرسل موزه‌دار نیز از این روال جدا نیستند، گرچه آنان با وضعیت خودشان، با شکافی که در درونشان به وجود آمده است به‌شکلی شهودی یا آگاهانه کنار می‌آیند. نظرتان دراین‌باره چیست؟

ر.ف. ــ ممنون از لطف شما. اما راستش من را با نقل‌قول سارتر ترساندید... از یک چیز دیگر هم می‌ترسم. از حرف‌زدن درباره این یا آن داستان خودم. فکر می‌کنم اساسا کار درستی نیست که آدم از کار خودش حرف بزند. چون من مثل هر نویسنده‌ای هرآنچه می‌دانسته‌ام گفته‌ام و دیگر چیزی ندارم که بگویم در محدوده یک کار. من مثلا تابستان گذشته جسارت کردم و در رساله مانندی درباره شعر حافظ نوشته‌ام. اما این اصلا دلیل نمی‌شود که درباره کار خودم هم بتوانم حرف بزنم. این برعهده خواننده است که آن را بخواند و درباره‌اش

حرف بزند. حتی شما به‌عنوان خواننده می‌توانید چیزهایی در یک داستان من پیدا کنید که به مخیله نویسنده‌اش خطور نکرده است. اصلا متن ادبی یعنی همین. یک پروسه معنادهی مدام که از نویسنده شروع نشده و به او هم ختم نمی‌شود.

اما برگردیم به موضوع نقل‌قول سارتر. راستش من به‌جز ادبیات چیستِ سارتر، بقیه مطالعاتم از آثار او روزنامه‌ای و سرسری بوده است. نمی‌دانم مثلا این حرف او یعنی چی که آدم‌ها را نمی‌شود از مجموعه تمایلات آن‌ها شناخت؟... اما درباره شکست در «طرحی در انداخته» (در گیومه می‌گویم) خب تا حدی می‌فهمم. بله می‌شود گفت بعضی داستان‌های آن مجموعه حدیثِ یک شکست یا حدیثِ مابعد یک شکست است... اما دقت بفرمایید و در اینجا موقتا در نقش خواننده ظاهر می‌شوم چون به‌اندازه کافی از آن داستان‌ها فاصله گرفته‌ام و حالا بعضی سطرهای آن‌ها برای خودم هم غریب است و از خودم می‌پرسم چطور این نکته به ذهنم رسیده است و تعجب می‌کنم. یعنی یک‌طوری از خودم خوشم می‌آید و نارسیسیسم ادبی من به من لبخند می‌زند! می‌گویم دقت بفرمایید که برخلاف پاره‌ای نظرات که اینجا و آنجا درباره این مجموعه خوانده‌ام، این داستان‌ها گرد مضمون‌های دستمالی‌شده‌ای مثل انفعال و ستایش ملال و بیهودگی نوشته نشده. مثلا در آن داستانِ باران‌های عیش ما آن جسدِ شبح‌گونه زیر باران حل می‌شود اما آدم داستان حل نمی‌شود. هست و گوشت و عصب دارد ولی وانمود می‌کند که همچنان جسدی را بر دوش خود حمل می‌کند.

ا.غ. ــ اگر خوانندگان داستان‌های شما این‌گونه برداشت کنند که این داستان‌ها در ستایش مرگ یا انفعال است، به‌نظرم به خطا رفته‌اند. به همین دلیل پای سارتر را وسط کشیدم. سارتر، «بودن» را مترادف تمایلات آدمی نمی‌داند. تمایلات آدمی دستخوش میل‌ها و سلیقه‌های دیگران است. درواقع ما برای اینکه خودمان را با جهان بیرونی همسو کنیم تا بودن‌مان دچار اغتشاش نشود، تَن به نظم نمادینی می‌دهیم که زندگی ما را می‌سازد. از نگاه دلوز این نظم نمادین جهانِ سرمایه‌داری است. سرمایه‌داری جهانِ کلیشه‌هاست که همه‌چیز را برای ما قابل تحمل می‌کند، حتی فقر، مصیبت و بدبختی را. این جهان قرار است با کلیشه‌هایش همه‌چیز را برای ما عادی کند. اما این بودنِ واقعی آدم‌ها یا معنای واقعی هستن‌شان در جهان نیست. برخی آدم‌ها در جست‌وجوی زندگی واقعی و خلاصی از این کلیشه‌ها هستند، کلیشه‌هایی که به آن‌ها سنجاق شده است. «جمشید افنان» و «ابراهیم مرسل» موزه‌دار در داستان «مجسمه‌ی ایلامی» در پی گریز از این کلیشه‌ها هستند. آن‌ها نه منفعل‌اند نه ستایشگرِ مرگ، بلکه سویه‌های تحمل‌ناپذیر چیزها را عیان می‌کنند. البته اینکه چقدر موفق می‌شوند خود را از این کلیشه‌ها خلاص کنند جای بحث دارد. ابراهیم در ناکجاآبادی، خود را برای خلاصی از این کلیشه‌ها می‌آزماید اما به‌نظرم سربلند نیست. موزه‌دار گویی که به لبه‌های زندگی با اندوه دست می‌ساید و افنان آدم دیگر در این داستان لحظه‌ای را در آغوش می‌گیرد که لحظه‌ی ناب است و از حکمرانی کلیشه‌ها در این لحظه‌ی ناب خبری نیست. آیا می‌شود از این منظر به برخی از آدم‌های داستان‌های شما نگاه کرد؟

ر.ف. ــ البته که می‌شود از منظر کلیشه به‌عنوان یک چهارچوب مفهومی به داستان‌های این مجموعه نگاه کرد و خوشحالم که با نظر من موافقید که این داستان‌ها بیانی از انفعال یا مرگ‌خواهی نیست و یا حتی توصیف ملال. یک جایی خواندم که به مضمون ملال هم اشاره کرده بودند. اگر ظرف زمانی اغلب این داستان‌ها را به یاد آوریم می‌بینیم که در سال‌های شصت رویدادهای آن‌ها اتفاق افتاده است، یعنی زمان جنگ و بمباران‌ها و آن مصائب... در فضای داستان‌ها اشارات به این ظرف زمانی آشکار است. آدم در دوران صدارتِ هویدا ممکن بود دچار ملال روشنفکرانه بشود اما نه زیر بمب‌های صدام. مرگ هم که روی سر همه در پرواز بود و مغازله ادبی با آن لزومی نداشت.

اما اجازه بدهید درباره مفهوم دلوزیِ کلیشه و چهارچوبی نظری که شما عنوان می‌کنید ــ که البته انتخاب شماست و محترم، اما من هم نظرم را بگویم، به‌خصوص درباره کاربستِ این مفهوم در ادبیات به‌نظرم نکاتی لازم به گفتن است. دست‌کم با این کار می‌توانم از حرف‌زدن درباره کار خودم طفره بروم!.. کاری که از آن اِبا دارم. معلوم است که اینجا با کلیشه و مفهوم متداول و قاموسی آن سروکار نداریم. مفهومی اصطلاحی مقصود ماست. به‌نظر من این مفهومِ دلوزی را بهتر است به همان مبحث بازنمایی‌های تصویری در هنرِ معاصر و زبان اصطلاحی آن واگذاریم. به‌خصوص که، جسارت کرده و عرض می‌کنم که در دلوز و نظریه‌پردازان متأثر بعد از او، من یک مقدار بازی‌های آکروباتیک با مفاهیم می‌بینم و راستش خیلی این فلسفه بابِ دندان من نیست. به‌قول فرنگی‌ها: *This is not my cup of tea...*

مثلا یاد این گفته دلوز می‌افتم اگر درست به یاد آورده باشم در جایی می‌گوید حتی واکنش در برابر کلیشه هم خودش یک کلیشه می‌شود. من این را نمی‌فهمم. باز جسارتا عرض کنم که من شخصا فلسفه‌هایی را در تبیین و خوانش ادبیات دوست دارم که یک پایشان روی زمینی سفت باشد مثل مادیت زبان یا مادیت حیات اجتماعی به همان مفهوم مارکسی کلمه... البته این پسند و نظر من است کلا. اما شما همیشه می‌توانید سطرهای درخشانی درباره مثلا در"ادبیات اقلیت» از دلوز پیدا کنید. اما مسئله این است که کلیشه‌ها فقط در جهان سرمایه‌داری تولید نمی‌شوند و ذاتی شبکه‌های سرمایه‌دارانه نیستند، بلکه در جوامع سابق و لاحقِ به‌اصطلاح سوسیالیستی هم همچون عملکردی از حجاب حاجب ایدئولوژی به‌وفور می‌بودند و هستند... آیا رمان درخشانِ *مرشد و مارگریتا* مگر اثری ضدکلیشه‌پردازی‌های حاکمیت استالین نبود؟ گاهی هم ادبیات خود کلیشه می‌شود. کلیشه را مثلا در رمانی ایرانی می‌توان یافت که در سال‌های اخیر منتشر شده و وقایع آن در دوره تاریخی بیست تا سی‌ودو می‌گذرد. بعد از این‌همه سال عجیب است وقتی می‌بینی که در رویکرد نویسنده به آن دوران و کنه روایت او کلیشه‌هایی از نوعی تاریخ‌نگاری چپ بازتولید شده با محافظه‌کاری هرچه تمام‌تر و برای یک‌جور مقبول واقع‌شدن از هر طرف. یک‌جور داستان‌بافتن در کمال عافیت! خب بعد از این‌همه سال که از آن دوره عجیب‌وغریب تاریخی می‌گذرد این رمان چه‌چیزی به جهان من که مدام و از هرسو در معرض کلیشه‌ها بوده‌ام می‌تواند اضافه کند؟ در بهترین حالت اثری سرگرم‌کننده پلیسی‌جنایی است که فقط شاید بتواند خواننده را سرگرم کند مثل همه کلیشه‌های سینمایی

و ادبی و رسانه‌ای که در غرب هر روز تولید انبوه می‌شوند....

از *مرشد و مارگریتا* یاد کردم، بگذارید برای تعریفِ کلیشه و برخورد ادبیات با آن از آموزه‌های بیشتر ادبی یا صرفا ادبی فرمالیست‌های روس یاری بگیرم. بدی کلیشه این است که همچون لحظه‌ای تکرارشونده از یک انجماد زبانی عادت می‌آورد... از ما می‌خواهد که بدان عادت کنیم و آن را همچون یک امر بدیهی بپذیریم. یکی از کارهای ادبیات زدودنِ این عادت است. برخلاف سینما، ادبیات در تنهایی تولید می‌شود و در تنهایی هم مصرف می‌شود. در این تنهایی است که خلاصه بگویم نویسنده و خواننده بی‌هیچ ترس و واهمه‌ای پوسته کلیشه را می‌شکنند تا سطوح واقعی امور و چیزها را دوباره لمس کنند.

نظر شما درباره لحظه مرگ افنان در داستان بلند و اپیزودیکِ «مجسمه ایلامی» جالب است، اما با آنچه گفتم درباره مفهوم کلیشه، اگر بپرسید نظر خودم درباره به‌قول شما این «لحظه ناب» چیست، باید بگویم که هیچ‌چیز نمی‌توانم بر گفته شما اضافه یا کم کنم جز اینکه فقط می‌توانم بگویم در چنان شرایط زمانی و مکانی افنان باید این‌گونه می‌مرد. این مرگ خود افنان بود نه کس دیگری. آیا این مرگ خودخواسته بود یا تصادفی؟ در داستان هیچ پاسخی قطعی برای این سوال پیدا نمی‌کنیم. و آیا می‌شود این مرگ را به دیگر مرگ‌ها در همان وضعیت تعمیم داد؟ شاید آری شاید هم نه...

ا.غ. ــ شاید من با شما درباره نظرات دلوز در زمینه ادبیات و سینما چندان اختلاف‌نظری نداشته باشم، اما این دلوز است که خودش را

به ما تحمیل می‌کند، چراکه دست‌برقضا با دستگاه فکری دلوز و جعبه ابزاری که در اختیار ما قرار می‌دهد، داستان‌های شما را بهتر می‌توان تحلیل کرد. امیدوارم ناراحت نشوید اگر بگویم بعضی از داستان‌های شما به‌شدت دلوزی‌اند. اگر تمایل دارید در ادامه بحث از مادیت زبان و حیات اجتماعیِ مارکس بگویید تا رگه‌هایی از این مفاهیم را در داستان‌هایتان پی بگیرم. شاید یکی از مفاهیمی که دلوز در نظراتش به آن می‌پردازد تغییر وضعیت است. کاری که شما به‌خوبی در داستان‌هایتان خواسته یا ناخواسته انجام می‌دهید. اگر این جمله شعاری را از من بپذیرید که «کار ادبیات تغییر وضعیت است، نه تفسیر آن»، یک‌جوری می‌توانیم با دلوز به دیدگاه مادیت زبان و حیات اجتماعیِ شما نزدیک شویم: تغییر وضعیت، نه تفسیر وضعیت. بیایید کمی شاعرانه‌اش کنیم: تفسیر وضعیت با ادبیات برای تغییر وضعیت. حال می‌رسیم به داستان‌های شما. در آغاز اغلب این داستان‌ها به‌شکل ضربتی این تغییر وضعیت اعلام می‌شود که وضعیت و موقعیت آدم‌ها را با قبل و بعد خودش عوض می‌کند، یا آدم‌ها را به قبل و بعد خودش تقسیم می‌کند. برای نمونه، داستانِ «گردش‌های عصر» با یک وضعیت تازه شروع می‌شود: «گم‌شدن عمویم را نمی‌توانستم باور کنم.» یا آغاز داستانِ «همه از یک خون»: «یک روز ما دیگر صدای آن قدم‌ها را نشنیدیم...» یا «ما گروهی کوهنورد بودیم. آن یکی، آن مردک کوتاه‌قد از ما نیست، اما همیشه با ما بوده است...» در آغاز داستان «کوهنوردان». حضور غیری که چون سایه وضعیت را به‌هم می‌زند. اگر ما شرایط زمانی داستان‌هایی را که در دهه شصت می‌گذرد، به‌یاد بیاوریم بیشتر به

این تغییر وضعیت‌ها که خواسته و ناخواسته بر ما تحمیل شده، پی خواهیم برد. تغییر وضعیت‌هایی که گاه سرعت آن‌ها آن‌قدر زیاد است که وضعیت‌ها، ماندگاری‌شان را برای ثبت در ادبیات و هنر از دست می‌دهند و گذشته زود به گذشته تبدیل می‌شود، گذشته‌ای که مصرف شده است. اما خوشبختانه داستان‌های شما، گذشته را به‌شیوه‌ای درست با اکنونِ ما پیوند می‌دهد. می‌بینید این آخری هم باز تعبیرِ دلوز درباره گذشته، اکنون و آینده است که اگر لازم شد باز به آن می‌پردازیم. صریح بپرسم آیا شما باوری به تغییر وضعیت ازطریق داستان اعتقادی دارید یا اصلا چنین کارکردی برای آن قائل هستید؟ چطور می‌شود وضعیت‌هایی را که تجربه زیسته ما هستند، در ادبیات اکنونی کرد؟ آیا مایلید از ارتباط بین دیدگاه شما، مادیت زبان و حیات اجتماعی درباره داستان‌هایتان بگویید؟

ر.ف. ـ اجازه بدهید برای رویکردهای فلسفی یا نظری که اشاره کردم اول توضیح بدهم. مثلا از رویکرد معطوف به مادیت زبان مقصودم همه رویکردهای ساختارگرا است و بخشی از رویکردهای پساساختارگرا. اگر به کارهای غیرداستانی من نگاه کنید آبشخور نظری آن‌ها روشن است. و برای رویکرد معطوف به مادیت حیات اجتماعی هم بله من نظرات کسی مثل تری ایگلتون را به مثلا رویکردهای شناختی cognitive یا روان‌شناختیِ لاکانی ترجیح می‌دهم. حتی در نوشتن کتاب درسی آموزش فارسی به‌جای مثلا همین مکتبِ شناختی بخشی از نظریه‌های باختین استفاده کرده‌ام در کنار نظریه‌ای که بنایش را بر زبان همچون فرهنگ می‌گذارد و غیره. اما باید عرض کنم که

موقع نوشتن آن داستان‌ها هیچ‌چیز از دلوز نمی‌دانستم. حتا در ایران آن کتاب زنده‌یاد شایگان هم آن‌موقع درنیامده بود. اسم کتاب یادم نیست اما ترجمه از اصل فرانسه بود. حالا اگر شما می‌گویید این داستان‌ها دلوزی است و مقصودتان این است که با رویکردی ادبی وام‌گرفته از این فیلسوف این داستان‌ها قابل تحلیل است، خب، برای من هم خیلی جالب است و دوست دارم نظرات شما را بشنوم.

شما نمونه‌هایی را از آغاز چند داستان ذکر کردید که تغییر وضعیت را ضربتی اعلام می‌کنند. درست است. اما ازآن‌جاکه دانسته‌های من از دلوز ادبی کافی نیست اجازه بدهید این تغییر وضعیت را از جنبه صناعی یا روایت‌شناختی شرح دهم. هر روایتی برای اینکه صورت داستانی پیدا کند اول وضعیت ثابتی را نشان می‌دهد، بعد این وضعیت ثابت در اثر ورود عاملی به‌هم می‌خورد تا اینکه در وضعیت سوم دوباره همه‌چیز به وضعیت ثابتی برسد که البته با وضعیت ثابت اول همانند نیست. اینکه می‌بینید این داستان‌ها یک‌راست از وضعیت دوم آغاز می‌شوند (عنصر تغییر) به‌دلیل اقتصاد سفت و سخت داستان کوتاه است. وضعیت ثابت اول را نویسنده می‌تواند در خلال داستان ارجاع دهد. اصولا من معتقدم اگر نویسنده داستان کوتاه به‌خصوص در همان پاراگراف اول نتواند خواننده را تکان دهد ول‌معطل است. این است که شخصا مثلا داستانی را که با شرح یک روز از زندگی کودکی شروع می‌شود هیچ‌وقت حوصله نمی‌کنم ادامه دهم. آغاز مسئله مهمی است و من سعی کرده‌ام در رساله حافظ که عرض کردم به نام قصه‌ی گیسوی یار بدان بپردازم. این را خوانندگان شما می‌توانند رایگان دانلود کنند. اما درباره بخش

دیگری از سوال شما که برمی‌گردد به اینکه ادبیات در مواجهه با وضعیت‌ها چه می‌تواند بکند اول بگذارید واقعیت تلخی را بازگویم. در جامعه امروز ما که کتاب داستانی در تیراژ دویست یا سیصدتایی منتشر می‌شود باید بگوییم ادبیات هیچ‌کاری نمی‌تواند بکند. حال اگر می‌آیند و همین کتاب با سیصد تا تیراژ را هم سانسور می‌کنند، این دیگر از عجایب روزگار است. بگذریم. اما برگردیم به سوال شما. درباره ماهیت ادبیات و نقش ادبیات خیلی چیزها نوشته‌اند و من در اینجا فقط از خوانده‌هایم خیلی فشرده پاسخی را برای شما صورت‌بندی می‌کنم. یادآوری می‌کنم استعاره ساحت تنهایی را که قبلا گفتم. خلوت نویسنده با خواننده. این جایگاه تنهایی، ساحت گفتن همه‌چیز است و این یعنی آن ساحت آزادی بی‌قیدوشرط که فقط ادبیات می‌تواند فراهم کند. این کارکرد ادبیات در جوامع مدرن است و امری تازه است مثل خود ادبیات به مفهومی که ما امروز می‌شناسیم. در گذشته ادبیات را بدین مفهوم نمی‌شناختند. سعدی و حافظ شعر می‌سرودند و فردوسی داستان می‌سرود و به فکرشان هم نمی‌رسید که دارند ادبیات تولید می‌کنند. ادبیات اما به مفهوم امروزی لازمه دموکراسی است. اینکه ادبیات در قبال وضعیت چه می‌تواند بکند مسئله دیگری است. با یک شعر یا داستان وضعیت را نمی‌توان تغییر داد. اما این هم هست که خواننده در تنهایی خود از زبان ادبیات می‌شنود که تو در این وضعیت تنها نیستی. و این را ادبیات با زبانی می‌گوید که نه علوم و نه فلسفه و نه سیاست هیچ‌کدام قادر به تکلم آن نیستند.

ا.غ.ــ اینکه «داستان می‌تواند بگوید تو در وضعیت تنها نیستی»، تعبیر بسیار زیبایی است. اما اقلیتی در تنهایی هستند که یقینا در درازمدت اثرگذار خواهند بود وگرنه دلیلی برای ممیزی داستان‌ها وجود نداشت. بگذریم. از همین‌جا می‌خواهم به توانایی آدم‌های تنهای داستان‌های شما اشاره کنم که چگونه لحظات را لحظه‌نگاری می‌کنند. در زندگی پرتپش ما لحظات هولناکی وجود دارد که همواره با ماست. شما این لحظات هولناک را به‌خوبی تفسیر می‌کنید. یک هول، یک هراس دائمی. شاید اسمش را بشود گذاشت لحظه‌نگاری ترس و اضطراب. اضطراب بودن در دنیایی که به فرمان خودش می‌چرخد و حق انتخاب برای آدم‌هایش محدود است. عمویی که می‌میرد و روزهای متمادی برادرزاده‌ای در اضطراب جانکاهی به‌دنبالش می‌گردد. در این جست‌وجو گاه هذیان و اوهام بر او چیره می‌شود و او را تا مرز جنون می‌کشاند. در این داستان دیگر عموی گم‌شده مهم نیست بلکه برادرزاده جوانی مهم است که جا پای عمویش می‌گذارد و انگار سرنوشت او از پیش رقم خورده است. یا داستان «همه از یک خون» که با مرگ برادر منزوی آغاز می‌شود و تصویری از تنهایی آدم‌ها به‌بهانه این مرگ به تصویر کشیده می‌شود که در حین تنهایی با هم بسیار متفاوت‌اند. به این‌ها تنهایی «موزه‌دار» ابراهیم مرسل و جمشید افنان را هم اضافه کنید. تنهایی آدم‌ها که گاه سرشار از زندگی‌اند و گاه تنهایند و در پی راهی برای برون‌رفت از این وضعیت، مانند ابراهیم مرسل. شما سبک داستانی منحصربه‌فردی دارید، با قابلیت‌های زبانی فوق‌العاده. بااینکه امضای شما پای همه داستان‌ها هست، اما می‌توان

ریشه‌های داستان‌نویسی ایران را در آن ردیابی کرد. فضاهایی همچون فضاسازی‌های هدایت در داستان «باران‌های عیش ما»، لحظه‌نگاری‌های درخشان همچون آثار گلشیری، و ایجاد رعب و هراس در جامعه مدرن همچون داستان‌های ساعدی. اما آنچه مهم است تمایز شما با این‌هاست. راهی است نه از بیراهه، راهی است ریشه‌دار اما با سبک و صدایی دیگر. زبان در داستان‌های شما چه جایگاه و کارکردی دارد. از نویسندگان پیشین با کدام‌یک بیشتر احساس هم‌دلی می‌کنید و چرا؟ جزئیات در داستان‌های شما نقش تعیین‌کننده‌ای دارد، نمی‌هراسید این لحظه‌نگاری با شرح جزئیات خواننده را پس بزند؟

ر. ف. ـ اول بگویم که آن لحظه تنهایی که گفتم لازمه‌ی آفرینش و دریافت اثر ادبی است، لحظه‌ای است خلاق و سازنده. باید این‌گونه باشد. خواننده با نویسنده در نگارش داستان شرکت می‌کند. این لحظه همیشه نگاهی به آینده دارد. اما حدیث تنهایی آدم‌ها در این داستان‌ها را باید بگویم نباید از نوع آن روایت‌های به‌قول همان دلوز خیلی روشنفکرانه یا بیش از حد روشنفکرانه از تنهایی در نظر گرفت یا به‌اصطلاح آن‌طور که شما در ایران می‌گویید تنهایی‌های آپارتمانی یا گلخانه‌ای... این تنهایی هم زمان‌مند است هم مکان‌مند. بگذریم که تنهایی یکی از مضامین کهن در ادبیات است مثل عشق، مرگ... اما این تنهایی بهتر است بگویم گونه‌ای تنهاشدگی از هیبت جمع است. اما از اینکه من را در آن داستان‌ها صاحب سبک و امضایی می‌دانید ممنونم و با اجازه نارسیسیسم درونم باز دوباره ملیحانه به

من لبخند می‌زند!! خب، امضا مهم است و بله دیگرانی هم از سر لطف این مطلب را گفته‌اند. در خاطرات زنده‌یاد ابوالحسن نجفی در جایی خواندم که سال‌ها پیش شهرنوش پارسی‌پور در دیداری از یاران جُنگ در اصفهان به ایشان گفته بود که فلانی قلم متفاوتی دارد. البته کارهایی که در جُنگ چاپ کرده‌ام در این مجموعه نیست. نخواستم بیاورم. باز ترجیح می‌دهم که بگویم نویسنده بهتر است از کار خودش نگوید. پس بگذارید که کلا درباره امضا بگویم؛ امضا به‌معنای صدایی از آن خود. رسیدن به این صدا هم از راه تکنیک‌های لفظی و چینش کلمات به دست نمی‌آید. بهرام صادقی همشهری ما نثر ساده و بی‌پیرایه‌ای داشت مثل گزارش‌های اداری. حتی گاهی ادای نوشتجات اداری را درمی‌آورد. اما داستان‌نویسی است صاحب صدا. این صدا را از همان جمله اول داستان‌های او می‌شنوید. جمله اول ملکوت یادتان هست که می‌گوید:

در ساعت یازده شب چهارشنبه شب آن هفته جن در آقای مودت حلول کرد.

این جمله‌ی آغازین در اصطلاح اهل بلاغت یک گزاره خبری است که ادعای دقت و امانت دارد، اما درجا هرگونه احتمال صدق و کذب را از خودش سلب می‌کند. شنیده بودم که او داستان را در یک مجلس با قلم خودنویس می‌نوشت و تمام. یک‌بار اصلا داستان «جوجو جتسو» را شفاها برای من و کیوان مهجور نقل کرد پیش از چاپ و ما از خنده نقش زمین شدیم. گاهی هم داستان‌هایی را

نقل می‌کرد که اصلاً ننوشته بود!!! در مقابل، همشهری دیگرمان گلشیری را به‌یاد می‌آورم و آن خراطی‌های فلوبروارش روی کلام و پاکنویس‌های مکرر... شیوه‌ها جداست اما او هم نویسنده‌ای صاحب امضا بود.

احاطه به زبان مهم است. متأسفانه یا خوشبختانه در محفل جُنگ اصفهان که ماها در آن تربیت شدیم سنت سفت و سختی به‌لحاظ استایل نوشتن برقرار بود. در سال‌هایی که داستان مجموعه‌ی آه *استانبول* را می‌نوشتم هنوز به آن دیسیپلین جمله کامل وفادار بودم. امروز دیگر با جمله آن رفتار را ندارم. بااین‌حال وسواس‌هایم هنوز هست و شبح دوست گران‌قدرم دکتر جلیل دوست‌خواه از استرالیا گاهی ناگهان در برابرم ظاهر می‌شود که می‌گوید داری چه کار می‌کنی؟.. چند سال پیش یکی از داستان‌های اخیرم با عنوان «تو کجایی هنوز؟» را توسط دوست عزیزی زبان‌شناس به دست زنده‌یاد ابوالحسن نجفی رساندم. سؤالم این بود که قبل از خواندن به من بگویند آیا قید هنوز در این عنوان درست به کار رفته که ایشان تأیید کرد بله درست به کار رفته! و من مثل سال‌های جوانی از این تأیید نجفی خیلی خوشحال شدم.

درباره تأثیر و تأثرات بگویم که ما همه از هدایت تأثیر گرفته‌ایم. از گلشیری اصلاً تأثیر نگرفته‌ام. نگاهش و سبکش مال خودش بود و تقلیدکردن از او خطرناک است. دیده‌ام داستان‌هایی را حتی از نویسنده‌های مطرح که وقتی می‌خوانی با خودت می‌گویی اینکه گلشیری است!! اما یک چیز را از او یاد گرفتم و شما هم به‌نحوی بدان اشاره کردید. این وررفتن آگاهانه با جزئیات را در فضای داستان.

با خودش هم دراین‌باره یک بار حرف زدم. این علتی بیرون از داستان دارد و شرح می‌دهم. این درنگ در جزئیات را در داستان‌های اخیرم کمتر می‌بینید اما فضاسازی هست. اصلا به‌نظر من داستان مدرن یعنی فضا... فضا هم یعنی تداخل احساسی زمان با مکان...

اما علت آن درنگ‌ها در گلشیری را بگویم. وقتی شما به‌دلایلی نمی‌توانید به قلب مطلب بزنید خب دور و برش می‌گردید. شخصی را تصور کنید که می‌خواهد از روی یک جوی آب بپرد... هی این پا و آن پا می‌کند عقب و جلو می‌رود (آن شیفت‌های زمانی در روایت‌های گلشیری) خب، او این تعلل را تبدیل به یک شگرد کرد. من هم تا حدی با اجرایی دیگر از او یاد گرفتم. چگونه آدم می‌تواند چیزی را بگوید که نمی‌تواند و یا نباید بگوید؟ این اطناب در کلام نیست، البته اگر نخواهد خواننده امروز آن را از روی تلفن دستی‌اش بخواند...! کاری که من از آن نفرت دارم. ضرورتی سبکی است و امیدوارم این‌گونه تلقی شود. البته در فاصله از آن داستان‌هاست که درواقع آگاهانه دارم این ویژگی را شرح می‌دهم...

ا.غ. ــ وقتی از جُنگ اصفهان حرف می‌زنید، ما را مشتاق می‌کنید برای شنیدن حرف و خاطرات نویسندگانی که کمتر درباره‌شان شنیده‌ایم، مثل بهرام صادقی، جلیل دوست‌خواه، ابوالحسن نجفی و گلشیری... اغلب نویسندگان جُنگ اصفهان گزیده‌کار هستند، به‌نظر می‌رسد به کمیت چندان اعتنایی نداشتند و کیفیت برایشان در اولویت بوده است. بی‌اغراق نویسندگانی که از جُنگ اصفهان به عرصه عمومی ادبیات پا گذاشتند اغلب صاحب سبک و اثرگذار

بودند. سازوکار محفل جنگ چگونه بود؟ چه‌کسانی بیشترین اثر را داشتند؟ به‌قول معروف، حرف آخر را چه‌کسی می‌زد؟

ر.ف. ــ در محفل جُنگ اصلا این‌گونه نبود که کسی حرف آخر را بزند. فصل‌الخطابی در کار نبود. همه از بزرگ‌ترها، جوان‌ترها و تا ماها (بیشتر جوان‌ترها) مجید نفیسی، یونس تراکمه، رضا شیروانی، اخوت، برهان حسینی و این‌جانب ویراستاران همدیگر بودند. دوستانی که آن جلسات را درک کرده‌اند می‌دانند که گذشته را آرمانی نمی‌کنم. واقعا چنین بود. گاهی هم اختلاف‌نظرهای جدی پیش می‌آمد که در نهایت یا مخالف جمع را متقاعد می‌کرد یا جمع مخالف را. این روال کلی بود. گاهنامه جُنگ سردبیر یا سرویراستار هم نداشت. صاحب‌امتیاز هم نداشت و هر بار زیر لوای امتیاز نشریه‌ای دیگر درمی‌آمد. مخارج آن را هم بزرگ‌ترها از جیب خودشان می‌دادند از مختصر حقوق معلمی. دو، سه‌تایی آگهی هم گرفته بودند برای کمک‌خرج و برای پشت جلد از کسب‌وکارهای محلی که تا آنجا یادم می‌آید مثلا تبلیغ آب‌گرم‌کن پلار بود فرآورده کارخانه مهندس رهنما که لابد دوست یکی از اعضای جنگ بوده است. اما یک معیار دقیق در کار سنجش آثار بود و این که اثر به‌صرف ارزش ادبی آن منتشر می‌شد. مثلا استفاده از استعاره‌های سیاسی آن سال‌ها مثل شب و سحر و ستاره به‌هیچ‌رو جوازی برای چاپ اثر نبود. به همین دلیل هم گرایشی بود در تهران که اصحاب جُنگ را فرمالیست قلمداد می‌کرد. فرمالیسم نه به‌معنای یک مکتب نظری بلکه مترادف با اصطلاح هنر برای هنر و به‌عنوان یک برچسب که از واقع‌گرایی سوسیالیستی روسی

اخذ شده و با مفهوم تعهد سارتری مخلوط عجیبی ساخته بود در آن سال‌ها...

نکته مهم دیگر اینکه، در جمع بزرگ‌ترها مثل محمد حقوقی، نجفی، گلشیری و دوست‌خواه یک تعادلی برقرار شده بود از نگرش‌های متفاوت و تخصص‌های متفاوت که خیلی مفید و مغتنم بود به‌خصوص برای ما جوان‌ترها... فکر نمی‌کنم در پایتخت آن سال‌ها در جمع‌های ادبی یک چنین ترکیب و تعادلی را می‌توانستید پیدا کنید. این را هم بگویم که بهرام صادقی هیچ‌وقت به این جلسات نمی‌آمد حتی وقتی در اصفهان بود... هروقت هم صحبت داستان‌های گلشیری با او می‌شد سکوت می‌کرد و بفهمی‌نفهمی یک پوزخندی بر لبش می‌آمد!.. طنزش که حدومرز نداشت... من هم هیچ‌وقت جرأت نکردم از او بپرسم حالا چرا پوزخند؟...

اما حالا که به یاد می‌آورم و اگر بخواهم از نگاه امروز خودم داوری کنم باید بگویم (و این را قبلا در جای دیگری هم گفته‌ام) ملاک‌های دقیق و رویه‌ای منسجم هم در سنجش اثر در کار نبود. بحث‌های صناعی به‌خصوص درباره شعر محدود می‌شد به مفاهیمی مثل «تشکل» که من نفهمیدم در اجرا بالاخره یعنی چی؟ به‌گمانم معادل مفهوم وحدت ارگانیک بوده است در مکتب نقد نو و مصداق آن هم از نظر محمد حقوقی آن شعر شاملو بود که می‌گوید، یک شاخه از سیاهی جنگل به‌سوی نور... که به‌نظرم شعر ضعیفی از شاملو است با نمادپردازی خیلی رو و سطحی. در پایتخت هم همین‌طورها بود. براهنی تازه شروع کرده بود به حرف‌هایی متفاوت در نقد ادبی زدن، اما با هیاهوی بسیار در مجله فردوسی و کوبیدن مثلا سپهری که

«خمش این طبل مزن تیغ بزن وقت غزاست...» بیچاره سپهری! اما در آن زمان بخت یار دوستان جُنگ بود که نجفی با کوله‌باری از آگاهی‌های تازه و اساسی درباره زبان و ادبیات از پاریس به اصفهان برگشته بود و از این لحاظ او نقش مهمی در ارتقای سطح مباحث نظری در جلسات داشت. یادش گرامی باد. خودش هم تا حد وسواس تجسمی از اعتدال و دقت و بی‌طرفی بود. گاهی هم چهره‌هایی مشهور از تهران به جلسات می‌آمدند. در آخر اینکه، آن جمع با همه موانع و مضایق کارنامه درخشانی را به‌صورت یک نشریه گه‌گاهی ادبی از خود به یادگار گذاشت. یاد جُنگ و جُنگ یاران یاد باد..!

پیوست

شانه بر زلف سخن
مشکل زبان فارسی یا آرامش دوستدار همچون یک مشکل؟

۱. پیش‌زمینه
۲. دوستدار و سوسور
۳. زبان فارسی و مشکل ترجمه
۴. فعل مرکب، این حلقه‌ی ضعیف...
۵. متافیزیک معنا
۶. زلف کلمات
۷. در پایان سخن

به قدم چو آفتابم به خرابه‌ها بتابم
بگریزم از عمارت سخن خراب گویم

- مولوی (غزلیات شمس)

با وجود این‌ها، باز هم شعر حافظ را نمی‌فهمیم...

- رضا براهنی

کس چو حافظ نگشاد از رخ اندیشه نقاب
تا سر زلف سخن را به قلم شانه زدند
ـ حافظ

آرامش دوستدار در کتابش، *زبان و شبه‌زبان، فرهنگ و شبه‌فرهنگ*، با نقل بیت بالا از حافظ می‌پرسد، «...آیا اندیشه نقاب دارد؟» و خود پاسخ می‌دهد که «تصور نمی‌کنم.»[1] از دیدگاهی ادبی مشکل از همین‌جا با آرامش دوستدار آغاز می‌شود، هرچند که این مشکل فقط یکی از نمودهای مشکلی است که با خواندن کتاب دوستدار جای‌جای با آن روبه‌رو می‌شویم. این مشکل درواقع برخورد دوستدار با زبان به‌طور کلی و زبان فارسی و به‌ویژه زبان شعر است. موضوع این مقال هم پرداختن به همین مشکل است که با بررسی آرای دوستدار درباره زبان به‌طور کلی و زبان در متن ادبی، به‌ویژه در شعر حافظ، بدان می‌پردازیم.

مباحث طرح‌شده در این کتاب، چنان پخش و پراکنده است و اینجا و آنجا با حاشیه‌روی‌های نه‌چندان مرتبط با موضوع اصلی که مشکل بتوان طرحی فشرده از محتوای آن را در آغاز این سخن

---

۱. آرامش دوستدار، زبان و شبه‌زبان، فرهنگ و شبه‌فرهنگ (انتشارات فروغ، چ‌دوم، ۲۰۱۹) ۱۵۶

به دست داد. می‌توان اما گفت که دوستدار در این کتاب درباره‌ی زبان و فرهنگ فارسی سخن گفته است. به سخن دیگر و دقیق‌تر، دوستدار در این اثر از نگاه خود به گونه‌ای آسیب‌شناسی فرهنگ ایرانی در طول تاریخ از رهگذر پرداختن به «نقاله» این فرهنگ یعنی زبان فارسی دست یازیده است. از نگاه او زبان فارسی در ذات و به‌لحاظ تاریخی «مقطوع الفعل» و نازا و در نهایت یک «شبه‌زبان» است که در ملغمه‌یی با زبان عربی، از آن «جوهر اسلام» فرومی‌چکد.[1] این زبان فرهنگی را باز می‌نماید که آن نیز ناگزیر یک «شبه‌فرهنگ» است. ادبیات فارسی برآیندی از همین زبان و همین فرهنگ است. درباره چندوچون هرکدام از موضوعات طرح‌شده در این کتاب می‌توان به‌تفصیل و جداگانه نوشت، اما ما در اینجا به فشرده‌ترین سخن و تا آنجا که به زبان فارسی و زبان شعر برمی‌گردد، بر دیدگاه‌ها و برداشت‌های دوستدار درنگی می‌کنیم.

به‌طور کلی می‌توان گفت که در این کتاب ما نه با مشکل زبان فارسی که با خود آرامش دوستدار همچون یک مشکل روبه‌روییم. از همان صفحات آغازین کتاب پرسشی که خواهی‌نخواهی پیش می‌آید این است که چگونه دوستدار در زبانی که از نظر او «مقطوع‌الفعل»، به سخن دیگر، زبانی دچار فقر ساختارهای فعلی (برخلاف زبان‌های غنی اروپایی و حتا عربی به‌زعم او) و ازین‌رو، زبانی که ناتوان در بیان اندیشه است، درباره‌ی خود این زبان اندیشیده و ادعا دارد که درست هم اندیشیده است؟ لابد برای اندیشیدن در هر زبانی ما دست‌کم به شماری افعال ربطی و تام (و نه افعال مرکب که دوستدار

---

۱. همان منبع، ۲۴

آن‌ها را فعل نمی‌داند!) نیاز داریم، همچون نجار که در کار خود به مقادیری کافی میخ و سریشم برای چسب و وصل قطعات چوب نیاز دارد (متافیزیک نجاری!)، اما می‌بینیم که دوستدار کتابش را به همین «شبه‌زبان» فارسی و درباره‌ی خود این شبه‌زبان نوشته است نه به انگلیسی یا آلمانی که در مقایسه با «شبه‌زبان» فارسی لابد باید از نگاه او زبان‌های «اصل» باشند. پرسش‌هایی دیگری نیز پیش می‌آید ازجمله اینکه، اگر این گفته دوستدار را بپذیریم که هیچ زبانی قادر نیست از مرزهای فرهنگی خود بیرون رود، همچنان‌که هیچ اندیشه‌ای نمی‌تواند از مرزهای زبانی خود به بیرون درگذرد، آیا او توانسته در اندیشیدن به زبان فارسی از مرزهای این زبان و فرهنگ آن به سلامت درگذرد و از بیرون بدان نگاه کند؟ این مرزها کجاها کشیده شده و بیرون این مرزها کجاست؟ او خود کجا ایستاده است؟ گستره‌ی تاریخی این به‌زعم او «شبه‌زبان» فارسی یا «شبه‌فرهنگ» ایرانی از چه زمانی تا چه زمانی را در بر می‌گیرد؟ پاسخ دوستدار به این پرسش‌ها چندان روشن نیست یا می‌توان گفت او اصلا پاسخی ندارد. دوستدار از یک سو، آغاز زوال فرهنگ ایرانی و زبان فارسی را همچون محملی برای اندیشیدن با پایان حیاط ادبی حافظ رقم می‌زند، و از سویی دیگر، معتقد است که مرگ این فرهنگ به‌لحاظ تاریخی پس از حمله اعراب به ایران رخ داده و از آن پس هرسخنی در این فرهنگ (با اوام تعبیری از شاهنامه) «به کردار بازی» بوده است.

پرسش این است که اگر زبانی مقطوع الفعل و در بیان اندیشه الکن است، و پس «شبه‌زبان» است و فرهنگی را نیز که نقل می‌کند لاجرم یک «شبه‌فرهنگ» است، آیا دوستدار با نوشتن به زبان فارسی

و اندیشیدن درباره این زبان خود همچون متفکری دچار لکنت زبان شبه فرهنگی را بازتولید نکرده است؟ می‌دانیم که چنین نیست و دوستدار اندیشه‌ورزی زبان‌آور با قلمی تیز و برنده در نوشته‌هایش بود. این را نیز می‌دانیم و باید خاطرنشان کرد که دوستدار در این جستار بلند، همچنان‌که در دیگر آثارش، بر آن بوده که به‌مصداق آن گفته‌ی معروف، آتشی برافروزد و نه چنان که رسم و معمول مقالات و تتبعات فلسفی دانشگاهی است، فقط هیزمی فراهم آورد. آتشی که فراهم آورده، و در لحن پرخاشگر جملاتی از این کتاب زبانه می‌کشد، البته فهمیدنی است و گاه به دل نیز می‌نشیند. اما پرسش دیگری نیز با خواندن این کتاب پیش می‌آید و آن این است که اگر بپذیریم زبان فارسی یک «شبه‌زبان» و فرهنگی را که بازمی‌نماید به‌واقع یک شبه‌فرهنگ است، دوستدار چه رهیافتی را برای برون‌رفت از دایره بسته این شبه‌فرهنگ و این شبه‌زبان تجویز می‌کند؟ در نگاهی کلی تجویز او یکسره نفی گذشته و نقد بی‌امان گذشته است که اگر پابه‌پای او در آنچه طرح کرده پیش رویم، درواقع نه به ستردن کبره‌ی گذشته از حال که کارمان به‌نوعی ازاله خود از خودمان خواهد کشید. بیراه نیست اگر همچون جواد طباطبایی بگوییم که کلان‌روایت «امتناع تفکر» دوستدار در بررسی تحولات سوژگی ایرانی در درازای تاریخ در تحلیل نهایی «فراخوانی به یک خودکشی جمعی» است.[1]

۱. پیش‌زمینه

پیش‌زمینه‌ی تاملات دوستدار را در این کتاب می‌توان در نوشته‌های

---

۱. جواد طباطبایی، «گفتار در شرایط امتناع» (از فصل نخست ابن خلدون و علوم اجتماعی، مینوی خرد، ۱۴۰۰) ۷۷

دیگر او یافت. دوستدار در این اثر خود نیز همچنان از آن ویژگی تاریخی اندیشگی ایرانی سخن می‌گوید که پیش‌تر بدان «امتناع تفکر» ناشی از گونه‌ای «دین‌خویی» ذاتی نام داده بود. در این اثر به این ویژگی به شمول زبان و فرهنگ و ادب فارسی پرداخته است که از نگاه او به‌ویژه ادبیات شعری ایران نه‌تنها بازنمودی از آن ویژگی که خود سازنده و مروج آن نیز بوده است. پس جای تعجب نیست اگر لب کلام او این باشد که زبان فارسی زبانی است ناتوان از بیان اندیشه، چراکه واژگانش محدود و آفت‌زده و فعل‌های آن یکسره در اثر یورش زبانی بیگانه (عربی) درو شده است؛[1] و ادبیات این زبان نیز، در وجه غالبش، قرن‌هاست که کاری به‌جز تخدیر اذهان صورت نداده است. در اینجا بر آن نیستیم که به برداشت‌ها و داوری‌های کلی دوستدار از تاریخ اندیشه و فرهنگ ایرانی بپردازیم. به این برداشت‌ها و داوری‌ها که می‌توان درمجموع آن‌ها را کلان‌روایتی از تاریخ فرهنگ ایرانی دانست، دیگران کم‌وبیش با رویکردهای فلسفی و تاریخی سخن رانده‌اند. در اینجا اما ذکر چند نکته در توضیح بیشتر این کلان‌روایت بایسته است؛ نخست اینکه، فرهنگ ایرانی به‌رغم گسست‌ها و پیوستگی‌های تاریخی، اوج‌ها و فرودهایی این فرهنگ، به‌گفته جواد طباطبایی، در کلان‌روایتی که دوستدار از آن به دست می‌دهد، «...از همان آغاز ایرانیش مرده‌زاده شده و همواره مرده زیسته است.»[2] گستره تاریخی بحث دوستدار تحولات ادبی و هنری فرهنگ ایرانی در دوران معاصر را نیز در برمی‌گیرد و لابد باید هم نظر با او هر حرکت نوی را هم در این پهنه از پدیده‌های نعشی بدانیم: مثل

---

۱. دوستدار، همان منبع، ۲۴

۲. طباطبایی، منبع یادشده، ۶۱

روییدن مو و ناخن تا مدتی پس از مرگ قطعی یک بدن!

مسئله را می‌توان این‌گونه طرح کرد که اگر فرهنگی با نام فرهنگ ایرانی داشته‌ایم (موضوع کتاب دوستدار)، به‌گفته‌ی طباطبایی، پس ما اندیشیده‌ایم. چگونه می‌توان در یک بستره مشخص تاریخی فرهنگ را از اندیشه جدا کرد؟ بدین معناکه، فرهنگ را موضوع بررسی قرار داد، اما آن را یکسره خالی از اندیشه دانست؟ در کلان‌روایت دوستدار تاریخ سوژگی ایرانی، یا به سخن دیگر، تاریخ فرهنگ ایرانی، تاریخ تولید و بازتولید چیزی است که او آن را عارضه‌ی «دین‌خویی» می‌نامد. چنین فرهنگی نااندیشنده و ناپرسا است. گفتنی است که در این کلان‌روایت به تنش مدام و گاه خون‌بار میان غزالی‌ها و سهروردی‌ها در درازای تاریخ ایران برنمی‌خوریم[1]. این کلان‌روایت درواقع تاریخچه‌ای از یک سکوت و انفعال در برابر استیلای خوشونت‌بار و قاهر دینی بیگانه را بر ذهن و زبان ایرانی بازمی‌گوید و در آن کمتر از مقاومت مقهوران در برابر قاهران سخن به میان می‌آورد، یا اصلاسخنی نمی‌گوید. می‌توان اما گفت که اگر استیلایی قاهر و خشونت بار در کار بوده، که بی‌شک بوده، پس لاجرم ایستادگی و سرکشی نیز در برابر آن می‌بوده است. خشونت و قهر در تاریخ محض خشونت و قهر صورت نمی‌گیرد. اما می‌بینیم که دوستدار در برساختن کلان‌روایت خود، تنها به متن و نه حاشیه‌های تاریخ نظر داشته، درحالی‌که میان این دو یا، به‌تعبیر طباطبایی میان «قاتل» و «مقتول» پیکاری آشتی ناپذیر در همه ادوار تاریخ ایرانی در جریان بوده که نظریه «دین‌خویی» دوستدار نمی‌تواند آن را توضیح دهد، چراکه «همان پیکار مهم‌ترین برهان نادرستی آن

۱. طباطبایی، همان، ۶۹

نظریه نیز هست.»[۱]

در ساخت و پرداخت نیز، روایت دوستدار از تاریخ اندیشه در ایران به‌گفته منتقدانش، روایتی «متشتت»، «ذاتی‌انگارانه»، «همگن‌پندارانه» و «غیردیالکتیکی» (نیک‌فر[۲]) است و بیان استدلالی آن را تخلیط «مباحث تاریخی» با «مباحث مبتذل روز» مخدوش کرده (طباطبایی[۳])؛ و مهم‌تر اینکه، در رشته استدلال‌های این روایت می‌توان بر تناقضی اساسی انگشت گذاشت: اگر «ناپرسایی» و به سخن دیگر، ناتوانی در اندیشیدن (اندیشیدن البته به‌تعریف دوستدار) ذاتی فرهنگ ایرانی بوده است، پس آیا اکنون نیز ما جبراً محکوم به ناتوانی در اندیشیدن نیستیم؟ چراکه، به‌گفته‌ی محمدرضا نیکفر، اگر «...تاکنون چنین بوده ازین پس هم قطعاً چنین خواهد بود.»[۴] می‌پرسیم که آیا پس خود دوستدار نیز نمونه‌ای ازین ناتوانی در اندیشه نیست؟

می توان گفت اساس مشکل در کلان‌روایت دوستدار، که ادبیات و شعر فارسی را نیز در این کتاب در بر می‌گیرد، خط فارقی است که او با ایقانی هرچه تمام‌تر، و هرچه پررنگ‌تر، میان گذشته و اکنون، خود و دیگری، حاشیه و متن و در برداشت‌هایش از متن ادبی، میان «معنا» و «بی‌معنا»یی در سخن می‌کشد. پنداشت خطی و پیش‌رونده او از سیر فرهنگ در تاریخ و نگرش نه‌چندان صریح اروپا محورانه‌اش، پرسش‌های بی پاسخ زیادی را در برخوردش با گذشته فرهنگ ایرانی به میان می‌آورد. ازین میان مثلا نگاه ناب‌گرایانه دوستدار به فرهنگ

---

۱. . همان‌جا
۲. محمدرضا نیک‌فر، *ایدئولوژی ایرانی* ــ در *نقد آرامش دوستدار* (روناک، ۲۰۲۰) ۵۲
۳. طباطبایی، همان، ۶۹
٤. محمدرضا نیک‌فر، همان، ۵۳

معاصر خواننده را با این پرسش روبه‌رو می‌سازد که تکلیف ما امروز نه در ایران که در گستره‌ای جهانی با پدیده‌های فرهنگی دورگه یا چندرگه چیست؟ آیا این‌ها فرآورده‌های یکسره نااصل و ناسره‌اند چون ادامه طبیعی فرهنگ و تاریخ اروپایی به شمار نمی‌آیند؟

در این میان و از نقدهایی که بر نظرات دوستدار نوشته شده، اما ما نمی‌توانیم با محمدرضا نیک‌فر هم‌داستان باشیم که در نقد کلان‌روایت دوستدار بر خطوطی از یک ایدئولوژی انگشت می‌گذارد و آن را «ایدئولوژی ایرانی» توصیف می‌کند. برای نقد این ایدئولوژی یا به‌اصطلاح، این «آگاهی کاذب»، ماباید همچون نیک‌فر بهره‌ور از آن آگاهی صادقی باشیم که در اختیار نیک‌فر است. ما از آن بهره‌ور نیستیم و نمی‌توانیم باشیم. پس برخلاف نظر او بر این نظر نیستیم که دوستدار، همچون طباطبایی، این آگاهی کاذب را در «لعابی رمانتیک» جا انداخته و بر پایه «استدلال روایی» خود»نابوده‌ای را «بوده» و برساخته نو و مستحدث ملیت و فرهنگ ایرانی را همچون یک «روح» کهن به پندار در آورده است[۱]. از اتفاق ما در این زمینه با دوستدار و طباطبایی موافقیم و این «روح» کهن ایرانی را یک پندار نمی‌دانیم. این روح برخلاف نظر نیک‌فر تنها در دوران قوت ایران‌گرایی حاضر و هیجان‌انگیز نبوده است. اکنون نیر در «عصر پایان تاریخ‌های ملی» (به‌زعم او[۲]) و به‌ویژه در این دوران که نویسنده ایرانی در زندان می‌میرد اگر پیش‌تر طناب بر گردن او نینداخته باشند، رودها و مرداب‌های وطن او خشک و نابود می‌شوند، زن جوان هم‌وطنش را در خیابان برای نداشتن «جل‌پاره بی‌قدر» حجاب بر

---

۱. همان، ۱۸۹
۲. همان، ۱۹۱

سر سیلی می‌زنند، یا به قتل می‌رسانند و هست و نیست ملی او و همگنانش را به یغما می‌برند، روح ایرانی دوباره سر بلند کرده و این بار هیجان‌انگیزتر از پیش هم حاضر شده است! به‌رغم خرده‌گیری به‌اصطلاح «ژرفبینانه»ی نیک‌فر مبنی بر اینکه دوستدار در واقعیت مفاهیمی همچون «ما»، « ایرانی»، « ایرانیان» و «فرهنگ ایرانی» شک نمی‌کند، ما نیز، به‌ویژه در چنین دورانی، در این مفاهیم شک نمی‌کنیم، اما برای هرکدام از آن‌ها همچون یک نشانه مدلولی ثابت، همگن و فراتاریخی در نظر نمی‌گیریم. روح ایرانی یا ایرانیت، پیش از هر چیز دیگر، یک فرهنگ است و فرهنگی که همان زبان به‌مفهوم گسترده کلمه است. در زبان است که کلمه‌ها به‌خصوص در متن ادبی روح دارند و از همین روست که در تفاوت با زبان فلسفه اینجاست که نه ایده‌ها (معانی) که خود کلمات هستند که می‌درخشند[1]. روحی اگر هست که هست در تاریخ یک واژه است؛ یادی است که واژه‌ها از گذشته با خود به زمان اکنون می‌آورند. ردّپای این روح را، این رمز و راز را، به‌رغم گسست‌های خون‌بار تاریخی نه‌تنها در سخنی از فردوسی یا حافظ که در نقش دامن رقاصه‌ای برتنگی سیمین از عصر ساسانی تا در هندسه چشم‌ربای مقرنس سردر مسجدی در اصفهان می‌توان پی گرفت...

۲. دوستدار و سوسور

زبان فارسی از نگاه دوستدار در این کتاب، چنان‌که اشاره شد، «شبه‌زبان» است و نه زبانی اصل و یکی از تعاریفی که نویسنده از «شبه‌زبان» به دست می‌دهد، در مقایسه زبان با موسیقی، این است که

---

۱. تعبیری از میشل فوکو درباره زبان ادبی

شبه‌زبان همچون نغمه‌ای ناساز «... از آهنگ و طنین فرهنگ سرزمینی خارج می‌زند، یعنی با گام‌ها و پرده‌های آن هم‌نوایی ندارد، حاصل تصورات بیگانه و ساختگی نسبت به فرهنگ مربوط است.»[1] شاید بتوان این تعریف را فشرده کرد و گفت «شبه‌زبان» زبانی است که از خود بیگانه است، اما از رویکرد دوستدار این به‌اصطلاح «خود» چیست و کیست؟ این مفهوم چنان در این کتاب و آثار دیگر دوستدار به زیر سوال رفته و همچون خانه‌ای از پای‌بست ویران آماج حملات تند و تیز قرار گرفته که ما نمی‌فهمیم که چه‌چیزی می‌تواند از آن خودِ این «خود» و چه‌چیزی ازجمله زبان می‌تواند با آن بیگانه نباشد؟ این زبان نااصل یا زبان غریبه آن‌چنان که دوستدار مدعی است از «پایه» خراب و به‌شدت آسیب‌دیده و در نتیجه سترون است. می‌پرسیم که دوستدار بر چه اساس و در کدام چهارچوب نظری چنین داوری سنگینی را درباره یک زبان کرده است؟

آسیب‌شناسی زبان فارسی به‌قلم دوستدار شرحی است نه‌تنها بر تباهی امروز زبان فارسی که فراتر از آن بر تبه‌گنی تاریخی این زبان. اما خود این شرح پریشان‌تر از موضوع «پریشان» آن است. از خلال همین شرح است که می‌بینیم چهارچوب نظری بررسی آسیب‌شناختی او از یک سو برگرفته از زبان‌شناسی فردیناند دو سوسور و از سوی دیگر از تاملات فلسفی/منطقی ویتگنشتاین است. در این میان نیم‌نگاهی گذرا هم به آرای هایدگر درباره زبان دارد. اما جای تعجب است که برای رسیدن به نتایجی که دوستدار بدان رسیده، از جمله نتیجه‌گیری که در زیر می‌آوریم، چه نیازی به ذکر مقدماتی از آرای زبان‌شناختی سوسور و برخورد منطقی‐فلسفی ویتگنشتاین یا هایدگر با مسئله

---

۱. دوستدار، همان منبع، ۳۴

زبان بوده است:

«در زبان طبیعی [؟؟] فرهنگمان که بنگریم باید اذعان کنیم که این زبان عملاً نه‌تنها از نظر نمودارها بلکه از نظر نموده نیر تغییر چندانی نکرده است. نمودارها واژگان و نموده‌ها معانی هستند. معنای عمقی این سخن این است که ما در همان پرسش‌ها و پاسخ‌های بزرگانمان از هزار سال پیش تا کنون درجا می‌زنیم.»[1]

و یا این نتیجه‌گیری دیگر:

«بنابراین آنچه در این هزاروصد سال در سرزمین ما به وجود آمده، نسبت به پیشینه‌ی ایرانی‌اش، نه خلوص زبانی دارد و نه خلوص فرهنگی، بلکه معجونی است از اعتیاد فطری‌شده ما به اسلام با نام و نشان ایران اسلامی. از برد این واقعیت مسلم هیچ عاملی نمی‌تواند و نتوانسته تا کنون ذره‌ای بکاهد.»[2]

در اینجا درنگی می‌کنیم بر برداشت‌های دوستدار از زبان‌شناسی سوسور چراکه بیش از تاملات ویتگنشتاین آن را نزدیک و مرتبط با زبان ادبی(شعر) می‌دانیم. باید گفت که ارجاع دوستدار به نظریه‌ی زبان‌شناسی سوسور درواقع ذکر مقدماتی است از این نظریه و در همین شرح مقدمانی هم واژه‌گزینی‌های دل‌بخواهی او مشکل‌ساز شده است.

نوشته‌ی او نشان می‌دهد که یا از اصطلاحات پذیرفته‌شده زبان‌شناسی در فارسی امروز بی‌خبر بوده یا نسبت به آن‌ها عنایتی نداشته و در حوزه‌ای که از صلاحیت او بیرون است سرخودانه وضع

---

۱. همان، ۷۶

۲. همان، ۲۵

اصطلاح کرده است. این مشکل دریافت ما از برداشت‌های او را دچار اخلال می‌کند. سوای این مشکل اصطلاح‌شناختی، از نگاهی کلی‌تر و به‌لحاظ روشی نیز ناروشن است که آیا دوستدار در بحث آسیب‌شناسی زبان فارسی به این زبان در اصطلاح سوسور در وجه «لانگ» langue (زبان همچون یک نظام متشکل از ساختار دستوری و آوایی) پرداخته یا در وجه «پارول» parole (زبان در روند گفتار فردی کاربران آن)؟ و نیز روشن نیست که داوری‌ها و حکم‌های کلی او درباره ضعف‌ها و نارسایی زبان فارسی مبتنی بر بعد «درزمانی» diachronic (زبان در سیر تاریخی آن) است یا بعد «هم‌زمانی» synchronic (زبان با ویژگی‌هایش در وضعیت اکنونی) این زبان؟ اما پیش از این ناروشنی در روش ما چنان‌که گفته شد با مشکل اصطلاحات برساخته و تعریف دوستدار از آن‌ها روبه‌رو می‌شویم. دوستدار که خود بر واژه‌گزینی‌های اخیر در متون تالیفی و ترجمه معاصر سخت می‌تازد، و آن‌ها را باعث اغتشاش در زبان اندیشه فارسی می‌داند، از چه رو ناگهان و بدون هیچ عنایتی به زبان فارسی امروز و مصطلحات زبان‌شناسی در این زبان از به کاربردن دو واژه « دال» و «مدلول» و «نشانه» ابا دارد و به‌جای دلالت، دال، مدلول واژه‌های « نمود» و «نمودار» و «نموده» را می‌گذارد؟[1] استدلال او چنین است که «نمود» برگرفته از فعل نمودن است و پس او آن را به نشان و نشانه که برگرفته از فعل نیستند، ترجیح می‌دهد.[2] در ادامه این ترجیح یا پسند شخصی جای تعجب دارد این نظر او نیز که دال و مدلول متعلق به باب دلالت در منطق قدیم هستند و نمی‌توانند در

۱. همان، ۶۷
۲. همان، ۶۶

زبان‌شناسی سوسور ادای مقصود کنند و «...مهم‌تر اینکه برخلاف اصطلاح دال که در مبحث الفاظ در منطق بر وضعی‌بودن کلمات حکم می‌کند نمود در زبان‌شناسی سوسورو مالاً مدرن چنان‌که از تفاوت‌های آوایی کلمات هم معنی در زبان‌های مختلف بر می‌آید غیروضعی یعنی غیرضروری است.»[1] برخلاف تصور دوستدار «وضعی» نه به‌معنای ضروری و طبیعی، بلکه در منطق قدیم به‌معنای اعتباری و قراردادی‌بودن نوع دلالت به‌کار رفته و از این رو با دلالت طبیعی تفاوت دارد. کلمه «دود» و خود دود در طبیعت (همچون نشانه‌ای از آتش) یکی دلالت وضعی و دیگری دلالتی طبیعی را متضمن‌اند. می‌پرسیم دل‌بخواهی‌بودن arbitrariness رابطه‌ی دال و مدلول در زبان‌شناسی سوسور به چه معناست، اگر بر این نسبت در اساس «اعتباری» نیست؟ مهم‌تر اینکه، آیا نشانه‌شناسی امروز که زبان‌شناسی سوسور را باید یکی از پایه‌های آن دانست، مگر خود ادامه و تحولی از بحث دلالت در منطق کلاسیک نیست؟ آیا در مباحث نظری به‌ویژه در زمینه ادبیات هم باید واژه‌های «متانومی» مجاز مرسل یا «متافور» استعاره را از زبان‌های امروز اروپایی زدود چراکه پیشینه‌ای در بوطیقا و بلاغت ارسطویی و قرون وسطایی دارند؟ گذشته ازین، فعل نمودن و بازنمودن (بازنمایی) در فارسی امروز در برابر دو مفهوم مهم presenting representing به‌کار می‌روند مشتقات این دوفعل همچون، نمایش نمودار، نمایندگی، نماد و بازنمایی در مباحث نظری و زبان‌شناسی و نیز نظریه و نقد ادبی معاصر اصطلاحاتی جاافتاده و با معانی خاص خود هستند و کاربست آن‌ها به‌کلی متفاوت از کاربست دلالت، دال و مدلول است.

---

۱. همان، ۶۸

دوستدار همچنین به مشکل برگردان اصطلاحات «لانگاژ»، «لانگ» و «پارول» به زبان فارسی اشاره می‌کند که البته این فقط مشکل او و زبان فارسی نیست و مترجمان «دوره زبان‌شناسی عمومی» سوسور به انگلیسی هم با این مشکل روبه‌رو بوده‌اند. اگر با او موافق باشیم که «قوه ناطقه»[1] برابرنهادی مناسب برای اصطاح دیگر سوسور «لانگاژ» language نیست، چرا نتوانیم واژه «سخن» را در برابر آن بگذاریم؟ دوستدار با پیشنهاد «توانش زبانی» برای لانگاژ، آیا نمی‌دانسته که مفهوم «توانش زبانی» در بحث از زبان به چیز دیگری برمی‌گردد و نام مکتب دیگری در زبان‌شناسی است و نباید با مفهوم لانگاژ سوسوری در زبان فارسی اشتباه گرفته شود؟ از سوی دیگر چرا برابر «لانگ» longue سوسوری، واژه‌ای که معنای قاموسی آن در زبان فرانسه به‌سادگی همان زبان است، اصطلاح پیشنهادی دوستدار «زبان رسوبی»[2] را باید پذیرفت که نه در واژگان زبان‌شناسی امروز پیشینه دارد و نه به‌لحاظ معنایی برابرنهادی رسا و روشن برای «لانگ» است؟ اصطلاح «لانگ» در زبان‌شناسی سوسوری به‌مفهوم زبان همچون یک ساختار یا نظامی متکی بر نحو و آوا و نظامی از پیش داده‌شده است. در برداشت‌هایش از زبان‌شناسی سوسور می‌بینیم که دوستدار اصطلاح «پارول» را نیز، اصطلاح دیگری از سوسور به‌معنای زبان در کاربست فردی آن را، با زبان محاوره (عامیانه) و گاه معادل زبان گفتاری در برابر زبان نوشتاری خلط می‌کند و به سرگردانی خواننده می‌افزاید. از نظر او زبان محاوره‌ی فارسی (بخوانید زبان گفتار در برابر زبان نوشتار) دچار ساییدگی‌های

---

۱. دوستدار برابرنهاد (قوه ناطقه) را از ترجمه کوروش صفوی از کتاب دوره زبان‌شناسی عمومی سوسور نقل کرده است.
۲. دوستدار، همان، ۶۵

فراوان شده که لابد به‌زعم او از توانایی آن برای ارتباطی عقلایی کاسته است. باید پرسید در کدام‌یک از زبان‌های زنده دنیاست که زبان گفتار در مقایسه با زبان نوشتار دچار ساییدگی نشده و نخواهد شد؟ از اتفاق و از حسن‌اتفاق فاصله این دو گونه از زبان فارسی از دیرباز و از صدر مشروطه و به‌یمن چاپ و روزنامه کم و کمتر شد (و این نشان پویایی زبان فارسی است) تا آنجا که برای نمونه می‌بینیم نیما واژه بیخود و «بیخودی» را در کاربست گفتار روزمره به‌معنای بی‌علت و بی‌موجب (و نه در کاربست نوشتاری و عرفانی آن: مترادف با مدهوشی و ازهوش‌رفتگی) با جرأت و اطمینان به‌جای واژه نوشتاری «بیهوده» در این خط از شعر خود می‌نشاند:

زردها بیخود قرمز نشده‌اند
قرمزی رنگ نینداخته است
بیخودی بر دیوار

از قلم دوستدار این برداشت یا حکم کلی را می‌خوانیم که زبان فارسی یک زندان است.[1] آگاهی حتا کلی و مقدماتی از زبان‌شناسی هم کافی است که بدانیم زبان (هرزبانی) من‌حیث زبان‌بودن یک «زندان» است. این‌گونه نیست که زبان‌های دیگر غیر از فارسی باغ‌هایی بی‌حصار و ناکرانمند و دل‌گشا هستند... نکته مهمی‌که از نگاه دوستدار پوشیده مانده و این را در برخورد او با زبان معاصر به‌ویژه در زمینه ترجمه‌های اخیر می‌بینیم، این است که از نگرش سوسور زبان همچون نظامی بسته و در خود و برای خود، اما قابلیت

۱. همان، ۱۷۲

تکثیر و تکرار بی‌نهایت دارد. حتا زبان در مفهوم «لانگ» langue همچون یک ساختار و نظامی از پیش داده‌شده، نه‌تنها امکانات موجود زبان، بلکه متضمن توانایی‌های بالقوه آن نیز هست. اگر چنین نمی‌بود هیچ زبانی از ساختاری ساده به ساختاری پیچیده تحول پیدا نمی‌کرد. به‌لحاظ عملکرد دلالی نیر برخلاف نظر سوسور در نشانه‌شناسی پیرس دلالت در زبان هیچ‌گاه بستار نمی‌پذیرد. این روند تا بی‌نهایت ادامه دارد: دلالت حرکتی بی‌انتها از ترجمانی به ترجمانی دیگر است.[1] هیچ رابطه‌ای ایستا و یکباره میان دال و مدلول برقرار نیست. ژرفش این نظریه را بعدها در رفتار ساختارگشایانه دریدا با مسئله دلالت در زبان می‌بینیم. زبان آری، یک زندان است، اما زندان بی‌دروپیکری است.

می‌پرسیم مقصود دوستدار از «پایه» در زبان چیست آنجا که می‌گوید زبان فارسی دچار «آسیب‌دیدگی پایه‌ای» شده است؟ آیا این پایه همان نحو زبان است؟ آیا این مفهوم پایه به زبان فارسی همچون یک ساختار برمی‌گردد (لانگ در اصطلاح سوسور)؟ صرف‌نظر از تحولات طبیعی آواشناختی در زبان فارسی در کدام متن کهن فارسی حتا در متکلف‌ترین آن‌ها که لغات عربی با لاقیدی هرچه تمامتر و به قصد تفاضل به کار رفته نحو زبان فارسی دستخوش تخریب و تغییری دل‌بخواهی شده است؟ این نحو است که در طول زمان همواره بر جا می‌ماند و باید که بر جا بماند مگر به‌ندرت و در اوج قدرت زبانی یک شاعر که از هنجارهای آن فراروی می‌کند. واژه‌ها در زبان می‌آیند و می‌روند، به وام گرفته و به دور ریخته می‌شوند، فرسوده

---

۱. ترجمان در برابر اصطلاح interpretant در نشانه‌شناسی چارلز سندرز پیرس (۱۸۳۹-۱۹۱۴)؛ مفهومی نزدیک به مدلول signified در زبان‌شناس‌ی سوسور، مدلولی اما که می‌تواند خود یک دال دیگر (واژه دیگر) باشد.

شده و گاه حتا می‌میرند، اما دوباره یا از نُو زاده می‌شوند.

۳. زبان فارسی و مشکل ترجمه

در صفحاتی ازین کتاب دوستدار به رویارویی زبان فارسی با زبان‌های اروپایی در دوران معاصر از رهگذر ترجمه می‌پردازد. از نگاه او حاصل این رویایی نه به باروری و نوزایش زبان فارسی، بلکه ترجمه در فرهنگ معاصر روندی بوده است که به آلودگی زبان انجامیده و آن را از هم پاشانده است. به‌باور دوستدار روند ترجمه به‌جای آنکه فرهنگ ما را از «فرهنگ غربی» نخست آبستن و سپس بارور سازد، جز آشوب و آشفتگی زبانی به بار نیاورده که برآیند آن گسترش و بازتولید چیزی است که دوستدار بر آن نام «شبه‌زبان» می‌گذارد.[۱] در این بحث دوستدار به نقد ترجمه متون فلسفی می‌پردازد که از نظر او «جنگ‌های ناسازمند» از مفاهیم ساختگی مدرن و پسامدرن را تشکیل داده‌اند. رویارویی ما با آنچه از آن همچون «گنجینه»ی فرهنگ غربی نام می‌برد، از رهگذر ترجمه یک جور شبیخون به آن گنجینه یا گنجیینه‌ها بوده است که دستبردهای خود را از آن همچون غنایم جنگی در بازار داخلی حراج کرده‌ایم.[۲] نتیجه در نهایت آن شده است که در نبود «توانمندی فکری» همه تلاش فرهنگی ما در «این نیم قرن» گذشته مصروف آن شده که با «کلافی از واژه‌های نابجا و ترکیب‌های بیجا در بازی‌های زبانی جای خالی اندیشیدن را پر کنیم و ازین راه شبه‌زبان و شبه‌فرهنگ بیافرینیم، «شبه‌فرهنگ پدیده‌ای است زبانی از آثار و تالیف‌های که موضوعات و منشاهاشان نه زاده‌ی فرهنگ ما هستند و نه در آن جای‌گیر می‌شوند. عناصر سازنده‌ی آن

---

۱. آرامش دوستدار، منبع یادشده، ۷۰
۲. همان، ۸۷

زبان و فرهنگی است که پایه‌هایش ازطریق به‌کار بردن زبان ترجمه‌ی توخالی ریخته شده است.»[۱] می‌توان پرسید دوستدار از کدام فرهنگ به‌عنوان «فرهنگ ما» یاد می‌کند اگر آنچه از ماست شبه‌فرهنگی بیش نیست؟ دوستدار داریوش شایگان را یکی از افراد «بااستعداد» در پروراندن پدیده‌ی این شبه‌فرهنگ ایرانی در دوران معاصر می‌داند.[۲]

کلی‌نگری‌های دوستدار در گفته‌هایی ازین دست فقط ما را دچار حیرت می‌کند. درخور یادآوری است که نهضت ترجمه در ایران سال‌ها پیش از نگارش کتاب دوستدار آغاز شده و به‌هنگام نگارش کتاب او عمری بیش از نیم قرن بر آن گذشته بوده است. این نبود «توانمندی فکری» دامنگیر فرهنگ ما قابل درک است اگر مقطع زمانی آن را آن دوره ای از سال‌های پیش از انقلاب (دهه‌ی‌پنجاه) در نظر بگیریم که هم دوستدار و هم شایگان به‌هنگام آن اندیشگرانی بالغ، دانش آموخته و سخن‌آوری بودند، اما خطری که می‌رفت بنیاد همه‌چیز را براندازد نه دیدند و نه بدان اندیشیدند و نه سخنی درباره آن بر زبان آوردند. دوستدار و شایگان در آن دوره البته تنها نبودند. درآن برهه تاریخی نسیان‌بار، به‌گفته شایگان، همه گند زدند! با یادآوری آن دوره، این گفته دوستدار جز سلب‌مسئولیت از خود، چه معنای دیگری دارد که می‌گوید، «...مثلا از برکت شرارت‌ها، سرکشی‌ها و عربده‌جویی‌های مولوی [؟] که سرسپرده خدای اسلامی بوده است، به‌جای آنکه اظهار لحیه کنیم که غربی‌ها هم زمانی چپ‌زده بوده‌اند، اما آن‌ها ریمون آرون را دربرابر سارتر داشته‌اند و ما ریمون آرون نداریم، چه غلط‌ها!» و آیا در این گفته‌ی نقل‌شده‌ی مغشوش او خود

---

۱. همان، ۱۶۶
۲. همان، ۱۴۵

اظهار لحیه‌ی روشنفکرانه‌ای را تکرار نکرده است؟

دوستدار ترجمه را با چنان مفهومی به‌کار می‌برد که گویا به‌لحاظ نظری ترجمه از زبانی به زبان دیگر به‌واقع امری شدنی است. درحالی‌که می‌دانیم حتا ترجمه‌ای تحت‌اللفظی یک پاره سخن از زبانی به زبان دیگر یک تفسیر است و نه برگردانی عین‌به‌عین. چه‌کسی می‌تواند ادعا کند که ترجمه غزلی از حافظ به زبان لابد اصیل و توانمند آلمانی (زبان معیار برای دوستدار) شدنی است حتا اگر شاعری ملی و فیلسوفی بزرگ در همان زبان آلمانی (بی‌آنکه فارسی بدانند) شعر حافظ را ستایش کرده باشند؟ از شعر حافظ که بگذریم، آیا شعر بی‌وزن و قافیه‌ای را از شاملو می‌توان به انگلیسی برگردانیم و برگردان ما کاملا وفادار به اصل یا خود همان اصل باشد؟ می‌دانیم و گفته‌اند که ترجمه شعر از زبانی به زبان دیگر امری نامکن است و به‌ویژه در این زمینه است که هر ترجمه‌ای گونه‌ای تفسیر است، «چگونه می‌توان یک شعر را ترجمه کرد، چگونه می‌توان شعر را ترجمه کرد؟»[1] در اینجا رویکرد ناب‌گرای دوستدار به زبان و به‌ویژه ترجمه رنگی و ته‌مزه‌ای از برخورد اروپامحورانه او با فرهنگ و زبانی پیرامونی دارد. در میان خود زبان‌های اروپایی آیا توانمندی‌ها و قابلیت‌هایشان در رویارویی با یکدیگر از رهگذر ترجمه، یکسان و هم‌نواخت بوده است؟ این گفته‌ی نیچه از اتفاق به باید آوردنی است که زبان سنگین آلمانی با بافت زمخت و نفسگیرش نمی‌توانست لطافت و سبکی و گرمای زبان ایتالیایی را در آثار آریستوفانس، پترویئوس در خود انتقال دهد. زبان آلمانی به‌گفته او در بیان جسورانه «اندیشه‌ی آزاده جان»

۱. ژاک دریدا: "نامه‌ای به دوست ژاپنی" در این منبع:
"Letter to a Japanese friend" in Derrida and Différance)Wood, David & Bernasconi, Robert , eds. Northwestern University Press. 1988)1-5

ناتوان بوده است.[۱]

از خلال گفته‌های دوستدار درباره ترجمه طنین آن سخن هایدگر به گوش می‌رسد که زبان خانه وجود است و مفاهیم خانه‌زاد خانه خود هستند و پس مفهومی را از خانه‌ای به خانه دیگر نمی‌توان انتقال داد. دوستدار این گفته هایدگر را شاهد می‌آورد که «اگر انسان ازطریق زبانش در هستی خانه دارد، ما اروپاییها در خانه کاملا دیگری زندگی می‌کنیم.»[۲] که البته می‌توان پرسید کدام اروپایی‌ها مقصود آن فیلسوف بزرگ است؟ متافیزیک یونانی در خانه‌ای دیگر و به‌کلی متفاوت با خانه‌ی اجداد ژرمن هایدگر ساخته و پرداخته شده بود. کناره‌های آفتابی و آب‌های نیلگون مدیترانه کجا و جنگل‌های سرد و تاریک «زادبوم» فیلسوف آلمانی کجا؟ هایدگر خود این تعبیر را که «زبان خانه وجود است» در گفتگویی با پژوهنده‌ای ژاپنی تعبیری می‌داند که زمانی سردستی درباره ماهیت زبان عنوان کرده است هم در آن حال که ناتوانمندی یک زبان را (در انتقال یک نظام مفهومی از فرهنگی دیگر) به‌معنای کاستی و نارسایی آن زبان نمی‌داند، زبان خانه وجود است و نیز به‌تعبیر هایدگر گفتگوی خانه‌ای با خانه دیگر «تقریبا» محال است.[۳] هرچند او این امر را محال مطلق نمی‌داند، اما می‌توان گفت، و این هم هست که، اصلا خانه‌ای در کار نیست؛ زبانی از آن خود نیست؛ ما همه در خانه‌ی زبان مهاجریم (دریدا[۴]).

می‌پرسیم که امروز در زبان فارسی گذشته از پاره‌ای متون فلسفی

۱. فردریش نیچه، *فراسوی نیک و بد*، ترجمه داریوش آشوری (خوارزمی، ۱۳۷۵) ۶۵

۲. دوستدار، منبع یادشده، ۷۸

3. Martin Heidegger, “A Dialogue on Language” in On the Way to Language, Trans. Peter D. Hatz(Harper& Row, 1971) 5

٤. با نگاهی به گفتگوی دریدا با سرنام "زبان هرگز به تصاحب درنمی‌آید" در منبع زیر:
T. Dutoit and O. Pasanen ed, Sovereignties in Question
(Fordhan University Press, 2005)97-108

از گونه‌ی «اسطقس فوق الاسطقسات» کدام متنی فلسفی هست که به فارسی درست و روشن ترجمه‌ناپذیر باشد؟ آری و درست است که ما در ترجمه و تالیف متن نظری/فلسفی هنوز هم با معضلی ترمینولوژیک گرفتاریم و در حرکتی پاندولی از یکسو «کون التفاتی intentionality و تقرر ظهوری dasein...» (از برساخته‌های فردید و فضلای مشابه) ما را به‌سوی خود می‌کشد، و ازسویی دیگر، «ترافرازنده و دویچمگویی‌ک» (از برساخته‌های ادیب سلطانی و دیگر سره‌کاران). مهم اما این است که امروزه در شاخه‌های علوم انسانی از جامعه‌شناسی تا اقتصاد و زبان‌شناسی و نقد ادبی کدام متنی هست که به فارسیی زنده و علمی و به‌روز برنمی‌گردد؟ یا در کدام مبحثی است ازین رشته‌ها که نمی‌توان به زبانی فنی و پرداخته مقاله یا کتابی را به فارسی تالیف کرد؟ در این زمینه اگر به نمونه‌هایی ناقص و نارسا برمی‌خوریم از ناسازی قلم مترجم یا مولف بوده و نه از ناسازگاری زبان فارسی با مفاهیم نو. با نادیده‌گرفتن همه دستاوردها در این زمینه، دوستدار بر این باور است که با «نبش‌قبرکردن واژه‌های فارسی یا نوساخته» یعنی همه برابرنهاده‌ها و واژه‌گزینی‌های مترجمان و مولفان در زمینه‌های یاد شده، و آن‌ها را جایگزین‌کردن با واژه‌های عربی، دردی از ما دوا نشده است:

«جانشین‌سازی لغوی فقط تا اندازه‌ی بسیار محدودی می‌تواند از ثقل زبان عربی در بافت فرهنگ اسلامی فارسی زبان ما بکاهد چیزی که پس از هزار و صد سال هرگز شامل فعل‌ها به مرگ قطعی مرده فارسی نمی‌شود جز آنکه موجد «دوبلاژ» نو [بخوانید شبه‌زبان از نظر او] و بیشتری در زبان فارسی می‌گردد و بر وخامت وضع آن

در فرهنگ دینی ما می‌افزاید، مگر آنکه بخواهیم با اسپرانتوی فارسی آن را زمین‌گیرتر سازیم.»[۱] در حاشیه‌ی این سخن دوستدار باید گفت که فرهنگ‌ها در دادوستد با یکدیگر به‌ویژه در دوران مدرن ناگزیر به واژه‌سازی neologism بوده‌اند و زبان فارسی نیز از این قاعده مستثنا نیست. مشکل این است و آن را همچون یک اصل بپذیریم که اصطلاحات و حتا گاه واژه‌های ساده در یک زبان یا یک فرهنگ تاریخی را در پس خود دارند که به‌آسانی و دقیق و کامل به زبان و فرهنگی دیگر انتقال نمی‌پذیرد.

در اینجا یادآوری پیشینه‌ی یکی از برابرنهاده‌های مهم در فارسی معاصر برای نمونه خالی از فایده نیست. می‌دانیم که از اواخر عهد ناصری تا انقلاب مشروطه ایرانیان از واژه عربی (قرآنی) ملت (به‌معنی کیش و آیین و پیروان آن) همچون برابرنهادی برای ناسیون (ملت به‌مفهوم مدرن) سود گرفتند. این واژه به‌ویژه همراه با دولت در میراث مکتوب زبان فارسی البته واژه‌ای ناآشنا نبود. باید گفت جوامع زبانی در به‌کارگرفتن مفهومی از فرهنگی دیگر، اگر آن مفهوم را با عین واژه آن به زبان خودی انتقال ندهند، با به‌کارگیری مواد و ساخت‌هایی از زبان خودی یا گذاشتن واژه‌ای از میراث مکتوب زبان خودی به‌جای آن با مفهومی تازه دست به واژه‌سازی یا واژه‌گزینی می‌زنند. در برابر نهادن ملت به‌جای nation (در اصل لاتین nationem به‌معنای نژاد، گونه زادوولد و تبار) یا هنر به‌جای «آرت art» از این سازوکار دوم است که در زبان فارسی معاصر سود گرفته شده است. گفتنی است که معنای ناسیون در زبان‌های امروز اروپایی نیز دقیقا همان معنای این کلمه در اصل لاتینی نیست و در تاریخی که بر آن گذشته این

---

۱. دوستدار، منبع یادشده، ۲۷

واژه تحولی معنایی پیدا کرده است. جالب اینکه، در برگرداندن همین مفهوم ناسیون و مشتقات آن به‌عربی آشوبی را در آن زبان می‌بینیم بدین صورت که برای ناسیون نیشن «امت»، برای ناشنال «وطنی» و برای واژه‌ی ناسیونالیسم «قومیه» به کار می‌رود. این را نیز باید یادآور شد که به‌رغم تلاش مرتجعان و مذهبیون از همان دوران مشروطه در تحریف و مخدوش‌کردن معنای نوین ملت «جامعه‌ی سیاسی» با ملت به‌معنای جامعه دینی یا امت، آزادی‌خواهان ایرانی از صدر مشروطیت و تا سال‌های پس از آن انقلاب در درک و کاربست واژه ملت به‌معنای نوین «جامعه‌ی سیاسی» دچار اشتباه نمی‌شدند و به‌خوبی می‌دانستند که از این واژه چه مفهومی را مراد می‌کنند: ملت به‌معنای مجموع رعایا (شهروندان) فارغ از وابستگی‌های مذهبی و قومی (ملکم)؛ و در سال‌های پس از انقلاب مشروطه است که می‌بینیم ملت به‌معنای نوین بعد، ملت به‌معنای «جامعه سیاسی» در زبان شعر میرزاده عشقی نه آن‌چنان‌که دوستدار می‌گوید «دوبلاژ»ی از یک کلمه برگرفته از زبان‌های اروپایی‌که واژه‌ای مفهوم و جاافتاده در زبان فارسی بود:

باد صبا! رو بگو، به مردم میدان
ما و شما راست، نام ملت ایران
یا:
ور نه تا زن به کفن سر برده:
نیمی از ملت ایران مرده!!

چنین است‌که از نگاه دوستدار ما با برابرنهادهایی مثل «گفتمان»

فوکویی و «ساختارشکنی» دریدایی می‌پنداریم که این مفاهیم را از آنِ خود کرده‌ایم درحالی‌که این مفاهیم محصول اندیشه ما نبوده‌اند.[۱] می‌پرسیم که ما برای اندیشیدن با این مفاهیم و از آن خود کردن این مفاهیم باید از کجا و از کی اجازه می‌گرفته‌ایم؟ صرف‌نظر از برابرنهاد غلط «ساختارشکنی» که ما به‌جای آن «ساختارگشایی» (یا ساخت‌گشایی) را ترجیح می‌دهیم، آیا برابرنهاد فارسی این واژه به اصل نزدیک‌تر است یا اصطلاح معادل آن «تفکیک» در زبان عربی؟ چرا برابرنهاده زیبای «گفتمان» و صورت‌های دیگر آن (گفتمانی، گفتمانیت...) نمی‌تواند معادل درستی برای واژه دیسکورس به مفهوم عام زبان‌شناختی، در نقد و شیوه‌شناسی یا معنای خاص و اصطلاحی فوکویی این کلمه باشد؟ آیا دوستدار به معادل این کلمه در زبان عربی نگاهی انداخته بوده است تا توانمندی زبان پیوندی فارسی را در مقایسه با زبان الگویی عربی دریابد؟ داریوش آشوری که واژه «گفتمان» برساخته اوست در باره‌ی رویارویی فرهنگ ایرانی و فرهنگ عرب‌زبانان با فرهنگ اروپایی در دوران مدرن چنین مقایسه‌ای را به دست می‌دهد که «ما و عرب‌ها این بار هریک به راه خود رفتیم و در حوزه زبان نیز ناگزیز برخوردهای جداگانه با مسایل خود داشتیم؛ همچنان‌که ترک‌ها نیز به راه خود رفتند. یکی از آثار مهم این جریان استقلال بیشتری بود که واژه‌ای عربی در زبان فارسی یافتند. یعنی در جریان قالب‌بندی واژگانی و معنایی دوباره‌ی زبان از راه برابری با واژه‌های فرانسه و انگلیسی، برابرهای گوناگونی در دو زبان به کار گرفته شد، چنان‌که برابرنهاده‌های ما در حوزه‌ی واژگان علمی، فلسفی، سیاسی، اقتصادی و فنی در بسیاری موارد جز آن

---

۱. همان، ۶۲

است که عرب‌ها به‌کار گرفته‌اند (البته مقصود واژه‌های عربی‌ـ بنیاد در فارسی است).»[۱]

دوستدار به‌رغم داعیه سنت‌ستیزانه خود اما در اینجا در دایره‌ی همان محرمات تجویزی قدمایی حرکت می‌کند و اصل را در رفتار بازبان بر رجحان «سماعی» بر «قیاسی» می‌گذارد و در عمل سنت را بر نوین ترجیح می‌دهد. ازین دیگاه هیچ کاربست تازه‌ای در زبان که از راه مقایسه به دست آید قابل قبول نیست، مگر آنکه در فارسی نوشتار در گذشته آمده باشد و بر زبان گذشتگان رفته باشد. چنین اصلی راه را بر هر زایشی زبانی فرو می‌بندد. اگر ما همچنان بر این اصل پا می‌کوفتیم، آیا می‌توانستیم واژه «فرهنگ» را که او به‌راحتی در کتابش به‌کار گرفته به‌معنایی امروزین و متفاوت از معانی آن در متون گذشته در برابر culture به‌کار بریم؟[۲] وچرا نتوانیم ازین واژه مصدر «فرهنگیدن» را بسازیم culture (در اصل کشت و بارورش زمین) به‌کار بریم؟ و چرا نتوانیم با نام‌ها به‌اصطلاح مصدر جعل کنیم یا با زنده‌کردن ریشه فعل‌های مرده و با ترکیب آن‌ها با پسوندها، پیشوندها و میان‌وندها بر شمار فعل‌های فارسی بیفزاییم؟ مگر نه این است که فقط آن تجویز بی‌پایه‌ی قدمایی، رجحان سماعی بر قیاسی، است که دست ما را بسته است؟

۴. فعل مرکب، این حلقه‌ی ضعیف...

فعل و ساختار آن در زبان فارسی همچون «حلقه‌ای ضعیف» آماج

---

۱. داریوش آشوری، بازاندیشی زبان فارسی (نشرمرکز، ۱۳۷۲) ۷۸

۲. سوای معانی اصلی فرهنگ در متون کهن (علم و دانش و سواد...) این واژه به‌معنای سیاست و تنبیه هم به‌کار رفته است. از *ویس ورامین*: اگر فرهنگشان می‌کرد بایم/ گزند افزون زاندازه نمایم. جالب اینکه «نمایم» (از نمودن) در این بیت به‌معنای کردن به‌کار رفته است. از اتفاق از واژه فرهنگ گذشتگان مصدر فرهنگیدن را هم به‌کار برده‌اند.

بیشترین حملات دوستدار در این کتاب است. معلوم نیست که دوستدار براساس کدام مشرب و رویکرد در زبان‌شناسی تاریخی در یک قلم مرگ قطعی و لابد دفن ابدی فعل‌های زبان فارسی را از آنچه امروز در گفتار و نوشتار به کار می‌بریم تا فعل‌ها فراموش‌شده و غیرفعال در متون و گویش‌های فارسی با همه «وند»های معناساز پیوسته بدان‌ها یکجا صادر می‌کند؟ کسی که اندکی با زبان‌شناسی نوین آشنا باشد، به‌ویژه که زبان دوم او آلمانی هم باشد، عجیب است که اصولا فعل مرکب را نشان ضعف یک زبان بداند و چنین تجویز کند که «آراستن فعل است نه آرایش‌کردن؛ گریستن فعل است نه گریه‌کردن؛ زدن فعل است نه پرزدن...»[1] بر این مبنا لابد میان فعل «اندیشیدن» با صورت‌های دیگر این فعل همچون «دراندیشیدن» و « اندیشه‌کردن» هیچ تفاوتی معنایی نیست و باید اولی را همچون یک فعل ساده بسیط پذیرفت و آن دو دیگر را که فعل‌هایی دوپاره‌ای یا مرکب هستند با همه سایه‌های معنایی‌شان (nauance) از قاموس لغت فارسی زدود. همچنین است فعل مرکب «درانداختن» در این مصرع حافظ، «فلک را سقف بشکافیم و طرحی نو دراندازیم» که لابد باید به‌جای آن مصدر «ریختن» را به کار بگیریم و بگوییم: فلک را سقف بشکافیم طرحی نو بریزیم! در این بیت حافظ نیز حتما از نظر دوستدار فعل «ویران‌ساختن» نه‌تنها فعل نیست، بلکه به‌لحاظ منطقی نیز تناقض‌آمیز (خراب/ ساختن) است:

به یادِ چشم تو خود را خراب خواهم ساخت
بنایِ عهدِ قدیم استوار خواهم کرد

۱. دوستدار، منبع یادشده، ۲۹

که می‌دانیم «ساختن» در ترکیب فعلی «خراب‌ساختن» به‌معنای کردن است و مفهوم متناقضی را نمی‌رساند. ساختن را با همین معنا اما در ترکیب با صفت «ویران» به‌جای «خراب» در شعر فروغ می‌بینیم:

زندگی شاید آن لحظه‌ی مسدودی‌ست
که نگاه من، در نی‌نی چشمان تو خود را ویران می‌سازد

در ادبیات شعری معاصر نیز، آیا مثلا در این سطر از شعر نیما تصریف «دراستاده» از فعل مرکب «دراستادن» (در+استادن) همان معنایی را می‌رساند که ایستاده یا استاده از فعل ساده‌ی «ایستادن/ استادن» می‌رساند؟

هست شب، همچو ورم‌کرده‌تنی گرم در استاده هوا

و در سطرهای زیر چرا «سازدادن»، چرا «خشک‌آمدن» بر قلم نیما رفته است؟.. آیا نمی‌توان به‌جای فعل‌ها مرکب «سازدادن» (گریه) و فعل «خشک‌آمدن» (کشتگاه) در این سطرها فعل‌های ساده‌ی "گریستن" و «خشکیدن» را گذاشت؟ پاسخ روشن است. می‌توان این جابه‌جایی را انجام داد، اما در آن صورت از بیان شعری نیمایی چه بر جا می‌ماند؟

هنگام که گریه می‌دهد ساز
این دود سرشت ابر بر پشت

خشک آمد کشتگاهم در جوار کشت همسایه

این درست است که بگوییم زبان فارسی در افت‌ها و پویایی‌های خود از دیرباز تاکنون گرایش به ساختن فعل مرکب داشته است، اما و اگرچه این گرایش طبیعی این زبان است، سرنوشت ابدی و محتوم آن نیست. ما امروزه بسیاری فعل‌ها را کد را می‌توانیم فعال کنیم و چنان‌که اشاره شد، فعل‌های فراموش‌شده در متون و گویش‌های گوناگون را در فارسی نوشتار بیاوریم و یا از نام‌ها و صفات به‌اصطلاح قدما مصادر جعلی به‌ویژه در زبان علم بسازیم. ساختار پیوندی زبان فارسی این امکان را به خوبی در اختیار می‌گذارد و در فارسی امروز چنین نیز کرده‌اند و شده است.

زبان عربی در طول قرون وسطای تاریخ ایران زبان مکتوب دین و علم و تفاضل بوده است، اما هرگز نتوانست زبان فارسی را به‌اصطلاح به ساحت «آشپزخانه» براند و یا روانه‌ی گورستان زبان‌های باستانی سازد. شاهنامه فردوسی در طول قرون دژ دست‌نیافتنی و پابرجای زبان و فرهنگ فارسی در برابر یورش زبان‌های بیگانه بوده است. با این پیشنه اما می‌بینیم که از نگاه دوستدار و در یک چشم‌انداز تاریخی (در بعد «در زمانی» diachromic لابد!) یکی از موارد آسیب‌دیدگی زبان فارسی تحمیل ساختار انعطاف‌ناپذیر «الگویی» فعل عربی بر ساختار «پیوندی» فعل فارسی بوده که در نتیجه این تحمیل زبانی پدید آمده که از نظر او ملغمه‌ای از عربی و فارسی است. دایره‌ی بسته‌ای که ما سخنگویان به این زبان نمی‌توانیم از آن

پا فراتر گذاریم.[1] می‌پرسیم دوستدار کدام زبان فارسی را مدنظر دارد؟ زبان گفتاری جوامع ایرانی را یا زبان نوشتاری فارسی را در متون فلسفی، دینی و به‌ویژه ادبی؟ در سده‌های قرون وسطای ایرانی و در هنگامه و در پی ایلغارها و یورش‌های بیابانگردان به واحه‌ی تمدنی ایرانی آیا اندیشه‌ای دوران‌ساز می‌توانسته صورت بندد و مجال بروز پیدا کند که زبان فارسی ناتوان از بیان آن می‌بوده است؟ آیا دوستدار فکر می‌کرده است که وام واژه‌های عربی در زبان فارسی چه به‌لحاظ معناشناختی و چه به‌لحاظ آواشناختی (تلفظ) هنوز عربی هستند؟ همین واژه «متفکر» که از واژه‌های مجبوب اوست و به‌تفصیل فرق آن را با «اندیشمند» شرح می‌دهد (سعدی را اندیشمند می‌داند و نه متفکر!) آیا واژه‌ای عربی است؟ در زبان عربی متداول متفکر اگر به کار رود به‌معنای شخصی است که تظاهر به اندیشیدن می‌کند نه به معنا و مفهومی‌که ما و دوستدار در زبان فارسی از این کلمه مراد می‌کنیم.[2] واژه‌ی «عشق» این پربسامدترین واژه در شعر فارسی که سعدی بر همان مبنای الگویی زبان عربی، مصدر « تعشق» و اسم فاعل «متعشق» را از آن ساخته، آیا واژه‌ای عربی است؟ این واژه حتا یک بار هم در قرآن نیامده است.

دوستدار می‌پرسد، «چطور می‌شود اندیشه‌ای فلسفی را به زبانی [عربی] گفت و نوشت که فعل بودن و داشتن ندارد؟» و نتیجه می‌گیرد که این بدان معنا نیست که ما چون هر دو فعل را در فارسی داریم پس «فیلسوف پیشه»ایم.[3] آری، و پس معلوم نیست که در زبان عربی که فاقد فعل ربطی ـ اسنادی «بودن» و «استن» است، ابن رشد

---

۱. همان، ۲۲
۲. همان، ۱۴۴
۳. همان، ۳۰

و ابن عربی چگونه اندیشیده‌اند و چگونه توانسته‌اند مرز زبان خود را شکسته و در فلسفیدن‌های خود نسبتی را میان دو چیز به‌صورت نفی یا اثبات به تصور درآورند... آیا زبان فارسی با فعل اسنادی «است» و انگلیسی با داشتن فعل «is» زبان‌هایی رساتر از عربی هستند؟ و ما فارسی زبان‌ها که می‌توانیم این فعل را حتا صرف کنیم با افزودن شناسه‌های پیوسته (استم، استی، است...) زبانی فصیح‌تر از انگلیسی و جهان فکری فراخ‌تری از انگلیسی‌زبانان داریم؟ همچنین او به فقدان فعل بسیط «داشتن» در زبان عربی اشاره می‌کند و این مثال را می‌آورد که در عربی گفته می‌شود «لا حکومته للبلاد.»و ترجمه می‌کند»این کشور حکومت ندارد.» که البته ترجمه جمله فارسی مورد نظر او به عربی می‌شود: هذا البلد لیس لدیه حکومه.

دوستدار از کدام زبان فارسی سخن می‌گوید؟ از زبان رستم‌التواریخ می‌گوید یا از زبان دهخدا در سرمقاله‌هایش؟ مبنای داوری‌های دوستدار حتا اگر ادعای رویکردی زبان‌شناختی به زبان داشته باشد، زبان نوشتاری است که آن هم معلوم نیست در کدام مقطع تاریخی و از چه‌زمانی و تا چه‌زمانی آن را در نظر دارد و در ارزیابی‌های خود با چه شاخص‌هایی این مقطع را تعیین کرده است. در جایی می‌گوید اصولا زبان و فرهنگ ما مرده به دنیا آمده است، و در جایی دیگر مرگ زبان فارسی را از مرگ حافظ به این‌سو و تا زمان حاضر رقم می‌زند. همچنین می‌بینیم که پویایی، گویایی و رسایی یک زبان را در توانمندی آن در بیان ایده (زبان فلسفی) می‌داند و بیخود نیست که رد زبان نارسا و تباهگن فارسی را در دو ترجمه از کانت و هایدگر و یا بیانات مجلسی فیلسوفی معاصر درشرح «اقالیم

حضور» حافظ و سعدی و خیام و مولوی پیدا می‌کند. زبان ادبی (زبان انگاره‌ها ـ ایماژها)، زبان روزنامه و زبان روزمره در تشریحات و تبیینات نظری او از تحول تاریخی زبان فارسی یا در معرض بدخوانی قرار گرفته یا به‌کلی از نگاه او دور مانده است. آنجا نیز که به زبان ادبی پرداخته گاه به داوری‌های برمی‌خوریم سخت پرسش برانگیز، مثلا اینکه «...ما که زبان رودکی و فردوسی را هم امروز نیز به‌راحتی چنان می‌فهمیم که گویی اکنون سخن می‌گویند.»[۱] این «ما» کیان‌اند؟ آیا یک مهندس هوافضای تازه‌فارغ‌التحصیل‌شده است یا خود آرامش دوستدار؟ آیا خود دوستدار بیدل را به همان راحتی می‌خواند و فهم می‌کند که حافظ را؟ خاقانی را به همان آسانی می‌خواند که نظامی را؟ یا اینکه می‌گوید، «از شاهنامه که بگذریم، حتا نامی ازین سرزمین به‌عنوان زادگاه و پرورشگاه تمدن کهن برده نمی‌شود.»[۲] این سخن را کسی می‌گوید که آشنایی چندانی و یا اصلا هیچ حشر و نشری با ادب فارسی نداشته است. می‌پرسیم نامی از «ایران» برده نشده یا از «زادگاه و پرورشگاه تمدن کهن» (کذا درمتن آن هم به‌طنز) سخنی به میان نیامده است؟ نیز به این برداشت عجیب در سخنان او برمی‌خوریم که «بی‌جهت نیست که شاعران ما از رودکی گرفته تا فروغ... جایی که عوالم عرفانی معنی‌پرور یا خویش‌گو در زبان چیره نبوده بلکه عناصر زبانی با زیست و زندگی سروکار داشته متناسب با توانایی‌های فرهنگی و فردی‌شان هرچه اندیشیده‌اند و گفته‌اند در حد کمال بوده...چون نخواسته‌اند و نکوشیده‌اند از مرزهای زبانی پا فراتر نهند.»[۳] می‌پرسیم زبان «خویش‌گو» یعنی چه وقتی که سخن بر سر

۱. همان، ۷۵
۲. همان، ۲۴
۳. همان، ۳۰

متن به خود ارجاع‌دهنده‌ی شعر است؟ فرق زبان شعر با زبان داستان و زبان رساله‌ای فلسفی چیست؟ مرزهای زبانی که این شاعران از آن قدمی فراتر نگذاشته‌اند در کجاها واقع شده است؟ از رویکردی ماتریالیستی به تاریخ این مطلق «زیربنا»ست که «روبنا» را برمی‌سازد و به سوژگی شکل می‌دهد. بیراه نیست اگر بگوییم این مطلق زیر بنا، از نگاه دوستار در کتاب‌های دیگرش، همانا ساختار دینی است و در این کتاب زیربنا نظام بسته و مرزبندی‌شده و فراتاریخی زبانی است برآمده و ریشه گرفته از همان ساختار دینی: صورت ملفوظ همان زیرساخت است که «اسلام از هر کلمه آن فرو می‌چکد!»... چنین ساختاری همان‌قدر سخت و صلب است که آن ساختار زیرین مادی که ذهن از مرزهای آن هرگز گامی فراتر نمی‌تواند بگذارد.

دوستدار با اصول زبان‌شناسی سوسور آشنایی دارد و مرور او را بر این اصول می‌توان برای آشنایی مقدماتی و دانشنامه‌ای با سوسور در این کتاب بازخواند، اما از دانستگی او بر ادامه و ژرفش دیدگاه‌های سوسور در مکاتب ساختارگرا و پساساختارگرای بعد از سوسور جز یکی دو اشاره گذرا به فوکو نشانی نمی‌یابیم. از این‌روست که در نهایت ذهن یا سوژه از نظر او تخته‌بند نظام دربسته زبان است و مهم‌تر اینکه این نظام در بسته از آنِ «من» و داده شده به «من» است و «دیگر»ی را در تحول و گسترش کاربست‌های آن نقشی نیست. امروز ما به‌دنبال «چرخش زبانی» در مباحث نظری و ادبی، ژرفش و دگرش نظرات سوژه محور سوسور را در مکاتب متن‌گرای پساساختارگراست که بازمی‌خوانیم و تا آنجا که به نظریه‌ی ادبی مربوط می‌شود باختین را در کنار سوسور می‌توانیم و باید بگذاریم. می‌توانیم بگوییم نشانه‌های

زبانی در بعد دلالی و حتا زنجیره‌ی نحوی (به‌صورت هنجارگریزی‌های شاعرانه) مدام در معرض «دیگر»ی و دستخوش تحول‌اند. با وامی از حافظ: این کارخانه‌ای است که مدام تغییر می‌کنند. می‌پرسیم در زبان فارسی از پیدایش چاپ و روزنامه تا مدرنیسم نیما و هدایت و پی‌آیندهای آن هیچ اتفاقی نیفتاده است؟ آیا آنچه در این دوره دربنیاد و رویه زبان فارسی رخ نموده (در برخورد با زبان‌ها و اندیشه‌های دیگر و غیربومی) ما را به تعریفی دیگر از دیالکتیک ذهن (سوژه) و «دیگری» و بازتاب آن در زبان فرانمی‌خواند؟ آیا مثلا باید کل دستاوردهای داستانی به مفهوم مدرن را همچون اشکال «عاریه»ای از ادبیات غرب از ادبیات فارسی معاصر دور بریزیم؟ آیا موبی دیک ملویل و سرزمین هرز الیوت را مترجمان ایرانی می‌توانستند به زبان امیرارسلان یا ترجیع‌بند هاتف اصفهانی ترجمه کنند؟ از نگاه دوستدار حتا در زمینه‌ی نقد ادبیات نیز از آخوندزاده و تقی رفعت تا فاطمه سیاح و نیما (در نظراتش) گرفته تا شاهرخ مسکوب و براهنی در ادبیات معاصر ما فقط «تعمیرکار» و «بازساز» آثار گذشتگان بوده‌ایم، «... اگر آن‌ها [گذشتگان] فرهنگ‌ساز بوده‌اند ما می‌شویم سازنده‌ی شبه‌فرهنگ. اگر گویایی آن‌ها زبان بوده است، گویایی ما می‌شود شبه‌زبان.»[۱] این داوری خام او مبتنی است بر پنداشتی که خود در صفحات پیشین کتاب چنین آن را بیان کرده است، «...هیچ اتفاق تکان‌دهنده و بیدارکننده درخور اعتنایی تاکنون در این فرهنگ نیفتاده است. هرچه بوده حقایق ابدی محض بوده و مانده است.»[۲]

در ادبیات معاصر اجراها و آموزه‌های نیمایی را اگر برآمدی

---

۱. همان، ۱۰۰
۲. همان، ۷۵

از تحولی در دیالکتیک ذهن (سوژگی) و زبان یا به سخن دیگر، دیالتیک خود و دیگری همچون اساس نوآوری در زبان ادبی ندانیم، فقط می‌توانیم همچون فضلای ادبی هم‌عصر نیما آن‌ها را تعرض به قاموس و ناموس زبان تلقی کنیم. با خواندن این گفته‌ی نیما که «شاعری که شخصیت فکری دارد، توانایی خلق کلمات جدید را دارد.»[1] می‌پرسیم «تشخص فکری» شاعر در کجا و چگونه شکل می‌گیرد؟ بی‌شک در خلا شکل نمی‌گیرد. در میان معاصرانش «تشخص فکری» خود نیما چگونه شکل گرفته بود؟ یا وقتی این برخورد نوآورانه و متهورانه او را با نحو زبان می‌خوانیم که «خیال نکنید قواعد مسلم زبان، در زبان رسمی پایتخت است؛ زور استعمال این قواعد را به و جود آورده است. مثلا به‌جای سرخورد، سرگرفت و به‌جای چیزی را از جا برداشت، چیزی را از جا گرفت را با کمال اطمینان استعمال کنید...»[2]، می‌پرسیم آیا زبانی مرده و فاسد در فعل، زبانی مرده به دنیا آمده و سترون آیا امکان چنین بدعت‌های کلامی را به نیما می‌داد؟ با ادعاهای دیگر دوستدار می‌توان این‌گونه نتیجه گرفت که پس رهنمودهای نیمایی نیز جز آشفتگی بیشتر در زبان فارسی حاصل دیگری به بار نیاورده است! آیا مشاهده دقیق همچون یکی از سازمایه‌های رویکرد مدرن در توصیف فضا و یک شیئ مادی منفرد در زبانی فقط محصور در خود و نه در معرض دیگری برای نیما مقدور می‌بود؟ مثلا آنجا که با رد این توصیف کلی از یک پل:

«در حین عبور به پلی کهنه و قدیمی‌که از شکاف سنگ‌های آن نباتات روییده شده بود [که] فراز رودخانه واقع شده بود، برخوردند.»

---

۱. به‌نقل از مریم سیوندی و یدالله بهمنی مطلق: *نگاهی به هنجارگریزی در شعر نیما* (دو فصل‌نامه علوم ادبی، بهار و تابستان ۱۳۹۴) ۱۰۸

۲. منبع یادشده، ۱۱۰

این توصیف دقیق، برونی و جزیی‌نگر را پیشنهاد دهد:

«در آنجا به پل «یاسل» برخوردند. این پل بسیار کهنه و قدیمی به نظر ما آمد. به مرور زمان از شکاف سنگ‌های آن چند شاخه خاکشیر و اسپند و خلفه وحشی سبز شده بود. خلفه‌ها گل داده بعضی گل‌ها پلاسیده شده بودند.»[1]

همین نگاه جزیی‌نگر در توصیف را همراه با کاربست زبانی زنده و نزدیک به گفتار برای آفریدن فضا به مفهوم مدرن روایی در مثلاً «سگ ولگرد» هدایت می‌بینیم. این تحول در زبان روایی مگر نه آنکه در اثر تلاقی ذهنیت ایرانی هدایت با دیگریت ادب مدرن اروپایی شکل گرفته بود؟ آیا این سطرها از داستان سگ ولگرد برای نمونه به همان زبانی نوشته شده که دوستدار سترونش خوانده است؟ و آیا می‌توان کل این داستان را یک «دوبلاژ» ادبی دانست:

«...یک طرف میدان درخت چنار کهنی بود که میان تنه‌اش پوک و ریخته بود، ولی با سماجت هرچه تمام‌تر شاخه‌های کج‌وکوله‌ی نقرسی خود را گسترده بود و زیر سایه‌ی برگ‌های خاک‌آلودش یک سکوی پهن بزرگ زده بودند، که دو پسربچه در آنجا به آواز رسا، شیربرنج و تخمه کدو می‌فروختند. آب گل‌آلود غلیظی از میان جوی جلو قهوه‌خانه، بزحمت خودش را می‌کشاند و رد می‌شد.»

۵. متافیزیک معنا

به حافظ برگردیم و بیت او:

کس چو حافظ نَگُشاد از رخِ اندیشه نقاب
تا سر زلف سخن را به قلم شانه زدند

۱. به‌نقل از ایلیا کیان احمدی، *شب سیاه و مرغ‌های خاکسترنشین* (فرزان، ۱۳۹۹) ۱۰۳

و بار دیگر پرسش دوستدار را به یاد آوریم که «آیا اندیشه نقاب دارد؟» در پاسخ باید گفت که آری، در جهان ـ زبان این شعر اندیشه می‌تواند نقاب داشته باشد، همچنان‌که کلمات زلف دارند. در جهان ـ زبان این شعر کلمات همچون چیزها هستند. می‌توان بر زلف سخن همچون گیسوان یار شانه زد؛ آن را بویید، بوسید... نقاب اندیشه اما چیست؟ و اگر آن را از اندیشه برگیریم اندیشه آن‌گاه چگونه رخ باز خواهد نمود؟... چه اتفاقی خواهد افتاد؟

دوستدار در خوانش این بیت با مشکلی روبه‌روست که می‌کوشیم ببینیم این مشکل چیست. ذهنی منطقی که همواره به‌دنبال معنای مقدری در هر سخنی می‌گردد، در حیطه‌ی نثر آرامش بیشتری احساس می‌کند تا در قلمرو شعر. ازین‌روست که می‌بینیم دوستدار برای اینکه معنایی منطقی را برای این بیت بیابد، مصراع‌های آن را جابه‌جا می‌کند، یا درواقع نحو شعر را به هم می‌زند، تا هرچه بیشتر آن را به منطقی نثری نزدیک‌تر سازد تا لابد از «سحر» کلامی آن بیرون آید، بدین صورت:

تا سرِ زلفِ سخنِ را به قلم شانه زدند
کس چو حافظ نگشاد از رخِ اندیشه نقاب

اما با این دستکاری دل‌بخواهی در شعر هم به این نتیجه می‌رسد که این بیت گزافه‌سخنی بیش نیست، «این سخن چندان کلامی جسور است که پشت هر معارضی را به خاک می‌مالد، چون مدعی است تاکنون هیچ‌کس نتوانسته چون او نقاب از چهره اندیشه بردارد.»[1] آیا

۱. دوستدار، منبع یادشده، ۱۵۶

به‌راستی دوستدار از چیزی به نام «اغراق» شاعرانه و عرف «احسن و اکذب» در شعر بی‌خبر بوده است؟ اگر چنین بوده این بیت حافظ و بیت‌های دیگری ازین نوع هم از نگاه او جز لاف وگزافی بی‌معنا نیست:

ز چنگ زهره شنیدم که صبحدم می‌گفت
غلامِ حافظِ خوش‌لهجه‌ی خوش‌آوازم

شاعر خاکی کجا و زهره‌ی فلکی کجا؟ در برابر این دو سخن گزافه که البته فقط اغراق شاعرانه است، و این یکی از عرف‌های شناخته‌شده در ادب شعری فارسی است، این بیت دیگر حافظ را چگونه بخوانیم که شاعر یکباره به ناتوانی سخن خود در بیان هر معنایی اعتراف می‌کند و آن را یکسره بی‌معنا می‌داند:

این خرقه که من دارم در رهن شراب اولی
وین دفتر بی‌معنی غرق می ناب اولی

دوستدار در خوانش بیت یادشده: «کس چو حافظ نگشاد...»، همچنین با شاهدآوردن چیستان یونانی «کسی که می‌گوید من دروغ می‌گویم...» در پی صحت و سقم ادعای حافظ در این بیت همچون یک گزاره منطقی برمی‌آید و به این نتیجه می‌رسد که این گزاره آن‌گاه معنا می‌دهد و سخنی کذب نیست که بتوانیم «گوینده» (حافظ) را از «گفته» جدا کنیم و آن را «فقط گزاره‌ای با سامان در همگروی معنای

اجزای آن ببینیم، نه بیش از آن، به‌گونه‌ای که بشود هر نام دیگری را جانشین نام حافظ کرد...»[1] از نظر او تنها با جداساختن «گفته» از «گوینده» است که می‌توان از حافظ بابت چنین سخن کذب و گزافه‌ای بر زبان آورده سلب‌مسئولیت کرد! اما ما نمی‌توانیم در خوانش این بیت به‌دل‌خواه دوستدار در مفردات و نحو کلامی‌آن دست بریم و همچنین نمی‌توانیم نام «حافظ» را با مثلا نام «هاتف» جایگزین نماییم. این به‌معنای آن نیست که نام حافظ به شخصیت تاریخی و بیوگرافیک و حق و حقوق وی برمی‌گردد، بلکه بدان معناست که نام حافظ رمزی از صدا و «امضا»ی اوست با همه ملازمات ادبی این دو اصطلاح که یکتایی شعر او را برمی‌سازد و تکه‌ای از معنادهی نه‌تنها بیت یادشده که کل دیوان است.

دوستدار در سخن شعری به‌دنبال «گزاره‌ای با «سامان» می‌گردد که اجزای آن در همگروی با «فعل» معنای مشخصی و مقدری را ایفاد می‌کنند. با این متر و معیار مصرع دوم بیت زیر از حافظ پس‌گزاره‌ای بی‌سامان و بی‌معناست:

مهر تو عکسی بر ما نیفکند
آیینه‌رویا آه از دلت آه...

این مصرع یا این عبارت بی‌فعل در مصرع دوم در ادامه مصرع اول آمده که جمله‌ای است با اجزایی که «در فعل همگروی» پیدا کرده و پس از فعل «نیفکند» می‌توان بر آن نقطه‌ی پایانی گذاشت. بیت دوم داستان دیگری را آغاز به گفتن کرده و جمله‌ای است که

۱. دوستدار، همان، ۱۵۸

در آن فعلی در کار نیست. یک جمله شعری است و مثل هر جمله شعری دیگر گزاره‌ای منطقی نیست؛ جمله‌ای از گونه‌ای دیگری است و بی«سامان» از نگاه دستوری.

مشکل اینجاست که دوستدار از یک سو با رویکردی به زبان‌شناسی سوسور به‌لحاظ نظری زبان را «نقاله» معنا نمی‌داند؛ اما از سوی دیگر، خود با دیدگاه‌های تجویزی و دستوری نشان می‌دهد که کم‌وبیش همچون فضلا و اساتید ادب پیشین، در جستجوی معنایی مقدر و قابل انتقال به نثر است و این معنا به‌لحاظ شکلی همان است که در جمله‌ای به سامان اسنادی یا فعلی بیان شده باشد. ازین‌روست که در آسیب‌شناسی او از زبان فارسی و به‌ویژه در برداشت‌هایش از سخن شعری رگه‌ای از عارضه ذهنی پنهانی را می‌بینیم که می‌توان آن را «متافیزیک معنا» نام داد. این متافیزیک معنوی در برخورد با شعر از همان «خرد خام»ی برمی‌خیزد که به‌سفارش حافظ باید از آن دست‌کم در خوانش شعر دوری جست؛... باید آن را به میخانه برد. روشن است که هر سخنی برای رساندن معنایی بر زبان می‌آید یا بر قلم می‌رود مگر هذیان یا سخنان دیوانگان که آن نیز منطق خود را دارد. اما ذهنی که گرفتار متافیزیک معناست در سخن آن سامانی را می‌جوید که «من» او سامان می‌داند و آن معنایی را جستجو می‌کند که «من» او معنا می‌پندارد. در کنه احکام تجویزی او دربارهٔ سامان‌مندی زبان ما چیزی را فراتر از یجوز و لایجوزات دستور زبانی نمی‌یابیم و این ما را به یاد سخنی از نیچه می‌اندازد که گفت دستور زبان همواره آخرین پناهگاه متافیزیک است. معنا برای دوستدار گونه‌ای «عقلانیت» حاکم بر ارکان زبانی سامان‌مند است و ملاک او

در تشخیص زبان با معنا از زبان یاوه هم همین است. در نتیجه، او در پی تعریفی از عقلانیت مدنظر خود در سخن یا «منطق»ی برای زبان به تعریف خود است که با سازوکارگاه بی‌منطق زبان (به‌ویژه در شعر) جور درنمی‌آید. آوردن آرای ویتگنشتاین در این کتاب در کنار نظرات سوسور چندان بی‌ربط با این عارضه نیست. ایقان دوستدار در رفتاری فیلسوفانه با زبان به‌طور کلی و آنچه او «بغرنج» زبان فارسی آن هم در شعر می‌نامد، ممکن است پاره‌ای اذهان را شگفت‌زده کند و دچار شور تخریب ادب کهن سازد، اما این گفته‌ی ویتگنشتاین را هم نباید از نظر دور داریم که «بیشتر گزاره‌ها و پرسش‌های فلسفی درباره منطق زبان را می‌توان حاصل شکست در فهم این منطق دانست تا آنجا که می‌توان گفت این گزاره‌ها و پرسش‌ها اگر نه همه نادرست بلکه اغلب چرند nonsensical هستند.»[1]

از نگاه دوستدار فراوانی شعر یکی از گرفتاری‌های فرهنگ ما است، «محتملا هیچ فرهنگی به‌اندازه ما شعر ندارد.»[2] او بی‌آنکه در چرایی تاریخی این پدیده لحظه‌ای درنگ کند، به آمیختگی میراث شعر فارسی با عرفان می‌پردازد و بر این باور است که شعر فارسی به‌ویژه از زمانی که با عرفانیات آمیخته شد، فاقد آن گزاره «به‌سامان» و به گفته‌ی او « ناخویش‌گو» (با «رویداشت» به بیرون) از خود است. چنین سخنی در برابر زبان تفکر (فلسفه محض) جز بازی‌های شورانگیز و رخوت‌آور کلامی‌نیست که قرن‌هاست ذهن ما را در خواب فرو برده است.[3] آن‌گاه که کسی گرفتار نوعی متافیزیک، آن هم از نوع معنوی

1. Ludwig Wittgenstein, Tractatus Logico-Philosophic: 4.003 (Trans. D.F.Pears and B.F. McGuiness, Routledge, 1974).

۲. دوستدار، همان، ۱۰۰

۳. همان‌جا

آن باشد تعجبی ندارد که زبان اندیشیدن را فقط زبان فلسفه بداند، چراکه از نظر او زبان فلسفه تشریحی، استدلالی، به سامان و خالی از بلاغیات (آرایه‌های لفظی و معنایی خواب‌آور) است و پس، معنای ناب را در این زبان ناب است که می‌توان دریافت. زبان فارسی از آن رو سترون است و شبه‌زبان و عرصه بی‌معنایی است که از اندیشه خالی است و یکسره مصلوب و مقهور بلاغیات شعری شده است. در برابر این برخورد ناب‌گرایانه با زبان پرسشی که پیش می‌آید این است که اگر از همین زبان اندیشه‌ورز دوستدار در کتابش بلاغیات آن را بزداییم، آیا چیز چندانی از آن بر جا می‌ماند؟ چه کسی می‌تواند ادعا کند که زبان فلسفه یکسره خالی از «بلاغت rhetorics» و «روایت» و زبانی است خالص و نیالوده؟[1]

با گرفتاری متافیزیکی یادشده، جای تعجب نیست که دوستدار زبان مفهوم را بر زبان انگاره (ایماژ) رجحان و اصالت دهد و به‌تلویح، و هم به‌تصریح، معنا را اصل و لفظ را فرع بر آن قلمداد کند. این همان ماجرای کهنه رجحان محتوا بر صورت است که در اینجا البته به‌شکلی «متفکرانه» و نواندیشانه تکرار شده است، «... هر سخن با معنا الزاما با رویداشت نیست و هیچ سخن با رویداشتی نمی‌تواند بی‌معنی یا مهمل باشد. سخن با رویداشت را می‌توان سخن با محتوا هم گفت.»[2] ازین رویکرد است که می‌بینیم دوستدار در خوانش سخن حافظ را نه در تمامی و تمامیت آن، بلکه در «مقطع» غزل‌ها سخنی با محتوا می‌بیند، آنجا که به‌قول او شاعر از «خلوص، گذشت، جوانمردی بزرگواری، دل‌باختگی...» سخن

---

۱. در اینجا مفهوم مطلق بلاغت و روایت منظور است.
۲. دوستدار، همان، ۴۰

می‌گوید؛ و نتیجه می‌گیرد که «...این یعنی تمام تناقضات عرفانی را در خود باززیستن و چشیدن و در جامعه ناخویش‌گویی، خویش‌گو ماندن.»[۱] کوتاه‌سخن اینکه، اوج سخن شعری و والایی این سخن از نظر دوستدار آنجاست که «ناخویشگو» باشد و در آن ارجاعی به بیرون (واقعیت بیرونی) یافت شود. از این نظر به‌جز لحظاتی در فردوسی و خیام یکسره زبان فارسی خویش‌گو و پس بی‌محتوا بوده است مگر آنجا که به‌خدمت ریاضیات و منطق در آمده که در بستر بی‌معنایی فرهنگی ما «... توانسته‌اند سر برآورند و بپایند، لحظه‌ای چون به واقعیت کاری ندارند، خویشین و خویش‌گویند.»[۲] اما به‌راستی چیست این زبان «ناخویش‌گو» و با رویداشتی به بیرون آن هم در شعر که زبانی به خود ارجاع‌دهنده و درون‌سو دارد؟ زبانی که واژه‌ها در آن پیش از هر ارجاعی به بیرون، خود را به رخ می‌کشند؛ خود را در زبان به یاد می‌آورند؟

در زمینه شعر، زبان شعر، اگر همچون دوستدار معنا را ارجاع به بیرون یا همان محتوا بگیریم، آن‌گاه این پرسش پیش می‌آید که معنادار‌بودن برای کی؟ و بی‌معنایی از فهم و دریافت چه‌کسی؟ آیا مثلا قطعه‌شعری از نیما با این سطرهای آغازین: «دیری است نعره می‌کشد از بیشه خموش/ کک‌گی که مانده گم...» همان‌قدر با معنا از نگاه فروزانفر می‌بود که از نگاه مسکوب؟ جالب اینکه و بهتر است بگوییم سرگردان‌کننده‌تر اینکه، دوستدار گرچه اعتقاد قدمایی مبنی بر زبان همچون «نقاله معنا» را با احتجاجات زبان‌شناختی امروزین به زیر سوال می‌برد و آن را رد می‌کند، وقتی به نیما می‌پردازد بزرگ‌ترین

---

۱. همان، ۴۱
۲. همان، ۴۲

و مهم‌ترین دستاورد او را در همان ساحت معنا می‌یابد، «...قرن‌ها می‌بایست سپری می‌شد تا نیمایوشیجی پدید آید و بتواند در افسانه لحظاتی در برابر حافظ بایستد، فقط لحظاتی، و حافظ از جایش تکان نخورد!»[۱] که اشاره به سطرهای در «افسانه» دارد که نیما خطاب به حافظ می‌گوید:

حافظا! این چه کید و دروغی‌ست
کز زبانِ می و جام و ساقی‌ست؟
نالی ار تا ابد، باورم نیست
که بر آن عشق بازی که باقی‌ست
من بر آن عاشقم که رَوَنده است.

برخلاف نظر دوستدار باید بگوییم که ما وابسته و ریزه‌خوار گذشتگان خود ازجمله حافظ نیستیم. هیچ ملتی ریزه‌خوار ادب کانونی خود نیست و در برابر آن « سرکشی» نمی‌کند! آن را دور هم نمی‌ریزد. نکته این است که حافظ با این سطرها قرار نیست از جایگاه خود تکان بخورد. امروز می‌توان گفت مدرنیسم ستیهنده و به‌اصطلاح مادی‌گرای نیما تا آنجا که در سطرهای نقل‌شده از شعر بلند « افسانه» بازتاب یافته، از شتاب‌زدگی و ساده‌انگاری خالی نبوده است. حافظ را با «نفی و تخریب هرآنچه سنت است» (شعار مدرنیسم) به‌آسانی نمی‌توان از جا تکان داد، او را که خود پیشاپیش در لحظاتی از شعرش اعتبار دوگانه‌ی فانی و باقی را به زیر سوال برده است:

---

۱. همان، ۱۰۰

جهان فانی و باقی فدای شاهد و ساقی
که سلطانی عالم را طفیل عشق می‌بینم

باید گفت که نسبت لفظ و معنا از نگاه پیشینیان بدان سادگی و سرراستی که دوستدار می‌پندارد (لفظ نقاله معنا) نبوده است وقتی این سخنان را در تعریف رابطه لفظ و معنا از زبان بیدل دهلوی در گفتگویی درباره شعرش می‌خوانیم: «روزی میرزا بیدل را در مجلس نواب شکرالله‌خان با شیخ ناصرعلی اتفاق افتاد که با هم صحبت کردند و این غزل: نشد آیینه کیفیت ما ظاهرآرایی نهان ماندیم چون معنی به چندین لفظ پیدایی در میان آمد. شیخ در مطلع آن سخن کرد و گفت: آنچه فرموده اید که »نهان ماندیم چون معنی به چندین لفظ پیدایی« خلاف دستور است، چه معنی تابع لفظ است، هرگاه لفظ پیدا گردد، معنی البته ظاهر می‌گردد. میرزا تبسم کرد و گفت: «معنایی که شما تابع لفظ دارید آن نیز، لفظی بیش نیست. آنچه «من‌حیث هی‌هی» معنی است به هیچ لفظ درنمی‌آید، مثلا حقیقت انسان.»[1] دوستدار در خوانش خود از متون گذشته گاه حتا دچار اشتباه می‌شود، مثلا آنجا که این سخن مولوی را بر باور مولوی در همه‌جا و در سخن زیر به «اصالت هستانی معنی مبرا از زبان» شاهد می‌آورد:

ای برادر قصه چون پیمانه است
معنا اندر آن بسان دانه است
دانه معنا بگیرد مرد عقل
ننگرد پیمانه را گر گشت نقل

---

۱. محمدرضا شفیعی کدکنی، بیدل دهلوی، شاعر آینه‌ها (تهران، آگاه، ۱۳۶۶) ۲

در این شعر مولوی از «قصه» سخن می‌گوید نه هر سخنی. معنا در قصه همان نتیجه اخلاقی یا عرفانی یک تمثیل یا قصه است، همان که فردوسی از آن با نام «رمز» در برابر افسانه (سخن دروغ) یاد می‌کند که به هیچ راز و رمزی راه نمی‌برد. در اینجا اما بی‌درنگ باید افزود که، معنای رمز در شاهنامه از مفهوم «معنا» و «نتیجه اخلاقی» در سنت ادبیات پندآموز بسی فراتر می‌رود.[۱] این دو از یک جنس نیستند. همان مولوی نیز در جایی از شعر خود یکسره از رسانش معنا از راه بیان معمول، زبان دربند دستور و افاعیل، ناامیدمی‌شود و به‌دنبال یافتن زبانی دیگر، زبانی بی‌گفت، می‌گردد که با آن با محبوب و از محبوب سخن گوید:

بس بود ای ناطق جان چند از این گفت زبان
چند زنی طبل بیان بی‌دم و گفتار بیا

پیش از یافتن پاسخی برای پرسش دوستدار، اینکه «آیا اندیشه نقاب دارد؟» در معنای فعل گشودن درنگی می‌کنیم:

کس چو حافظ نگشود...

فرهنگ لغت در برابر فعل گشودن و صورت دیگر آن «گشاییدن» این مترادفات را می‌آورد: بازکردن، روشن‌کردن، توضیح‌دادن، فتوح‌کردن... بیانی دقیق‌تر از معنای این فعل را، در بافتگان context شعر حافظ، می‌توان در بیت زیر دید که مفعول صریح آن «معما»ی جهان است:

---

۱. به مفهوم رمز و «راز» در شاهنامه نگارنده در کتاب در حضرت *راز وطن* پرداخته است (نشر آسو و نیز نشر مرداسب، ویراست نو ۲۰۱۹)

حدیث از مطرب و می‌گوی و راز دهر کمتر جوی
که کس نگشود و نگشاید به‌حکمت این معما را

شکی نیست که دوستدار در این بیت در مقایسه با بیت «کس چو حافظ نگشود از رخ اندیشه نقاب» تناقضی را در گفتمان شعری حافظ می‌یابد. شعر حافظ از این تناقضات خالی نیست. به این موضوع خواهیم پرداخت. اما در اینجا باید گفت که فعل گشودن در شعر حافظ معنای دیگری نیز دارد که در قاموس لغت نمی‌توان لزوما در مترادفات آن یافت: آغازیدن، آغازکردن، طرحی نو درانداختن... با هرگشودنی ما چیزی را آغاز کرده‌ایم. از وضعیتی به وضعیت دیگری رفته‌ایم. گیسوی یار پس از گشودن دیگر نه همان گیسویی است که بود:

معاشران گره از زلف یار باز کنید
شبی خوش است به این قصه‌اش دراز کنید[1]

با گشودن نقاب از چهره اندیشه ما اندیشه «دیگر»ی را آغاز کرده‌ایم. اما این نقاب چیست و به‌گفته دوستدار آیا اصلا اندیشه نقاب دارد؟

در پاسخ می‌گوییم که آری نقاب دارد و این نقاب خود زبان است. آن زبانی است که به‌قول حافظ گوینده در آن «صنعت» می‌کند تا ناراستی اندیشه را در آن بپوشاند:

---

۱. به این موضوع و این بیت در *قصه گیسوی یار*، به‌تفصیل پرداخته‌ام.

حدیث عشق ز حافظ شنو نه از واعظ
اگرچه صنعت بسیار در عبارت کرد

این زبان «عبارت» با اندیشه‌ای که بیانگر آن است، از حقیقت سخن نمی‌گوید، بلکه آن را کتمان می‌کند، و با صنعتگری این کتمان را از چشم ما پنهان می‌دارد. چنین است که در بیت زیر می‌خوانیم که عشق او را، صنعتگر در زبان را، راه دل به اندیشه فرو بسته است:

صنعت مکن که هرکه محبت نه راست باخت
عشقش به‌روی دل در معنی فراز کرد

عجب نیست اگر می‌بینیم که حتا مترجمی انگلیسی زبان، گرترود بل، آن جاسوسه‌ی زیبا که او را بنیان‌گذار کشور عراق کنونی می‌دانند، در درک معنای بیت «کس چو حافظ نگشاد از رخ اندیشه...» در نمانده و با افزودن واژه‌ی «نادانی» به مصرع دوم درک معنای بیت را برای خواننده آسان کرده است:

No one, like Hafiz, from the face of Thought
Has torne the veil of ignorance aside

مشکل اینجاست که کسی که گرفتار نوعی متافیزیک معناست، اگر هم نگاهی به زبان‌شناسی ساختارگرای سوسور داشته باشد، کارکرد زبان را فقط در ساختار دلالی آن خلاصه می‌بیند، درحالی‌که

همه آنچه نیروی زبان و به‌ویژه نیروی زبان شعر را برمی‌سازد، تنها از سازوکار دلالی signification آن برنمی‌خیزد. ازین‌رو، برای او که گرفتار این متافیزیک است در برخورد با زبان ادبی (شعر) آسان‌تر آن است که آن را در وجه تمثیلی آلگوریک (alegoric) فهم کند. مثلا در شاهنامه که گاه حتا آن را می‌ستاید و سودمند می‌داند. اما آنجا که به وجه باژگویانه ironic (آیرونیک) در زبان شعر برمی‌خورد، همچون سخن حافظ، به مشکل می‌افتد و آن را بی‌انسجام، عرصه تناقض‌ها و ادعاهایی بی‌اعتبار، با مضامینی معلق میان زمین و آسمان و بازی‌های لفظ می‌بیند.

پر بیراه نیست اگر بگوییم دوستدار ازین لحاظ شباهتی عجیب با احمد کسروی پیدا می‌کند که درباره شعر حافظ می‌گفت، «مقصود حافظ قافیه‌ساختن و غزل‌سرودن بوده نه سخن‌گفتن و معنایی را بازنمودن و این است که شما در غزل‌هایش می‌بینید که هر بیتی در زمینه دیگری‌ست و ارتباط در میان آن‌ها دیده نمی‌شود.»[1] این سخن کسروی را می‌توان چنین خواند که کل کار شاعری حافظ در غزل‌هایش چیزی در حد طرح جدول کلمات متقاطع بوده است!..دستاوردهای ارزشمند احمد کسروی را در تحول زبان فارسی با واژه‌گزینی‌هایش و با نوشتن تاریخی سترگ به فارسی پالوده نمی‌توان دست‌کم یا نادیده گرفت، اما این را هم باید گفت که او در پی عقلانی‌کردن زبان بود و سخن معقول را سخنی می‌دانست که معنایی را برساند و ادبیات را تا آنجا سخنی با معنا می‌دانست که مفید فایده‌ای اخلاقی یا اجتماعی باشد. دوستدار در برخورد با شعر حافظ اما دست‌کم می‌کوشد با زبان و مصطلحات ادبی سخن گوید و ویژگی این سخن را «ایهام» آن

---

۱. احمد کسروی، *حافظ چه می‌گوید؟* (چ دوم ۱۳۲۲ ـ نسخه اینترنتی: آوای بوف) ۱۰

می‌داند. ایهام یا سخن دوپهلو اما با باژگویی (آیرونی) تفاوت دارد و همه یکتایی سخن حافظ را نمی‌توان در صنعت ایهام آن خلاصه کرد. باژگویی نه سخن دوپهلو که گونه‌ای تناقض گفتمانی در سخن و گاه آمیخته با ریشخند و تمسخر است. باژگویی سازوکار دلالی زبان را وارونه می‌سازد، بیان چیزی و اراده‌کردن خلاف آن (چیزی به‌کلی دیگر) است. گونه‌ای سخن به مجاز است، اما مجازی عاری از رشته علقه‌های مانندگی، مجاورت و نسبت کل و جزء یا جزء و کل و غیره میان معنای حقیقی در رویه سخن و معنایی که در لایه ژرف آن رسانده شده است. بدین مفهوم می‌توان آن را، با وام تعبیری از خود حافظ، گونه‌ای سربسته‌گویی یا سخن سربسته دانست:

سخن سربسته گفتی با حریفان
خدا را زین معما پرده بردار

این سربسته‌گویی را می‌توان بیانی از «معنای نهفته»ای بدانیم که، به‌گفته‌ی داریوش آشوری، « آگاهانه» و «رندانه» در سخن نهاده شده است.[۱] رندانه نام دیگری برای همین کیفیت باژگویانه سخن حافظ است که باز هم به‌تعبیر آشوری نوسانی را میان معانی حقیقی و معانی مجازی کلمات فراهم می‌سازد و همین ویژگی است که موجب سرگشتگی در فهم معنای شعر حافظ می‌شود. به باژگویی در شعر حافظ نگارنده در جایی دیگر به تفصیل و مشروح پرداخته است.[۲] در اینجا اشاره می‌کنیم که باژگویی (آیرونی) را در اشکال متفاوت آن

---

۱. داریوش آشوری، *عرفان و رندی در شعر حافظ* (نشر مرکز، ۱۳۷۹) ۱۳
۲. رضا فرخ‌فال، *حافظ و باژگویی (آیرونی)*، (نشر آسمانا، ۲۰۲۴)

از ساده تا پیچیده در شعر حافظ می‌توان یافت. جناس‌های لفظی، بنا به تعریف، گونه‌ای ساده از بازگویی در سخن شاعرانه است که برای نمونه در این بیت حافظ می‌بینیم:

گرچه صد رود است در چشمم مدام
زنده‌رود باغ کاران یاد باد

و نوع پیچیده‌ی بازگویی را در این بیت می‌توان دید که شارحان دیوان را در شرح آن اغلب به دردسر انداخته است:

پیر ما گفت خطا بر قلم صنع نرفت
آفرین بر نظر پاک خطاپوشش باد!

بیتی که دوستدار بر آن خرده گرفته با اغراق شاعرانه‌ای که در آن هست نمونه دیگری از بازگویی (آیرونی کلامی verbal irony) ساده است و خرده‌گیری دوستدار بر آن نشان از هیچ چیز دیگری اگر نداشته باشد، نشان از ناآشنایی او با این صنعت شاعرانه و بیان بازگویانه (آیرونیک) در این بیت دارد:

کس چو حافظ نَگشاد از رخ اندیشه نقاب
تا سر زلفِ سخن را به قلم شانه زدند

همچنین است غلو یا اغراق خودستایانه در این بیت:

ز چَنگ زهره شنیدم که صبحدم می‌گفت
غلام حافظِ خوش‌لهجه‌ی خوش‌آوازم

باژگَویی همان ویژگی شعر حافظ است که مسکوب آن را «تقلید باژگونه اما ساحرانه پدیده‌ها» توصیف می‌کند.[۱] بر این سخن مسکوب می‌افزاییم که اما اساس محاکات در شعر حافظ اما نه بر «تقلید» (بازنمایی) که بر آشکارگی است. این آشکارگی در سخن حافظ آشکارگی حیرت است از درون حیرت یا به سخن دیگر تاملی است بر حیرت (درکی از بی‌معنایی جهان) نه از بیرون و از جایگاه فیلسوف که به‌دنبال یقین می‌گردد، بلکه از جایگاه تردید شاعری که از درون حیرت به حیرت می‌نگرد.[۲] ازین منظر برخلاف تصور دوستدار باید گفت زبان در شعر حافظ خود واقعیت خود است و نه «واقعیت‌پردازی زبانی» که دوستدار حد اعلای آن را در ادب عرفانی می‌بیند.[۳] می و ساغر و گیسوی یار در شعر حافظ پیش از آنکه چیزی دیگری باشند و مفهومی عرفانی را بازنمایند خود می و ساغر و گیسوی یار هستند. اگر «رمز و رازی» در آن‌ها هست، این راز آشکار و این رمز گشوده است در عین پوشیدگی و فروبستگی. اگر چنین نبود دیوان حافظ با مروری در مفاهیم عرفانی شرح داده شده در «گلشن راز» یک بار و برای همیشه رمزگشایی می‌شد و دیگر نیازی به خواندن و بازخواندن آن نمی‌بود. چنین سخنی را نمی‌توان در قالب‌های پیشنهادی دوستدار (خویش‌گو و ناخویش‌گو) گنجاند.

---

۱. شاهرخ مسکوب، در کوی دوست (خوارزمی، چ.سوم، ۱۳۸۹) ۲۵۳

۲. برداشتی از تعبیری از پل دمان «تاملی بر جنون از درون خود جنون» که بیشتر ناظر برمفهوم آیرونی در سخن روایی ونمایشی است در این منبع:

De Man, Pau, "The Rhetoric of Temporality" in *Blindness and Insight*: Essays in the Rhetoric of Contemporary Criticism. (2nd ed. rev. Minneapolis: University of Minnesota Press, 1983) 126

۳. دوستدار، منبع یادشده، ۱۵۹

چنان‌که اشاره شد دوستدار نیز همچون کسروی سخن تمثیلی شاهنامه را می‌فهمد و هم ستایش می‌کند. اما همین سخن حماسی را نیز بی‌آنکه شناختی از محاکات آن داشته باشد (و این را به‌جرأت می‌توان گفت) صرفا بر مبنای خوانشی شخصی در برابر تراژدی یونانی می‌گذارد و بر تنزل مقام و ارزش آن حکم می‌دهد، چراکه به‌گفته‌ی او «نمایشنامه تراژدی برای سرگرمی بینندگان نوشته و اجرا نمی‌شود، بلکه وسیله‌ای است برای اندیشه‌ورزی جمعی مختص به آتنی‌ها»[1] گویا آتنی‌ها هرگونه حظّ و التذاذی هنری را به‌هنگام تماشای تراژدی یا کمدی بر خود حرام می‌دانستند و صرفا در افکار عمیقی فرو می‌رفتند یا آنکه خواندن شاهنامه صرفا نوعی تفریح و سرگرمی در قهوه‌خانه‌ها بوده است. گرفتار در متافیزیک معنوی خود، دوستدار در سخن «خویش‌گو» و «نازپرورده» حافظ تاریخیت مستتر در آن را نمی‌بیند و نمی‌گیرد. برخلاف خوانش او باید گفت که این سخن آکنده از تاریخیتی است که در کمتر متن کانونی شعر فارسی می‌توان یافت. می‌توان این تاریخیت را در شعر حافظ تجربه و بیانی از مادیتی بیرونی دانست که میان شعر او و شعر عرفانی به‌کلی فاصله می‌اندازد. این تاریخیت در هر کلمه‌ای از شعر حافظ حضور دارد یا به سخن دیگر کلمات با همه دلالت تاریخی یا بارهای تاریخی خود به ساحت شعر او فرا خوانده شده‌اند. چنین است که شعر حافظ آکنده از «یادایاد»[2] زبان است. تاریخیت در اینجا نه به‌معنای اشاره به وقایع تاریخی روزگار شاعر (که البته در دیوان به چنین اشاراتی نیز برمی‌خوریم) بلکه در بینامتنیت آشکار و پنهان سخن حافظ است که نمود پیدا

---

۱. دوستدار، همان، ۱۴۷

۲. «یادایاد» تعبیری از شاهرخ مسکوب

می‌کند. این بینامتنیت یا این یادایاد (به‌تعبیر مسکوب) سرچشمه دیگری است که زبان شعر حافظ نیروی خود را از آن می‌گیرد. در این بینامتنیت، واقعه ارجاع داده شده نه یک رخداد خاص و یکه تاریخی، بلکه یک «نارخداد» و به‌معنای مطلق رخدادی است که فقط در گذشته رخ نداده، بلکه با هر بار خوانده‌شدن شعر در زمان حال نیز رخ می‌دهد:

شاه ترکان سخن مدعیان می‌شنود
شرمی‌از مظلمه خون سیاووشش باد

یا به‌صورت بینامتنیتی است از گونه‌ای دیگر با اشاره به حکایتی تمثیلی از شاعری هم‌عصر (عبید زاکانی) که بیانگر غفلتی تاریخی و تکرارشونده حتا در روزگار ما است:

ای کبک خوش‌خُرام کجا می‌روی؟ بایست
غَرِّه مشو که گربه‌ی زاهد نماز کرد

این ویژگی مهم و یکتای سخن حافظ گاهی به‌صورت گفتگویی آشکار میان متن شعر او با متن شاهنامه رخ می‌نماید:

قدح به‌شرط ادب گیر زان که ترکیبش
ز کاسه‌ی سرِ جمشید و بهمن است و قباد

چه می‌توان درباره برداشت دوستدار گفت که این گفتگو یا این بینامتنیت آشکار یا گاه پنهان را «سنخیتی کاذب» میان سخن حافظ و سخن فردوسی قلمداد می‌کند؟ وقتی ذهن معتاد متافیزیک معنا باشد، جای تعجب نیست که در این باره بگوید، «...حتا الهام‌های حافظ از فردوسی که ناچیز هم نیستند، حاکی از سنخیت کاذبی است که بایدحافظ میان عوالم خود و عالم فردوسی دیده و احساس کرده باشد.»[۱]

۶.زلف کلمات[۲]

دوستدار در این‌گونه برخورد با متن ادبی تنها نیست. این برخورد را می‌توان در میان بعضی دیگر از اهل معنا (فلسفه) نیز دید. بخشی از نیروی مولف در صفحاتی از کتاب صرف مجادله با داریوش شایگان شده که باید گفت او نیز در خوانش فلسفی خود از شعر حافظ در کتاب *اقالیم حضور* به‌گونه‌ای دیگر گرفتار در متافیزیک معناست. این بدین معناست که در هر دو این خوانش‌ها آنچه کمتر به دیده آمده، یا اصلا نیامده، شعریت یا به‌مفهومی گسترده‌تر ادبیت سخن حافظ است. دوستدار در نقد شایگان می‌کوشد که از سخنان او «روح»زدایی کند و دراین‌باره می‌گوید، «مگر معنی در شعر حافظ خارج از قوائد زبانی در سخن پدید می‌آید که فهمیدنش را باید مشروط به طنین لرزاننده در ارتعاشات معنایی آن در روح کرد؟ فقط روح‌های ارتعاش‌پذیر شعر او را می‌گیرند و می‌فهمند؟»[۳] از نشانه‌های متافیزیک معنا، چنان‌که پیش‌تر اشاره شد، این است که از منظر شخص گرفتار به این عارضه

۱.دوستدار، همان، ۱۷

۲. تعبیری از براهنی در رمان *آزاده‌خانم*...

۳.دوستدار، همان، ۱۵۰

«معنا» در سخن همان است که فقط «خود» او از آن درمی‌یابد، و سخن بی‌معناست آن‌گاه که او «خود» در آن معنایی نمی‌یابد. اندکی پیش‌تر دوستدار این پرسش را طرح می‌کند که «حافظ اگر متفکر نیست چیست؟»[1] در پاسخ این پرسش نخست باید ببینیم چه نسبتی میان شعر و اندیشه برقرار است که پرداختن بدان از حوصله این مقال خارج است. خود او نیز وقتی به تعریفی از اندیشه در شعر حافظ می‌رسد پاسخ را به وقت دیگر و جایی دیگر موکول می‌کند. در اینجا به دو خوانش دیگر از حافظ که یکی از آن‌ها از اتفاق به بیت مورد بحث پرداخته (شاهرخ مسکوب)، اشاره می‌کنیم و می‌گذریم.

می‌توان با داریوش آشوری موافق بود که حافظ را شاعری «اندیشه‌گر» می‌خواند.[2] این نیز یکی دیگر از ویژگی‌های یکتای شاعری اوست که مفاهیم و چیزهای جهان به یکسان مفردات شعرش را برمی‌سازند. با وامی از هایدگر می‌توان گفت که اما برخلاف فیلسوف او به‌سراغ اندیشه نمی‌رود، بلکه این اندیشه است که به‌سراغ او (شاعر) می‌آید. شاعر نه با زبان که در زبان می‌اندیشد و به‌گفته‌ی آشوری این اندیشیدن جز با قدرت و آفرینندگی در رفتار شاعر با زبان دست‌یافتنی نیست. با منطق درونی کلام خود و نگاهی ژرف‌نگر است که شاعری همچون حافظ کوشش در معناکردن جهان دارد. می‌توان گفت که این رفتار شاعری همچون حافظ اندیشیدن در زبان است و نه با زبان. فرق سخن او با سخن ناظمان اندیشه در همین نکته است. از نگاه آشوری با تامل بر این رفتار است که می‌توان به سازگاری و پیوستگی سازمایه‌های شعر حافظ اعم از نمادها و اسطوره‌ها و استعارات و

---

۱. دوستدار، همان، ۱۵۹

۲. داریوش آشوری، *عرفان و رندی در شعر حافظ* (نشر مرکز، ۱۳۷۹) ۱۸

مجازات پی برد و از این راه به «بن‌انگاره» منطقی اندیشه و جهان‌بینی او رسید. همچنین می‌توان هم‌صدا با آشوری گفت که آری، حافظ در شعرش، «داعیه اندیشیدن دارد.» اما باید افزود که منطق درونی این اندیشه با منطق اندیشه فیلسوفانه، آن‌گونه که دوستدار مدنظر دارد، یکی نیست. این اندیشه برخلاف اندیشه منطقی فیلسوف (متفکر) نه به پرسشی که خود پیشاپیش برنهاده قصد پاسخ‌گویی دارد و نه همچون دانشمند بر آن است که به پرسش‌هایی پاسخ دهد که جهان در برابر او گذاشته است. این اندیشه باز هم به‌گفته آشوری در قالب نوعی رفتار با زبان تفسیر خود را به جهان هستی می‌دهد و با این کار به بی‌معنایی زیستن در چنین جهانی معنا می‌بخشد.[۱]

اندیشه را به‌گفته‌ی شاهرخ مسکوب با سخن (زبان) می‌اندیشند، «بدون سخن اندیشه خوابی است بدون رویا»[۲] می‌پرسیم چگونه است که حافظ در بیت یادشده مدعی است که نقاب از چهره اندیشه برگرفته است؟ دوستدار حق دارد بپرسد که چگونه می‌توان از رخ اندیشه نقاب برگرفت؟ و مگر اندیشه نقاب دارد؟ پاسخ این است که حافظ بر این کار در خود سخن اهتمام کرده است: با شانه‌زدن زلف سخن (کلمات)... زلف و گیسو از استعاره‌های تکرارشونده در شعر حافظ هستند. به‌تعبیر مسکوب زلف (گیسو) استعاره‌ای از تاریکی و پریشانی جهان شاعر است و بیفزاییم که همچنین دستگیر و پناهگاه شاعر در جهان مشوش پیرامون او. با شانه‌زدن بر زلف سخن (رفتار شاعرانه با زبان) و نه با به‌کاربردن زبان همچون یک وسیله، این جهان مشوش را می‌کوشد که به سامان بیاورد تا «روشنی اندیشه بدمد» تا

---

۱. همان‌جا
۲. شاهرخ مسکوب، منبع یادشده، ۲۴۷

رازی از «عالم غیب» آشکاره گردد.[1] در زبان شعر حافظ اما این زلف، این بافه عطرناک و گره‌گیر گیسوی نگار چیزی ملموس است و پیش از آنکه بر مفهومی مفروض یا معین به‌اصطلاح عارفانه‌ای دلالت کند، برخود دلالت می‌کند. رازی در پیچ‌وخم آن هست که در کمال زیبایی و عطرناکی آن آشکار است و از همین روست که یک «معما» است. رازی که هم راز است و هم راز نیست. گیسو و متعلق آن زلف را می‌توان در سخن بازگو (آیرونیک) حافظ بیانی از همین پوشیدگی در عین آشکارگی دانست. اندیشه شاعرانه برخلاف برداشت دوستدار هدف و غایتش حل هیچ «بغرنج»ی نیست. کار شاعر آشکارکردن همین راز آشکار است که دیده می‌شود، اما به بیان درنمی‌آید و هر تجربه‌ای از آن به‌گفته‌ی خود حافظ «ورای حد تقریر» است. این کار حافظ، به سخن دیگر، آشکارکردن و به یاد ما آوردن زلفیت خود زلف است و در این رخداد آشکارگی است که به‌گفته‌ی مسکوب «...نوری تازه از روشنی بر منشور جهان می‌تابد، و رنگی دیگر بدان می‌دمد. سپیده‌ای تازه جوانه می‌زند و چیزها مثل نیلوفری که از مرداب برآید، از خواب دیگری برمی‌دمند تا شنیده و دیده شوند.»[2] در این آشکارگی، در این گشایش، کبره‌ی زبان از زبان زدوده می‌شود و کلمات بار دیگر، و از نو، به درخشش درمی‌آیند. نقاب از اندیشه در زبان برگرفته می‌شود تا راه معنایی «دیگر»، اندیشه‌ای «دیگر»، به دل گشوده شود.

این سخن شعری نه بیانی از «حقیقت» که در شعریت خود مصداقی از چیزی است که بهترین تعریف را درباره آن می‌توان از

---

۱. همان‌جا
۲. مسکوب، همان، ۲۵۰

زبان هایدگر نقل کرد: رخدادی از حقیقت... این سخن اگر برای دوستدار «خویش‌گو» است، اما از نگاه مسکوب، آری این سخن خویش‌گو است، اما فریبی بس خوش است. این سخن خویش‌گو ما را با بازی‌های خود فریب می‌دهد نه آنکه سر عقل آورد. فریب می‌دهد چراکه عرصه مغازله شوخ‌دال‌ها با یکدیگر است. مشکل بتوان برای هر دال مدلول (معنا)ی مقدری یافت. نسبت منطقی لفظ و معنا در این سخن، در بازی فریبنده‌ی دال و مدلول با یکدیگر به هم می‌ریزد؛ هر کلمه پیش از آنکه معنایی حقیقی را افاده کند، در هم‌نشینی با دیگر نشانه‌ها (کلمات) در چهارچوب غزل خود را همچون یک نشانه از پیکره زبان برمی‌کشد تا تاریخ خود را به رخ کشد: یادایاد زبان (به‌تعبیر مسکوب). این هم هست که در این بازی، در این فریب خوش، به‌گفته‌ی مسکوب، راهی به آزادی هست، «... انسان فریفته ابدی آزادی است. در بازی شعر آزادی هستی می‌پذیرد، و آدمی از دروغ و ستم و مرگ از تنگنای مکان و از شتاب زمان، از زندان می‌گریزد.»[1]

و در آخر و به کوتاه سخن می‌توان در پاسخ دوستدار گفت که شعر آن‌گاه آغاز می‌شود که زبان از اندیشیدن بازمی‌ماند.

۷. در پایان سخن

گفته‌اند آنچه امروز از آرامش دوستدار به جا مانده پرسش‌هایی است که طرح کرده و با طرح این پرسش‌ها بنیادهای اندیشگی ما را به‌شدت تکان داده است. اما آیا همه پرسش‌های او به‌درستی طرح شده‌اند؟ و آنچه پیش از پرسش او را به طرح پرسش واداشته امروز برای ما

---

۱. همان۲۵۴-۲۵۳

جای پرسش ندارد؟ در این مقال کوشیدیم برخورد دوستدار را با زبان فارسی و به‌ویژه زبان شعر به کوتاه‌ترین سخن بررسیم و تا آنجا که ممکن بود به پیش‌فرض‌ها و برداشت‌ها و داوری‌های قاطع و گاه نادرست او در زمینه زبان به‌طور کلی و زبان ادب فارسی به‌خصوص بپردازیم. آنچه در این مقال همچون «مشکل دوستدار» طرح کردیم تنها به خود او منحصر نمی‌شود. ردّ یا بازتولید این مشکل را می‌توان به‌ویژه در این روزها در برخوردهای خام و زمان‌پریشانه پاره‌ای نوکیسگان نظری با ادب کلاسیک پارسی هم دید که در برابر آنها فقط باید پوزش‌خواهانه توضیح داد که آری، هم حافظ و هم سعدی و پیش از آنها فردوسی به کرویت زمین اعتقادی نداشتند و این خورشید بود که در برابر چشم آنها در هر بیست و چهار ساعت یک بار به دور زمین می‌گشت!..

نقد دوستدار از کل فرهنگ ایرانی در کتاب‌های دیگرش در این کتاب نیز پی گرفته شده است. در اینجا می‌کوشد برای آنچه به‌تعریف او «امتناع تفکر» همچون ویژگی تاریخی فرهنگ ایرانی است، مصادیقی در جمود و نارسایی زبان فارسی و انحطاط ادب شعری در این زبان پیدا کند و بر آن بتازد. اگر همچون جواد طباطبایی نخواهیم بگوییم که در تحلیل نهایی تز «امتناع از تفکر» دوستدار در نقد فرهنگ ایرانی دعوت به یک خودکشی جمعی است، می‌توانیم بگوییم که در امیدوارانه‌ترین حالت دعوتی به اندیشیدن است. اما این تز یا روایت او از تاریخ فرهنگ ایرانی گرفتار تناقضی سرگردان‌کننده است. اگر هدف دوستدار از طرح این تز دعوت به اندیشیدن و ازین راه دگرگون‌کردن فرهنگ ایرانی است، چگونه می‌توان این فرهنگ را

دگرگون کرد، و به‌اصطلاح از نو زایانید درحالی‌که او خود پیشاپیش مرگ این فرهنگ را اعلام کرده و در خوارداشت مرده آن هم از هیچ نکته‌ای فروگذاری نکرده است؟ آسیب‌شناسی او از فرهنگ ایرانی درواقع کالبدشکافی جسد این فرهنگ است. جای یادآوری دارد این گفته اسلامی‌ندوشن که هر تحولی، هر نوزایشی در یک فرهنگ در «زی تاریخ» رخ می‌دهد. او که برخلاف دوستدار هیچ داعیه‌ی تفکر فلسفی نداشت به‌درستی می‌گوید که «... باید آن‌قدر مایه حیاتی در یک ملت باشد که بتواند اکسیر نوشوندگی را در خود بزایاند، نوشوندگی از زی تاریخ بیرون‌رفتن نیست، با اقتضای زمان هماهنگ‌شدن است. خودبودن و دگربودن مدام...»[۱] کوتاه سخن اینکه، فرهنگ در گورستان شکل نمی‌گیرد.

آرامش دوستدار خواستار برداشتن گامی به‌یاری اندیشیدن در شناخت چیستی «خود» است، اما او این «خود» را از خویشتن خالی می‌کند.خواستار خود «دیگر»ی است، اما آن را در فقدان حافظه می‌خواهد و در ورای تاریخ می‌جوید. اگر هدف او را از طرح پرسش‌های بنیان‌فکن دعوتی به اندیشیدن بدانیم، این پرسش بی‌درنگ پیش می‌آید که در محکومیت جبری زبان فارسی به ویرانی در بنیاد، نارسایی، نااصلی و نازایی در ذات آن، پس با چه زبانی می‌توان اندیشید؟ در چه زبانی باید اندیشید؟

لاوال- تابستان۲۰۲۲

---

۱ .محمدعلی اسلامی ندوشن، *ایران چه حرفی برای گفتن دارد؟* (شرکت انتشار، ۱۳۷۹) ۱۵

بیوگرافی

رضا فرخ‌فال کار ادبی خود را با انتشار داستان‌هایش **در جُنگ اصفهان** در اواخر دهه چهل آغاز کرد. از آن زمان تاکنون از او داستان‌ها و نوشته‌هایی در نقد ادب و فرهنگ فارسی و نیز ترجمه‌های متعددی منتشر شده است. مجموعه‌داستان‌های او به‌نام **آه**، **استانبول** از سوی منتقدان و صاحب‌نظران یکی از بهترین نمونه‌های آثار داستانی دهه شصت شناخته شده است. کتاب **زنی آرایش روزگار (در احوالات شعری طاهره قرة‌العین)** تازه‌ترین کتاب پیش از کتاب حاضر از این نویسنده است. او همچنین به‌عنوان ویراستار با بنگاه‌های معتبر انتشاراتی همکاری داشته و به‌همراه زنده‌یاد کریم امامی از پایه‌گذاران نخستین انجمن ویراستاران در ایران بوده است. رضا فرخ‌فال دانش‌آموخته‌ی دانشگاه پهلوی (شیراز) و دانشگاه کنکوردیا (مونترآل) است. رضا فرخ‌فال همچنین به تدریس زبان فارسی در دانشگاه‌های مک‌گیل (مونترآل) و در آمریکا در دانشگاه ایالتی ویسکانسن در شهر مدیسون و نیز دانشگاه ایالتی کلرادو در شهر بولدر اشتغال داشته است. دو دوره کتاب در آموزش زبان فارسی در سطح دانشگاهی به نام **فارسی: اینجا و اکنون** از تالیفات اوست که در چند دانشگاه

معتبر آمریکا تدریس می‌شود.
از همین نویسنده و درباره حافظ:
قصه‌ی گیسوی یار (شرحی بر بوطیقای قصه در آن «بیت معروف» حافظ)
حافظ و باژگویی (آیرونی): جای جنون جهان کجاست؟

ASEMANA BOOKS

انتشارات آسمانا (تورنتو) منتشر کرده است:

پژوهش‌های علمی و دانشگاهی

- Whispers of Oasis: Likoo's Poetic Mirage, by M. Ganjavi, A. Fatemi and M. Alimouradi, 2024
- **دلالت‌های تحلیل طبقاتی در سرمایه‌داری امپریالیستی**، محمد حاجی‌نیا و شهرزاد مجاب، ۲۰۲۴
- **شبِ سیاه و مرغان خاکسترنشین**؛ شعر نیما در دهه‌ی دوم: ۱۳۱۱ـ۱۳۲۱، ۲۰۲۴
- **حافظ و بازگویی**، تالیف رضا فرخ‌فال، ۲۰۲۴
- **زنان کُرد در بطن تضاد تاریخی فمینیسم و ناسیونالیسم**، تالیف شهرزاد مجاب، ۲۰۲۳
- **شورش دهقانان مکریان ۱۳۳۱ـ۱۳۳۲** : اسناد کنسولگری، مکاتبات دیپلماتیک و گزارش روزنامه‌ها، پژوهش امیر حسن‌پور، ۲۰۲۲

تصحیح انتقادی

- **رستم در قرن بیست‌ودوم** (تصحیح انتقادی و مصور)، تالیف عبدالحسین صنعتی‌زاده (ویرایش م. گنجوی و م. منصوری)، ۲۰۱۷

شعر

- **شهروندان شهریور**، غزل از سعید رضادوست، ۲۰۲۴
- **آینه را بشکن**، شعر از نانائو ساکاکی، ترجمه مهدی گنجوی، ۲۰۲۴
- **عجایب یاد**، شعر از امیر حکیمی، ۲۰۲۳
- **کهکشان خاطره‌ای از غروب خورشید ندارد**، شعر از مهدی گنجوی، ۲۰۲۳
- **غریبه‌هایی که در من زندگی می‌کنند**، شعر از مهدی گنجوی، ۲۰۲۱
- **تبعیدی راکی**، شعر از علی فتح‌اللهی، ۲۰۱۸

داستان

- **فیل‌ها به جلگه رسیدند**، رمان از کاوه اویسی، ۲۰۲۴
- **درنای سیبری**، نمایشنامه از علی فومنی، ۲۰۲۴
- **مقامات متن**، رمان از مرضیه ستوده، ۲۰۲۴
- **انتظار خواب از یک آدم نامعقول**، مجموعه داستان از مهدی گنجوی، ۲۰۲۰

برای ارتباط با نشر آسمانا:
Asemanabooks@gmail.com

Tanglusha of a Thousand Images

Reza Farokhfal

Asemana Books
2024